親と子をつなぐ継承語教育

日本・外国にルーツを持つ子ども

編 近藤ブラウン妃美
　　坂本光代
　　西川朋美

Heritage language education
connecting generations
From the Japanese perspective

KONDO-BROWN, Kimi
SAKAMOTO, Mitsuyo
NISHIKAWA, Tomomi

はじめに

　日本から海外へ、また海外から日本へと、国境を越えた移民・移住が年々増加しています。それに伴い、日本・外国にルーツを持つ子どもや若者の数も日本国内外で急増しています。このような現状の下、複言語環境を生きる子どもや若者の親や教師は、彼らの健全な言語発達と心の成長を願いながら、彼らと向き合っています。数々の疑問や不安を抱えながら、複言語環境下での子育てや言語指導をしているのです。例えば、海外在住の日本人の親や教師からの下のような悩みや疑問の声は、後を絶ちません。

　　「バイリンガルに育てたいが、子どもは日本語と英語の混ざった言葉を話す。このままではどちらの言語も年齢相応のレベルに達することができなくなるのではないか」
　　「子どもを日本語教室に通わせているが、現地校での勉学や部活動が忙しくなり、最近行くのをとても嫌がる。子どもには現地校で落ちこぼれてほしくないし、日本語の勉強を続けさせるべきだろうか」
　　「継承日本語学習者の中には、日常会話には全く問題がないのに、読み書きのあまりできない学習者もいる。このような学習者に、読み書きをどう教えたらいいのか」

　本書は、親や教師からのこのような悩みや疑問を受け止め、今日の日本国内外における継承語教育を「親と子をつなぐ継承語教育」と位置づけることで、その意義と価値、そしてその問題や課題について考察します。本書では、日本にルーツを持つ海外の子どもの継承日本語教育だけでなく、日本国内に住む外国にルーツを持つ子どもの継承語教育にも注目し、複言語環境下で生きる子どもや若者のために、家庭、教育機関、そしてコミュニティで何ができるかについて考えます。
　各章は、その章で取り上げられた問いに著者が答えるという形で進めていま

す。また、各章で取り上げられたトピックについて掘り下げて調査・研究したいという研究者や大学院生のための情報も提供しています。各章の著者は、日本国内外で複言語の背景を持つ子どもや若者の言語教育や研究に携わってきました。著者自身が継承日本語学習者だった、また親もしくは教師として継承日本語教育に関わってきたという者もいます。

　本書が、海外で子育てをする親や継承日本語教育に携わる教育者に役立つことを願っています。また、本書が日本に定住・永住する外国人の子どもの言語教育に取り組んでいく上で、一助になることも期待しています。さらには、国内外の日本語教育、バイリンガル・マルチリンガル教育、異文化間教育、移民の言語政策などを扱う大学や大学院の授業で、本書が参考文献として利用され、より多くの学生に「親と子をつなぐ継承語教育」についての理解を深めてもらえれば幸いです。最後に、本書の企画当初から校正作業に至るまで、すべての過程で、くろしお出版の坂本麻美氏に大変お世話になりました。心よりお礼を申し上げます。

近藤ブラウン妃美
坂本光代
西川朋美

目　次

はじめに（近藤ブラウン妃美・坂本光代・西川朋美）……………………………………… i
序章　親と子をつなぐ継承語教育（近藤ブラウン妃美）………………………………… 1

第1部
バイリンガル・マルチリンガル発達理論からみた継承語習得

1章　バイリンガル・マルチリンガルの継承語習得（坂本光代）………………… 15
2章　継承語習得と認知能力発達（田浦秀幸）………………………………………… 26
3章　家庭・学校・コミュニティにおける継承語話者の言語選択（坂本光代）…… 40
4章　日本語を優勢言語としない子どものバイリテラシー習得・発達（折山香弥）
　　　　………………………………………………………………………………………… 54

COLUMN 1　第一言語、母語、ネイティブランゲージの違い（近藤ブラウン妃美）…… 71

第2部
海外における継承日本語学習者：
言語学習・モチベーション・アイデンティティ

5章　米国現地校における英語学習者（バトラー後藤裕子）………………………… 75
6章　継承語学習のモチベーション／動機づけ（森美子）………………………… 88
7章　継承日本語とアイデンティティ形成（知念聖美）…………………………… 101
8章　米国における学齢期の子どものための継承日本語学習の機会（片岡裕子）
　　　　………………………………………………………………………………………… 113

COLUMN 2　継承語の言語的特徴（西川朋美）………………………………………… 126

第3部 海外における継承日本語教育：指導・教材・評価

- **9章** 幼児や低学年児童対象の継承日本語教室で使う教材（山本絵美）......131
- **10章** 北米の日本語学校における学習者のニーズの多様化（リー季里・ドーア根理子）......147
- **11章** 外国語学習者と継承語学習者の混合日本語クラスでの指導（ダグラス昌子）...160
- **12章** 欧州における継承日本語教育と欧州言語共通参照枠（CEFR）（奥村三菜子）......175
- **13章** 海外における継承日本語学習者のための評価（近藤ブラウン妃美）......190
- **COLUMN 3** 海外で育つ子どもの実態（坂本光代）......204

第4部 日本における外国にルーツを持つ子どもの継承語教育

- **14章** 日本の公立学校における日本語を母語としない子どもへの言語教育（西川朋美）......209
- **15章** 国境を越えた子どもの異言語・異文化の壁（川上郁雄）......224
- **16章** 対話型言語能力アセスメント「DLA」の有用性（櫻井千穂）......238
- **17章** 中国にルーツを持つ子どもの母語・継承語教育（高橋朋子）......253
- **18章** 日本における外国にルーツをもつ子どものための継承語教育と言語政策（久保田竜子）......268
- **COLUMN 4** 継承語教室は誰のため？（西川朋美）......283

引用文献......285
キーワード索引......316
執筆者紹介......324

序　章

親と子をつなぐ継承語教育

近藤ブラウン妃美

1　「親と子をつなぐ継承語」とは

　日本で日本人の家庭に生まれ育った子どもは、**第一言語**である日本語を自分の優勢言語（最も習熟した言語）として使い、学びながら成長していきます。しかし、何らかの事情で子どもが海外で生まれたり、言語形成期に海外に移住して移住先の主要言語で教育を受けるようになると、成長と共に、子どもの優勢言語が第一言語から移住先の主要言語へと変化します。もちろん、子どもの優勢言語が第一言語から移民・移住先の国の主要言語に移行しても、その子どもにとって「生まれて最初に習い覚えた」という意味で第一言語であることには変わりありません。しかし本書では、移住などの事情で、優勢言語でなくなってしまった第一言語を**親と子をつなぐ継承語**（もしくは、**親からの継承語**）と位置づけ、親の母語を子どもが継承していくことの個人的および社会的意味や価値、その指導・学習方法、また継承語維持・発達に影響を与えるさまざまな社会心理的要因や言語政策について考えていきます。

　したがって、本書で扱う**継承語話者**（heritage language speaker）や**継承語学習者**（heritage language learner）は、主に、移住先の学校や大学で国の主要言語で教育を受けながらも、親の母語を自分の継承語として家庭、学校、コミュニティで学び、維持・使用しているバイリンガル・マルチリンガルの子どもや若者

です。本章3節で述べるように、「継承語話者」および「継承語学習者」の捉え方にはいろいろあります。しかし本書では、家庭で両親の少なくともどちらかが国の主要言語以外の言語を話すという環境に育った「継承語話者」または「継承語学習者」に、主な焦点を置いています。

例えば、ある日本人夫婦が日本で生まれた幼児を連れて米国のような英語圏の国に移住したとします。そうすると、就園前には家庭で日本語だけを使用していた子どもでも、そのほとんどが現地の学校（以下、現地校）に通い始め、英語で授業を受けるようになります[1]。このような子どもが異国での新生活や現地校に適応していく過程は、移住時の年齢や現地校での受け入れ体制などにも大きく左右されるために、一通りではありません。しかし、それでも幼い頃から米国で育った日本人もしくは**国際結婚家庭**の子どもの多くは、さまざまなチャレンジを乗り越えて遅かれ早かれ英語を自分の優勢言語もしくはそれに近いものとして使用するようになります（片岡・越山・柴田, 2008）。一方の日本語のほうは、英語の習得が進むにつれ言語接触や使用がどうしても断続的になり、その発達が日本にいる（日本語母語話者の）子どものようにはいかなくなるのです（Endo, 2013; Kondo, 1997; 中島, 2012; 中島・鈴木編, 1997; 中野, 2017などを参照）[2]。

日本に帰国予定のない日本人もしくは国際結婚家庭の中には、親子共に米国社会に溶け込むことを先決とし、家庭でも英語を使用しているという保護者もいますが、たいていは子どもが日英バイリンガルに育つことを願っています。しかし、下の引用で岸本（2008）が述べるように、海外で子どもに日本語を維持させるのは容易なことではなく、日本語維持に関し戸惑いや挫折を感じている保護者は少なくないのです。

> わが子にはバイリンガルに育ってほしいと期待を持って日本語教育に取り

1　佐藤（2008a: 13）は、アジア地域では約3分の2が日本人学校に通っているが、北米（米国とカナダ）では「約98%が現地の学校に就学」していると報告している。

2　例えば、中島（2012: 26）は、言語形成期を「ゆりかご時代（0〜2歳）」「子ども部屋時代（2〜4歳）」「遊び友達時代（4〜6歳）」「学校友達時代前期（6〜8歳）」「学校友達時代後期（9〜13歳）」に分け、各形成期における（継承語維持も含む）バイリンガル子育ての留意点を述べている。例えば「学校友達時代前期」に「海外に出た場合は、この時期に日本語のコミュニケーションを通して親との絆をしっかりつくっておかないと、現地のことばの習得が進むにつれて、日本語が消えてしまう危険性がある」と述べている。

組む母親たちですが、つまずき始めると自信がぐらつき出します。子どもが低学年の頃は将来仕事ができるだけの日本語の発達を期待していた親も、祖父母や日本にいる親戚とのコミュニケーションができればいいというレベルに期待を下げてしまいます。親の希望で子どもに日本語を勉強させているという負い目（子ども側からいえば、自分の意思で勉強しているわけではない）もあり、何よりも子どもの社会生活、現地校とその学習活動の中で日本語が全く必要でないという決定的な理由のため、無理に日本語を教えて日本語嫌い、日本嫌いになっては困るという大義名分に、悩み抜いた末、補習授業校を退学させ、家庭学習に切り替えてしまうケースが多いのです。

(岸本, 2008: 158)

2 海外の継承日本語教育

上の岸本 (2008) の引用にある**補習授業校**は世界各地に 200 校以上あり、私の住むハワイにも 1 校あります[3]。文部科学省のホームページは、補習授業校の目的は「現地校に通学する児童生徒が、再び日本国内の学校に編入した際にスムーズに適応できる」ことだと説明しています[4]。しかし米国の補習授業校では、日本への帰国を前提にした日本人の子どもだけでなく、帰国予定のない子どもの割合が増加しています。したがって、このような学習者のニーズの多様化にどう対応していくかが、今日の補習授業校の抱える大きな課題の一つです（Doerr & Lee, 2013）(10 章参照)。

また米国のほとんどの州では、連邦政府の助成を受けて**双方向イマージョンプログラム**（two-way immersion program）と呼ばれる二言語プログラムが学校で提供されています（5 章 2.6 節および 8 章 4.2 節参照）[5]。双方向タイプも含め、日本語が目標言語の**イマージョンプログラム**（immersion program）も少なから

---

3 2015（平成 27）年現在、世界 52 ヵ国に 205 校の補習授業校が配置され、現地校に通学する 1 万 9,894 人の日本人の子どもが学んでいる（文部科学省, 2016）。そして、その大半（約 68 %）は北米にある補習授業校に在籍している。

4 文部科学省の補習授業校についての説明は、8 章 2.1 節および 10 章 1 節参照。

5 双方向イマージョンプログラムでは、英語母語話者の児童と、英語以外の言語を母語とする児童が同一のクラスに在籍する。

ずあり[6]、学校で提供する日本語教育の一方法として、その効果を検証する研究も行われています[7]。ホノルルの学校には日本語イマージョンプログラムはありませんが、日本人の親の多くは、補習授業校や日本語教室・塾に通わせたり、また家庭教師を雇ったりしています。さらに、子どもの通う学校で**外国語としての日本語**[8]（Japanese as a Foreign Language［JFL］）のクラスがあれば、そこで日本語を学ばせるという選択もあります[9]。

　日本にルーツを持つ学齢期の子どもが海外の日本語教室や学校で日本語を学ぶ場合は、岸本（2008）が述べるように、親の判断でそうさせたというケースがほとんどでしょう。しかし高校生や大学生の場合は、外国語の単位が卒業要件に含まれていることもあり、特に大学生の場合は、本人の意思で日本語のクラスを取るというケースが通常です。例えば、私の勤務するハワイ大学マノア校（University of Hawai'i at Mānoa、以下ハワイ大学）は米国で最も日本語学習者数の多い大学の一つですが、本校にも日本語を外国語というよりも、「親からの継承語」として学んでいるバイリンガルの大学生が数多くいます（以下、**継承日本語学習者**）。彼らはさまざまな理由で日本語能力を維持・発達させることが自分に有利

---

[6] 国際交流基金ロサンゼルス・オフィスのホームページに、米国にある日本語イマージョンプログラムがリストされている。同ホームページによると、2018年11月現在35の日本語イマージョンプログラムが米国で提供されているようだ：〈https://www.jflalc.org/jle-parents-immersion〉（2018年11月22日）

[7] 例えば、ダグラス・知念・片岡（2013）は、米国のある双方向の日本語イマージョンプログラムに通うJFL学習者と継承日本語学習者の日本語力（物語産出力も含めて）を調査した。その結果、両者共に学年が上がるごとに日本語力が伸びていることが分かった。同時に、継承日本語学習者の日本語力はJFL学習者を顕著に上回り、その差は狭まることはなかった。両グループの学習者の英語能力に関しては、2年生と3年生では、JFL学習者の英語標準テスト結果が継承日本語学習者よりも上回っていたが、4年生と5年生では、両者の結果に有意差が見られないという結果だった。

[8] 新版日本語教育事典（日本語教育学会編、2005: 682）は、「外国語」と「第二言語」の違いを次のように説明している：「日本の英語学習や海外の日本語学習などのように日常的なコミュニケーション手段とならない環境で学ぶ場合は外国語と呼ぶ。日本で学ぶ日本語やアメリカで学ぶ英語などを第二言語と言って、区別する。しかし、言語習得研究では、その区別の必要性がない場合は、広い意味でどちらも母語に続いて2番目に習得する言語、母語以外の言語ということで、第二言語と呼んでいる。」

[9] ハワイの学校や大学で、日本語はハワイ語やスペイン語に並んで最も学ばれている「英語以外の言語」だ。ホノルル市内には、日本語を話す子どものニーズに対応するために「継承語としての日本語コース」を設けた高校もある。

であると考え、本校で日本語を学習しています（Kondo-Brown, 2001）。

　ハワイ大学の継承日本語学習者は、その多くがプレースメント・テストの結果、上級もしくは中級後半の日本語クラスに配置されます。しかし継承日本語学習者の中には、話し言葉と書き言葉の運用能力の差が大きい、日常会話は全く問題ないのに漢字が読めない・書けないという学生も少なくありません（片岡・ダグラス, 2016; Kondo-Brown, 2005）。したがって、大学で継承日本語を教える場合も、学習者のニーズを考慮した上でカリキュラムを組むことが大切になります（倉田, 2012; トムソン木下, 2013）。さらに継承日本語学習者は、JFL を学ぶ学習者と同じ日本語クラスで学ぶことが多いので、何をどう教え、評価することが効果的で公平な方法であるのかを考えていかなくてはなりません（Kondo-Brown, 2010）（11 章および 13 章参照）。

　これに関連して、日本の大学では、複数言語環境で成長した大学生が日本国内で日本語を学ぶという状況に注目し、言語指導だけでなく自らのアイデンティティと向き合わせるという試みも行われているようです。例えば、川上（2015）によると、複数言語の背景を持つ学生が数多く受講する「移動する子どものことばの教育学」というクラスで、移動する子どものライフストーリー（川上編, 2010）を読ませ、彼らの置かれた社会的状況や直面する課題やアイデンティティについて討論させています。学期の後半では自己もしくは他者のライフストーリーを書くという活動を通して、人にとって言語とは何かという課題に取り組ませているようです[10]。

　JFL 学習者と継承日本語学習者との根本的な違いは、前者の場合は日本語の習得が学校や大学で始まるのに対し、後者の場合は家庭で始まるということです。したがって、両者の日本語習得の過程や日本語体験は同じではありません。例えば、英語圏では英語母語話者にとって「日本語は難しい」というイメージがあるので、JFL 学習者は日本語が少しでもできるようになると「すごい！」と親や友人に賞讃されるかもしれません。一方の継承日本語学習者の場合は、（日本語母語話者の日本語とつい比べてしまう）日本人の親（特に母親）に間違いを訂正さ

10　家族から離れた米国中西部の大学に通っている継承スペイン語話者を対象にした研究では、彼らが Facebook や Twitter などのソーシャルメディアでスペイン語を使って社会的なネットワークを構築する様子が分析されている（Velázquez, 2015）。継承日本語話者を対象にした調査はないようだが、ソーシャルメディアの継承語維持における役割は大きいのではないか。

れたりして傷ついたり、恥ずかしい思いをしたという者が少なくないのです。中には、それが嫌で家で日本語を使わなくなったという学習者もいます（Kondo, 1997）。

　さらに、外見だけでは「日本で生まれ育った日本人」と区別のつかない継承日本語学習者が、訪日中に「変な日本語を話す日本人」として扱われたという話はよく聞きます。このように、継承語学習者の家庭、学校、そしてコミュニティにおける日本語体験はさまざまな社会的・心理的要因が複雑に絡まってくるので決して一様ではなく、彼らの日本語能力や学習ニーズにも大きな個人差が見られます。さらに最近の研究では、継承日本語の維持・発達は、移住時の年齢、子どもを取り囲む言語環境、親子関係、社会認識、アイデンティティ形成、学習動機づけなどの数々の要因と深く関係していることが強調されています（4章、6章および7章参照）。

3 自分のルーツとしての継承語

　「継承語」という言葉の意味をもっと広域に捉え、移民言語、先住民言語、植民地言語などを意味する場合もあります[11]（Kondo-Brown, 2002）。例えば、ハワイ大学には日系三世・四世など、両親が日本母語話者ではないけれども、**日本にルーツを持つ日本語学習者**が多くいます。これらの学習者は、「自分のルーツである日本語を学ぶ学習者」という意味では、「継承語学習者」もしくは「継承モチベーションを持った学習者（learners with a heritage motivation）」（Van Deusen-Scholl, 2003）です。しかし、これらの学習者は家庭で日本語を使用していないので、「親からの継承語」の学習者と比べると日本語能力の上で大差があり、日本語指導上は区別する必要があります（Kondo-Brown, 2005）。しかしその一方で、継承語の定義に親の出自・母語や家庭で使用される言語による境界線を引くのではなく、継承語であるかどうかの判断は学習者自身が主体的に決定す

---

[11] ハワイでは、先住民の言語文化復興のためにハワイ語のイマージョン教育が推進されている（松原編、2010）が、これも広い意味での「継承語教育」だ。ハワイ語の再活性化が進んでいるハワイでは、20校以上の公立学校でハワイ語のイマージョンプログラムが提供され、そこで約2000人のハワイ系米国人がハワイ語で授業を受けている：〈http://www.ahapunanaleo.org/index.php?/programs/ohana_info/list_of_immersion_and_hawaiian_medium_education_schools/〉（2018年11月22日）

べきもの、つまり国の主要言語以外の言語を「自分の家族や祖先に繋がりのある言語」と見なしている学習者を「継承語学習者」と見なすべきだという意見もあります（Hornberger & Wang, 2008）[12]。

　このように、欧米でも「継承語」という言葉はさまざまな意味で使われており、広い意味で継承語発達・教育を考えていくことも大切です。しかし、冒頭でも述べたように、本書では主に「親からの継承語」、つまり家庭で両親の少なくともどちらかが国の主要言語以外の言語を話すという環境に育ったバイリンガル・マルチリンガルの子どもや若者の継承語発達・教育に焦点を置いています。もちろん、中には親から子に伝える継承語というよりも祖父母から学んだ継承語を話すバイリンガルやマルチリンガルもいます。それに加えて複数の国にルーツを持つ者もいます[13]。

4　日本におけるバイリンガル・マルチリンガルの継承語発達・教育

　本書で扱う継承語学習者は、海外の継承日本語話者だけではなく、日本で日本語以外の言語を「親からの継承語」とするバイリンガル・マルチリンガルの子どもや若者も対象にしています。このような複言語背景を持つ子どもは、「移動する子ども」（川上編, 2010）、「文化言語の多様な子ども（CLD児）」（16章1.1節参照）、「サードカルチャーキッズ」（ポロック・リーケン, 2010）などと呼ばれていますが、今後日本でも増加し続けると思われます。例えば、文部科学省（2017a）

12　さらに、Leeman（2015）は、Doerr & Lee（2013）やGarcía（2005）の研究に言及し、教師や研究者によってつくられた「継承語学習者」という「学習者カテゴリー」は、バイリンガル・マルチリンガルの子どもや若者に「継承語学習者」という単一のアイデンティティを押し付けることにならないかと指摘している。本書は、「継承語学習者・話者」としてのバイリンガル・マルチリンガルに焦点を置くものの、彼らのアイデンティティの多様性や流動性を否定しているわけでは決してない。むしろ本書は、継承語話者・学習者のアイデンティティを多様・複雑で、流動的なものとして捉え（本書7章参照）、そのような角度からの継承語教育や研究をサポートすることを意図している。

13　例えば、以前日本で人気演歌歌手だったジェロは、アフリカ系米国人の父親と、アフリカ系米国人と日本人ハーフの母親を持つ。彼は米国の大学で日本語を学んだようだが、実は幼い頃から家庭で日本語に触れていた。彼にとっての日本語は外国語というよりも「継承語」として捉えるべきだろう（Doerr & Kumagai, 2014）。

の報告では、日本語指導が必要な児童生徒数は近年増加し、2016年現在では3万4千人（外国籍のみ）を超えています（14章1.1節参照）。

　複言語背景を持つ子どもは、いったん日本の学校に通い始めると日本語で生活をし、遊び、また授業を受けなければなりません。日本語だけの「新世界」に適応していく過程は、海外で育つ日本人の子どもと同様に波乱万丈で、それぞれに自分だけのストーリーがあります（川上編, 2010; 川上, 2013）。上記の文部科学省の調査では、日本語指導が必要な子どもに対する学校側の受け入れ・指導体制が十分には整っていない点もうかがえ、現場における問題は山積みのようです。ましてや年齢相応の日本語能力のない子どもの母語維持やバイリンガル発達などは問題外で、そこまで手が回らないという声もあるかもしれません。

　確かに、日本語を母語としない子どもへの日本語支援を改善し、彼らの学校での学びを支援していくことは急務です。しかし、日本の学校に通う日本語を母語としない子どもの今後の日本語教育支援を考える場合、彼らの母語・継承語教育にも目を向け、彼らやその家族がどのように複言語の世界を生きてきたかを理解した上で、今後の言語対策を考えていくことも大切です（齋藤, 2005; 高橋, 2015; 真嶋, 2013; 宮崎編, 2016）。実際、日本における母語・継承語教育に対する関心は高まり、母語・継承語支援活動や調査・研究も日本各地で行われています[14]。上で述べたように、今後の日本において外国にルーツを持つ子どもはますます増え続けていくことでしょう。もし日本に国の多言語・複言語政策と呼べるものを立ち上げることができるのであれば、そのような政策は「外国語教育（日本では、ほとんど英語教育に等しい）」という視点だけでなく、**継承語教育**という角度からも考えていく時代が来たと思います[15]。

---

[14] 例えば、愛知・外国に繋がる子どもの母語支援プロジェクト（2012）の支援活動がある：〈http://www7b.biglobe.ne.jp/~akp/sassi.html〉（2018年11月23日）。また、日本における母語・継承語維持・教育に関する最近の研究論文や報告書では、いろいろな言語が取り上げられている。例えば、タガログ語（初田, 2015）、中国語（滑川, 2010; 田・櫻井, 2017）、ベトナム語（落合, 2012; 近藤, 2017）、ロシア語（チモシェンコ, 2016）などがある。

[15] 宮崎・杉野編（2017）は日本の「グローバル化」の方向性を問題視し、定住や永住を希望する移住者に対し、どのような言語政策を促すべきかについて議論している。久保田（2015a）も日本のグローバル化における外国語（＝英語）教育のあり方の見直しをクリティカルな視点から唱えている。さらに、平高・木村編（2017）は、日本社会における多言語使用の可能性や今後の多言語教育・推進について考察している。

5 今日における継承語および継承日本語研究

5.1 「継承語」の定義について

　グアダルーペ・バルデス（Guadalupe Valdés）は英語圏における継承語学習者の存在に注目し、その定義を「英語以外の言語が話される家庭で育ち、その言語を話すことができるか、もしくは少なくとも理解できる学習者、そして、ある程度その言語と英語のバイリンガルである者」としました（Valdés, 2001: 38）[16]。バルデスのこの定義は、英語圏における継承語教育に関する文献で今日最も頻繁に引用されているものです。しかし、バルデスの定義は英語圏における継承語学習者に焦点を置いたものであるために、日本のような英語圏の外で育ったバイリンガル継承語学習者に、そのままでは当てはまりません。

　また、英語圏にいても両親の母語が異なる場合（例えば、母親が日本人で、父親が韓国人など）、二つ以上の言語で育ったマルチリンガルということになりますので、主に二言語を話すバイリンガルを対象にしたバルデスの定義では無理が出てきます。特に欧州における継承日本語学習者の場合、英語、オランダ語、日本語というように、二つ以上の言語環境に育つ「複文化・複言語キッズ」であることは珍しくありません（勝部・札谷・松尾・三輪, 2017）。そのほかにも、国際養子縁組や言語発達の途中で何らかの理由で親と離別したケースなど、継承語学習者を取り巻く言語環境の複雑さの可能性を考えていくと切りがなく、その定義づけは容易ではありません。

　バルデスの継承語学習者の定義のほかに、マリア・ポリンスキー（Maria Polinsky）が提唱した継承語の定義も広く受け入れられています。ポリンスキーは、継承語を「習得の順番から言うと第一言語だが、その国の主要言語に移行し

---

[16] 家庭で国の主要言語以外の言語を使用するという状況下で育ったバイリンガルを、（自らが選んで）学校・大学で外国語を学んだ結果バイリンガルになった者と区別するために、前者を**状況型バイリンガル**（circumstantial bilingual）、そして後者を**選択型バイリンガル**（elective bilingual）と呼ぶ場合もある（Baker & Wright, 2017: 4）。このバイリンガルの区別は、Valdés & Figueroa（1994）によって提唱された。Valdés（2001）の定義で言う「バイリンガル」は状況型バイリンガルを指す。もちろん「状況型バイリンガル」と言っても、彼らは与えらえた状況下で、ただ単に受け身的にバイリンガルになったのではなく、家庭、学校、そしてコミュニティで継承語を使用・学習するという個人的な「選択」をした結果、バイリンガルになったと捉えるべきだろう。

たために（第一言語として）完全に習得しなかった言語」と定義づけています（Polinsky, 2008: 149）。シルビナ・モントルール（Silvina Montrul）も「不完全習得」という視点から継承語習得の研究を行っています（Montrul, 2008, 2010, 2016）。しかし（これは言語能力評価の領域にも関連する問題ですが）、モノリンガルの母語能力・使用にも大差があり、一つの言語の何をどの程度習得・維持すれば「完全に習得した」と言えるのかを決定することは、簡単な作業ではありません。

さらに、「トランスランゲージング（translanguaging）」（Garcia & Wei, 2014）、「トランスリンガリズム（translingualism）」（Canagarajah, 2013; 尾辻, 2016）、「複言語主義（plurilingualism）」（Piccardo, 2014）などの考えでは、言語間の境界線を取り除き、バイリンガル・マルチリンガルの言語レパートリーや言語使用を統合的に見るべきだとしています（1章2.4節および3章参照）。この視点からだと、継承語を「不完全習得」という減点法的な目線で見るべきではないということになります（Cabo & Rothman, 2012）。極端な話、継承語をその運用能力に関係なく**ネイティブランゲージ**（native language）と呼ぶべきだという意見さえあります（Rothman & Treffers-Daller, 2014）。確かに、物心ついた頃から複言語環境で育ったというバイリンガルの中には、どの言語が自分の母語であるのかを決められないという人もいます。このような人は、国の主要言語が優勢になっても、母語を継承語と呼ぶのに抵抗を感じるかもしれません。

しかし、その一方で「あなたのネイティブランゲージは何か」という問いに、躊躇なく「英語」と答え、日本語は継承語と見なす学習者にも私は数多く出会ってきました。ハワイ大学の継承日本語学習者にはむしろそういう学習者が大多数だと思います。継承日本語学習者が学校や大学で経験する日本語学習は、JFL学習者の外国語学習と同じではないし、日本で生まれ育ったモノリンガルの子どもが国語を学ぶのともまた違います（中島, 2003b）[17]。そういう意味で、継承語や継承語学習者の定義づけは難しくても、継承語習得を母語習得や外国語習得とは違ったものとして位置づけ、継承語学習についてさまざまな角度から理解を深めていくことは大切だと思います。

---

[17] これに関連して、Oguro & Moloney（2012）は、オーストラリアで、日本語母語話者を対象にした日本語プログラムで日本語を学んでいる継承日本語話者の経験している疎外感について報告している。

5.2　言語学分野の「新研究分野」としての継承語研究

米国では、1999年に初の**国際継承語会議**（International Conference on Heritage Languages）が開催されて以来、継承語教育に関する研究は、急速に拡大しています。全米応用言語学会（Association of American Applied Linguistics [AAAL]）や全米外国語教育協会（American Council on the Teaching of Foreign Languages [ACTFL]）の国際会議をはじめ、全米日本語教師学会（American Association of Teachers of Japanese [AATJ]）でも、本書の著者の一人ダグラス昌子氏らが中心となり**継承日本語研究グループ**（Japanese as a Heritage Language Special Interest Group [JHL-SIG]）を立ち上げ、全米の継承日本語関係の学校リスト、教材、指導案を共有し、研究ジャーナルも発行しています[18]。

また、*The Modern Language Journal*、*Foreign Language Annals*、*Language Learning* などの主な研究誌で発表される継承語関係の論文数が増加しているだけでなく、継承語に焦点を置いたハンドブックや研究書も続出しています[19]。さらに、約15年前にはカリフォルニア大学ロサンゼルス校が、**全米継承語研究センター**（National Heritage Language Resource Center [NHLRC]）を立ち上げ、現在では米国での継承語研究の中心的存在の一つとなっています。例えば、同センターはNHLRC夏季セミナー（毎年）や国際継承語・コミュニティ言語会議（International Conference on Heritage/Community Languages）（4年ごと）を開催し、継承語研究者や教師が継承語研究・教育について学ぶ機会を与えています。また、査読審査つきのオンライン研究誌「継承語ジャーナル（*Heritage Language Journal*）」も刊行しています[20]。

日本においても、2003年に**母語・継承語・バイリンガル教育（MHB）学会**（当時は研究会）が発足し、バイリンガリズムおよび継承語に関する研究や教育

18　全米日本語教育学会のJHL-SIGのホームページ〈https://www.aatj.org/sig-japanese-heritage-language〉（2018年7月31日）

19　例えば、Brinton, Kagan, & Bauckus (2008), Kondo-Brown (2006a), Kondo-Brown & Brown (2008), Fairclough & Beaudrie (2016), Montrul & Polinsky (In press), Nagano (2015), Seals & Peyton (2017), Trifonas & Aravossitas (2014), Wiley, Peyton, Christian, Moore, & Liu (2014) など。

20　「継承語ジャーナル（*Heritage Language Journal*）」〈http://www.heritagelanguages.org〉（2018年11月22日）

活動を大きく前進させています。**継承語文献データベース**[21]（中島, 2017）も開発され、24ヵ国の継承語教育に関する文献が検索可能です。このように、今日に至っては、継承語教育は応用言語学や言語教育の「新分野」として確立したと言ってもいいでしょう。この波に乗り、世界各地において継承日本語維持・発達、そして継承日本語教育のあり方などに対する関心も年々高まり、それについての論文や報告書も増えています[22]。さらに、継承日本語教育をサポートする教育機関や研究グループも世界各地で増えています。

6 まとめ

　継承日本語習得の過程は、モノリンガルの子どもの日本語母語習得と異なるだけでなく、JFL習得とも異なります。そして継承語教育とは、継承語学習者の言語的、心理的、そして社会的理解を深め、彼らの関心やニーズに応じた学習環境を与えることを目標とする分野です。本書の目的は、主に「親と子をつなぐ継承語教育」という視点から、日本国内外における複言語環境下で育つ子どもや若者の言語習得や言語教育についての理解を高めることです。また言語教育分野において、一つの「新研究分野」としての継承語習得・教育の関心の輪も広げたいと思います。

21　継承語文献データベース〈http://yay.cla.kobe-u.ac.jp/~jm/hldb/index-stop.php〉（2018年11月22日）

22　2010年以降に発表された継承日本語研究例として、本書で扱われていない文献に、次がある：アジア（服部, 2015; 深澤, 2013; 望月・野村・西村・森山, 2012; 柳瀬, 2017, 2018; 劉, 2018）、ヨーロッパ（稲垣, 2015, 2016; 小間井, 2013; 佐藤・根来・村中, 2010; 柴山・高橋・池上・ビアルケ, 2017; 本城, 2010）、米国・カナダ（Endo, 2013; Kwon, 2017; 藤生, 2005; Nomura & Caidi, 2013）、南米（Motobayashi, 2016; ワタナベ・タナカ, 2011）、オーストラリア・ニュージーランド（Aiko, 2017; 倉田, 2012; Moloney & Oguro, 2015）。

第 1 部

バイリンガル・マルチリンガル発達理論からみた継承語習得

第 1 部 1 章

バイリンガル・マルチリンガルの継承語習得

坂本光代

問 い

　バイリンガルにはどのようなタイプがあり、継承語習得とどう関係しているのでしょうか。バイリンガルとは、二言語を母語話者のように使いこなす人のことを意味するのでしょうか。マルチリンガルの場合はどうですか。

回 答

　「バイリンガル」と言うと単純に「母語と別の言語が話せる人」、「第一言語（first language［L1］）＋第二言語（second language［L2］）＝バイリンガル」と考えられがちですが、実は言語の習得時期や、発話・作文力の程度の違いなどによって、さまざまなタイプのバイリンガル・バイリンガリズムがあります。しかも、好ましいものもあれば好ましくないパターンもあります。L1 と L2 は相互依存の関係にあると考えられ、バイリンガルの語彙やメタ言語意識（＝言語を客観的に観察・意識する視点）にはバイリンガル特有の特徴があります。また、マルチリンガルはバイリンガルよりも言語が多いため、より複雑になります。継承語習得は、社会の主要言語ではない言語を習得・保持することになるため、L1 と L2 の関係性を意識し、計画性を持って臨む必要があります。

1 バイリンガルの定義

　バイリンガルとはどんな人を指すのでしょうか？　一般的に挙げられる定義は「二言語がネイティブ並みにできる人」でしょう。実際、著名なバイリンガル研究者**トーヴェ・スクトナブ・カンガス**（Tove Skutnabb-Kangas）（1981）によると、バイリンガル話者は、モノリンガルもしくはバイリンガルコミュニティの中で、周りの要求に見合ったネイティブ並みの二言語使用ができる人、としています。しかし、バイリンガルと言ってもさまざまなタイプのバイリンガルがいます。

　まず、第一言語（L1）と第二言語（L2）習得のタイミングでバイリンガルを区別する方法があります。二言語をほぼ同時に習得する人を**同時型バイリンガル**（simultaneous bilingual）と言い、母語を習得してから次にL2を習得するバイリンガルを**順次型バイリンガル**（sequential bilingual）と呼びます。バイリンガルを育てる上で同時型・順次型どちらが好ましいということはないとされていますが、それよりも最低一言語（L1、L2どちらでも良い）の発達が必要不可欠とされています。その言語に基づいた概念が、認知発達ないしもう片方の言語発達に多大な影響を与えるからです。

　また、能力の違いによって区別することもできます。例えばヒアリングはできても発話・作文ができない、いわゆるアウトプットができないバイリンガルを**受容的バイリンガル**（receptive bilingual）、発話も作文もできるバイリンガルのことを**生産的バイリンガル**（productive bilingual）と呼びます。母語もL2もどちらも年相応の言語レベルに達していないバイリンガルは、**セミリンガル**（semilingual）もしくは**ダブルリミテッド**（double-limited）と呼ばれます。逆にL1、L2共にネイティブレベルに達しているバイリンガルを**均衡バイリンガル**（balanced bilingual）と呼びます。

　ほかにも、L1とL2の関係性によってバイリンガリズムの現象を区別することもあります。母語に加えてL2を習得する現象を**加算的バイリンガリズム**（additive bilingualism）、L2を習得することで母語が失われていく現象を**減算的バイリンガリズム**（subtractive bilingualism）と呼びます（ベーカー，1996; Baker & Wright, 2017）。もちろん好ましいのは均衡もしくは加算的バイリンガリズムだと言えましょう。継承語学習は国の優先言語のほかに、継承語も維持・習得する

ことを目指すので、加算的バイリンガリズムに基づいた考え方です（継承語の定義は、序章参照）。残念なのは、加算的バイリンガリズムに対する理解が乏しく、学校ではとにかく現地語を推奨する傾向が見られることです。学校がL2に偏重するあまり、家庭でもL1をないがしろにして、L2に力を入れてばかりいると加算的ではなく減算的バイリンガル、最悪の場合は子どもをセミリンガル（ダブルリミテッド）にしてしまう可能性すらあるでしょう。L1、L2どちらも中途半端になると家庭内でのコミュニケーションの断絶、学業でのつまずき、認知発達の遅れ、子どもの孤立などに繋がる恐れがあります。しかし、正しい知識のもとでなら、子どもをバイリンガルやマルチリンガルに育てるのは不可能ではありません。

2 母語と第二言語の関係

2.1 二言語相互依存説

「バイリンガル」を1節で説明したように、まるでバイリンガルの頭の中ではL1とL2がそれぞれ独立し、はっきりと区別されている、と誤解されるかもしれません。しかし、L1とL2はそれぞれ個別の言語システムではなく、L1とL2に**共有基底言語能力**（Common Underlying Proficiency［CUP］）があるとされています（図1参照）。

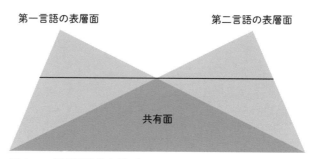

図1：二言語相互依存説（Cummins, 2001: 174 を基に作図）

図1によると、L1とL2は表面的には全く別の言語ですが、根底に共通する共有面なるものがあるというのです。ということは、すなわち片方の言語を強化す

ると必然的にもう片方も強化される、という考え方に繋がります。この現象を**ジム・カミンズ**（Jim Cummins）は**二言語相互依存仮説**（linguistic interdependence hypothesis）と名付けました。その形から**氷山説**（iceberg model）とも呼ばれています（Cummins, 2001; カミンズ, 2011）。しかし言語習得の始めの段階からこのような相互作用が認められるとはされていません。ある程度のレベルになって初めて相互作用が認められると言うのです。これは**しきい仮説**（threshold hypothesis）と呼ばれています（2章2.1節参照）。また、共有されるのは概念的なものとされ、発音などは当てはまらないとされています。ある程度の言語発達なしに相互作用は実現しないとなると、母語で**認知・学力言語能力**（Cognitive Academic Language Proficiency [CALP]）を習得していたほうが相互作用には有利だと言えます（本章4節参照）。これは従来の「言語習得は早ければ早いほど良い」とされる考えとは逆の考えです（本章3.3節参照）。

なお、この相互作用は韓国語と日本語のように似た言語同士だけでなく、日本語とイタリア語のような全く異質の言語同士でも認められるとされています。二言語相互依存仮説で示唆されるのは、バイリンガルが一言語を使用していても、常にもう片方の言語も活性化されているということです。

2.2 言語習得場面

二言語習得は共有されているものがあると同時に、されないものもあります。言語習得は**場面別**（domain-specific）に起こるとされているからです（Grosjean, 2008）。例えば家庭で使用する言葉遣いや語彙などは学校でのそれとは違います。場面で習得するものが変わるため、全く同質のL1とL2習得というのはかなりまれな現象となります。こうして考えてみるとバイリンガルの頭の中は単純に同質のL1とL2がセットで存在する訳ではないのです。それゆえに二言語がどちらもネイティブレベルに到達している均衡バイリンガル（バランス・バイリンガル）になるには、話す・聞く・読む・書くという四技能を満遍なく習得すべく意識して取り組む必要があるでしょう。そのような環境を提供するには意思の疎通を口頭でやり取りする家庭での言語使用だけでは限界があります。読む、書くといったリテラシー教育は学校環境の中で育まれていくため、補習校などに子どもを入れる、一時帰国の際日本の学校に通わせる、通信教育を介して日本語を勉強する、日本から教材を取り寄せホームスクーリングするなど、意識して読み

書き学習に取り組む必要があるでしょう。例えば、非漢字圏に在住の場合は漢字の知識や敬語使用などは育まれにくいです。同様に英語もギリシャ・ラテン語由来の語彙（Graeco-Latinate words）とアングロサクソン系の二種類の語彙があると指摘されています（Corson, 1999）。Eat や walk などアングロサクソン系語彙は、日常会話で多用され、馴染みある、平易な語彙ですが、consume や amble などギリシャ・ラテン系語彙は日常会話で使用されることはあまりなく、主に書物などで使われる語彙を指します。意味を推測するにあたって解読の難しい語彙が多いです。会話だけに注力していればギリシャ・ラテン系語彙の習得には限界があると言えましょう。学校教育では子どもの学年が上がるにしたがって、ギリシャ・ラテン系語彙の比重が増えていきますので、学業にも支障をきたしかねません。

マルチリンガルの場合は、それぞれの言語使用に即したさまざまな場面を意識する必要があるので、バイリンガルの子育てよりもさらに難易度は高くなると言っても良いでしょう。しかし例えば、母親がL1、父親がL2、家庭の外では第三言語（L3）、といった環境が整っている場合、トリリンガルの子育ても多いに可能性はあります。

実際、従来バイリンガルの子育てでは、一人の親が一言語使用に徹するという**家庭内言語方針の一つである一親一言語**（One Parent One Language ［OPOL］）が良いとされてきました（Döpke, 1992; Romaine, 1995; Kondo, 1997; 2章3.2.2および6章3節参照）。こうすることで、それぞれの言語使用場面を最大限増やすことができます。言語使用を親別に徹底することで、子どもがL1とL2を混ぜて話すこと（**コードスイッチング**と呼びます）を抑制します。もし、このルールを徹底できなかったら、親も子どもも楽な言語使用に偏りがちになり、結果、語彙数が増えず、会話力・聴解力のみ習得される**部分的バイリンガル**（partial bilingual）[1]に育ちます。日本語母語話者の親が日本語、子どもも日本語（もしくは英語母語話者の親が英語、子どもも英語など）という徹底した流れを作らないと、母語・継承語は理解できるが話せないといった受容的バイリンガルには育つものの、生産的バイリンガルになるのは難しいでしょう。

とくに継承語は現地では必ずしも主要な言語ではないため、つい現地の主要言

---

[1] 「口頭での受容・産出のみできる（書き言葉はできない）」という部分的バイリンガルもいれば、「（話し言葉でも）理解できるが話せない」という部分的バイリンガルもいる。

語の学習に比重が置かれ、継承語はおざなりになりがちです。「家庭内では意思の疎通はできているから」と日本語の会話力だけに留意するのではバイリンガリズムの恩恵に恵まれません。バイリンガルとして言語的・認知的能力を最大限に伸ばすには、やはり四技能全ての能力を伸ばすのが望ましいでしょう。

2.3　多元能力

　バイリンガルやマルチリンガルは必ずしもモノリンガルより優秀である、とは一概に言えません。バイリンガル・マルチリンガルはモノリンガルとは違った「特殊な人」なのです（Cook, 2003: 4）。バイリンガル・マルチリンガルを指す言葉として、モノリンガルの物差しで測るのではなく、全く違った人として**多元能力者**（multicompetent）という表現を使用する学者もいます（Cook, 2003）。多元能力者とは、二つの文法が融合した認知を持ち備える人（Cook, 2003: 2）とされています。バイリンガルの二言語は、それぞれ隔絶されたものではなく、お互いに作用し合っています。よって、バイリンガルとは、モノリンガルの言語とは異質な言語体系を持ち備えた人と言えます（Cook & Wei, 2016）。こう考えるとバイリンガルが持ち備えるL1、L2、そして目標言語を習得する過程で生じるL1でもなければL2でもない発達途中の言語（**中間言語**（interlanguage）と呼びます）全ての言語システムが、バイリンガルの多元能力を構築していることになります。状況に応じてL1、L2、果ては中間言語も駆使できるバイリンガルは、まさにモノリンガルとは違った能力がある人たちだと言えましょう。このようにバイリンガルを捉えることで、モノリンガルを規範とする、バイリンガルの言語能力の不十分さばかりに焦点を当てた呪縛から解放されることができます。

2.4　トランスランゲージング

　実際、バイリンガルが有する言語はL1でもL2でもない、L1とL2が混ざり合ったもの、として捉えられる動きが近年出てきました。つまりバイリンガルのL1は、モノリンガルの母語と違い、またL2もその言語のモノリンガル・ネイティブスピーカー（母語話者）の言語とは違う、という考え方です。バイリンガルはL1でもなければL2でもない、バイリンガル独自の言語システムを持ち、その中にL1の要素とL2の要素が介在し、必要に応じたものをその都度、言語リソースの中から選んで使用すると言うのです。この考え方に基づくと、前述の

さない文章（Spaghetti are good children）という文章を作成できないのです。バイリンガルの子どもは、言語分析をする能力がモノリンガルと比べて発達しているとされています。（Bialystok, 2001a）（5章3節参照）。

3.3 言語習得の臨界期

　言語を習得するには最適な時期があるとされます。それが**臨界期仮説**（Critical Period Hypothesis [CPH]）という考え方です。生まれた時から一言語で育つモノリンガルの子どもは、大抵ネイティブスピーカーに育ちます。これは言葉を聞く・学ぶべき時期を逃さずに育つからだと考えられます。バイリンガルでもその時期（臨界期）を逃さず言葉に触れ、学べば、発音や表現などネイティブスピーカー同様の言語能力を身に付けることができるということです。ただし、これはあくまでも仮説であり、立証されていません。一般的に発音に関しては、左脳と右脳がはっきりと分かれる時期（脳の側性化；cerebral lateralization）など身体的な要素が関係しており、結果二言語を学ぶこと並びにバイリンガル教育を始めるには早いほうが良いと思われています[2]。しかし文法や語彙習得などに関しては見解が分かれています（Singleton & Ryan, 2004）。

4 言語能力とは

　複言語環境で育つ継承語話者のように二言語を併用する環境にある子どもの言語能力には、日常的な会話などに代表される**伝達言語能力**（Basic Interpersonal Communicative Skills [BICS]）と、学校での勉強などを介して発達する認知・学力言語能力（CALP）の二つの側面があるとされています。この二つの重要な違いは習得速度です。図2に示すように、一般的にBICSは習得に1、2年、CALPは5年から7年、もしくはそれ以上かかると言われています。

　この差を認識しないと、「L1とL2共に会話能力が高い＝バイリンガルである」、「会話力が高いのに作文力が低いのは認知的に問題がある」などといった間違った結論に達してしまいます。子どもがペラペラとネイティブのように話せる

2　Lenneberg（1967）は母語習得において、脳の側性化の時期（青年期（10歳ぐらいまで））が大切であるとした。それに基づき第二言語習得も脳の側性化が関連あるとされ、Penfield & Roberts（1959: 236）は9歳まで、Krashen（1973: 67）は5歳までに言語を習得すべきとしている。

からと言って、必ずしも言語能力が高いとはならないのです。ある程度理解できるからと言って読み書き能力を伸ばさなければ受容的バイリンガル、もしくは減算的バイリンガルやセミリンガルになってしまう可能性もあります（カミンズ, 2011; Cummins, 2001）。会話力が発達した後も引き続き言語能力を伸ばす意識・工夫が肝要です。

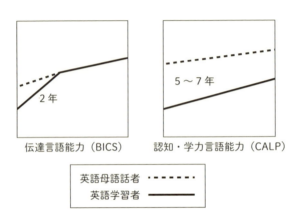

図2：年齢相応の伝達言語能力（BICS）並びに認知・学力言語能（CALP）習得に必要な年数（Cummins, 2001: 75 を基に作図）

5 もっと詳しく調査・研究したい人のために

5.1 バイリンガルの認知的長所・短所についてさらに知りたいのなら

バイリンガルは認知的に長所が多いとされていますが、バイリンガリズムは必ずしも認知的に良いことばかりではありません。バイリンガル独特の認知的長所・短所について詳しく言及しているのが Bialystok（2001a）並びに Cenoz & Genesee（2001）です。次に続く2章と3章でも、さらに詳しく解説しています。

5.2 バイリンガルの子育て事例についてさらに知りたいのなら

私はカナダ（坂本, 2011）、ブラジル（坂本, 2016; 坂本・松原モラレス, 2014; Sakamoto & Matsubara Morales, 2016）、日本（坂本・宮崎, 2014）でのバイリンガルの子育てについて、主に保護者の観点からなぜ・どのように実践している

のかを調査してきました。調査結果では、海外で継承語教育を実践している家庭の事例を記しています。もちろん居住国や個々の家庭で事情は違うので他の家庭の事例がご自分にも当てはまるとは言えませんが、バイリンガルの子育てを実践する上で何かヒントになるものがあるかと思います。カナダ、日本、ブラジルの事例で共通していたのが、バイリンガルの子育て・継承語教育を実践するというのは、やはり親の一貫性、強い意志がないと難しいということです。現地では使用されていない言語をあえて子どもに学ばせるというのは簡単なことではありません。私の研究協力者は「母語は継承しなければならないもの」、「加算的バイリンガルは実現できる」、「親子間の絆は母語によって保持しなければならない」という強い想いを持っていました。「現地では使われていないから」と母語を継承しなくなると、あっという間にジョシュア・フィッシュマン（Joshua Fishman）の言う**言語シフト**が起こってしまい（Fishman, 1991, 2001）、結果、減算的バイリンガルもしくは母語を完全に喪失した（**言語喪失**）、現地語のモノリンガルになってしまいます。また、母語の継承はそこで終わってしまいますので、後世代に言語が残されなくなってしまいます。一度失った言語はなかなか取り戻せません。よって、家庭での言語方針は大きな意味を持ちます。

6 まとめ

「バイリンガル」と言ってもさまざまなバイリンガルがあり、「言語能力」と言ってもさまざまな側面があります。よって「バイリンガル＝二言語をネイティブスピーカー並みに話せる人」という認識はポピュラーではありますが、必ずしも正しいとは言えません。言語習得にはBICSやCALPなど、習得内容や習得速度が違う面があり、バランスの取れたバイリンガルの子育てにはそれぞれを伸ばしてあげるような心構え、取り組みが求められます。継承語のように現地で使われていないマイノリティ言語は、とくにその言語に触れ、その言語を使用するさまざまな機会を設けることが肝要だと言えましょう。

第 1 部 2 章

継承語習得と認知能力発達

田浦秀幸

●●●●●●●●●●●●●●●●●●●●● 問 い ●●●●●●●●●●●●●●●●●●●●●

　バイリンガルやマルチリンガルの子どもはモノリンガルの子どもよりも認知能力に優れているというのは単なる神話でしょうか。それとも、何か科学的証拠に基づくものなのですか。もし継承語習得が認知能力発達に繋がるのであれば、どのようなアプローチがより効果的ですか。

●●●●●●●●●●●●●●●●●●●●● 回 答 ●●●●●●●●●●●●●●●●●●●●●

　バイリンガルの認知能力は全ての面でモノリンガルに優るのでなく、(1) メタ言語能力（言語を客観的に捉えらえる能力）、(2) 選択的注意力（必要項目だけに注意を払う能力）、(3) 心の理論（他者の立場が理解できる能力）の面で優位性が幼児期から存在すると考えられています。学齢期でも優位性を享受するには、学校教育言語で年齢相応の言語力をつけた上で、継続的に努力を積み重ねて継承語の読み書き能力（年齢相応ならベスト）を身につけることが望まれます。

1 はじめに

　20世紀前半までは「バイリンガルに育てると、一つの頭に二つの言語を詰め込むことになり、子どもは混乱して各言語を十分に習得できず知能に悪影響を及ぼす」との考えが、一般大衆のみならず研究者からも支持されていました。しかし、当時の研究には瑕疵が多々ありました。対象となったバイリンガルとモノリンガルの年齢・母語・性別・IQに加えて保護者の収入や社会経済的地位および教育レベル等、多くの変数を統制することなく研究が行われていたのです。このような変数を統制した画期的な研究が、Peal & Lambert（1962）による300名以上の10歳児を対象としたもので、「バイリンガルはモノリンガルに比べて柔軟な思考力を持つ」との結果が発表されました。それ以降、認知面だけでなく、数学的な論理思考・第二言語学習時の言語面や語用論面の習得・比喩表現等における早期均衡バイリンガルの優位性が確認されてきました。しかしながら現在でも、バイリンガルの**認知能力**の優位性が、一般の人たちに共有されていないのが現実です。二言語接触環境にいる子どもの成績が良くない時、単一言語環境にすべきだとの議論がいまだに教育・医療現場や家庭内でなされているのです（Baker & Wright, 2017）。もちろん、バイリンガルがあらゆる面でモノリンガルに優るわけではなく、バイリンガルであるがゆえに頭を悩ますアイデンティティの問題などもあります。本章では認知的発達面に焦点を絞り、これまでの研究の到達点をまず確認します。そうすることでバイリンガルの利点を明らかにし、認知能力向上に繋がる継承語学習の方法を探ります。

2 認知能力に関するバイリンガリズム研究

2.1　二つの仮説

　Peal & Lambert（1962）以降、変数を制御した研究が多くなされるようになりましたが、対象バイリンガルの年齢や使用タスクおよび言語力にかかわらず、優位性を示す結果とそうでない結果が混在しているのが現状です（Bialystok, Craik, & Luk, 2012; Houtzager, Lowei, Sprenger, & De Bot, 2017）。このような研究成果の齟齬を説明するのにCummins（1976）の「しきい仮説」や、Bialystok（2001a, 2001b）の「分析・制御仮説」が用いられてきました。**しきい仮説**

が唱えるのは二つのしきいの存在で、二言語とも年齢相応（最初のしきい）に達していなければバイリンガルであるためにかえって認知的発達が悪影響を受け、一言語だけでも年齢レベルに到達すればモノリンガル認知発達と差はなく、両言語ともに年齢レベル（2番目のしきい）に到達すれば好影響を与えると仮定します。そうすることで、従来の研究成果の齟齬をうまく説明できました（1章2.1節参照）。二つのしきいの言語レベルが具体性に欠け、検証研究ができない点が批判されていますが（Baker & Wright, 2017）、バイリンガルの認知力発達において言語能力の重要性は疑いがありません（Hernandez, 2013）。

一方、**分析・制御仮説**（Bialystok, 2001a, 2001b）は、タスクの計測対象が分析能力なのか、それとも葛藤項目を抑制しながら必要項目にのみ「選択的注意」を払う（たとえばストループタスクにおいて、赤インクで書かれた「青」を青と呼ぶ衝動を抑えて赤と呼ぶ）制御力なのかにより区分し、後者においてのみバイリンガルの優位性が見いだせるとしたのです（詳細は、次節およびBialystok et al., 2012参照）。研究デザイン（使用されたタスクや被験者の年齢および言語レベル）が異なるので一般化はなかなか困難ですが、バイリンガルの優位性が見いだせるのはおおむね、メタ言語能力と認知的柔軟性を対象とした研究ですので、上記のような仮説が生まれてきたのです。

2.2 心理言語学研究

バイリンガルの認知能力を語る上で、重要な研究の多くはカナダの研究者**エレン・ビアリストク**（Ellen Bialystok）によりなされてきたので、ここでは彼女による一連の心理言語学研究を中心に概観します。Bialystok（2001a）では、**メタ言語能力**の優位性に関し、物の名前は本質的な意味を表すのでなくラベル（たとえば日本語では「鉛筆」であるのに対して英語では"pencil"と呼ぶ）に過ぎないとの「言語の恣意性」にバイリンガルは幼い頃から気づいているので、モノリンガルに比べてメタ言語能力が高いと研究結果が報告されています。（メタ言語能力に関しては、1章3.2節参照）。

一方、**認知的柔軟性**に関してBialystok（2001b）は、認知機能を「analysis（頭の中にある知識総体を使っての分析力）」と「control（葛藤する不要項目を抑制しながら必要項目にだけ選択的に注意を払う制御力）」に分けて調査を行った結果、分析力に関してはバイリンガルとモノリンガルの園児間に差がないと報

告しています。たとえば、ある文章を聞いて文法的であるかどうかを説明できる力が分析能力で、これに関してはモノリンガルとバイリンガルの園児間に差はありませんでした。その一方で、バイリンガルの子どものほうが、制御力（たとえば、画面上に表示される四角が青色であれば左右どちらに提示されても「A」キーを押し、赤であれば「L」キーを押すサイモンタスク）に関しては優位であるとの結果でした（モノリンガル園児は、提示四角が青か赤にかかわらず、画面上の左側に提示されるとキーボード左側にある「A」キーを押す傾向がありました）。この制御力は、幼い頃から必要に応じて**コードスイッチング／言語切り替え**を行う必要性のあるバイリンガルの言語抑制能力に起因すると、Kovacs（2007）をはじめとする多くの研究者から指摘されています。

　しかし Bialystok et al.（2012）は、（1）言語使用開始前の乳幼児時期でもバイリンガルはモノリンガルに優る研究の存在と、（2）「夜」の絵を見せて「昼」と言う単層タスクではバイリンガル・モノリンガル間に差は出ないが、「赤インクで書かれた青」を見て「赤」と呼ぶ複層タスクである**ストループタスク**でバイリンガルの優位性があることを報告しています。この結果を Bialystok は、バイリンガルの制御力の優位性は、「話し相手により言語を切り替える作業を通して身についた言語制御能力」だけに起因するのではなく、「不必要な葛藤情報を抑制して必要な情報にだけ選択的に注意を払う一般認知力」に起因すると解釈しました。Peal & Lambert（1962）が「柔軟性」と称したバイリンガルの優位性を、「抑制・選択・注意の保留、ワーキングメモリー（聴覚・視覚・空間等の外部からの情報を効率的に処理するために前頭前野に存在すると考えられるシステム）更新・検索機能等における優位性」として、より精緻化し、バイリンガルの優位性が日常的な言語のコードスイッチに起因するとのそれまでの考えに一石を投じた点で、重要な研究でした。

　一般的に子どもは4歳頃になると、他者と自分の心とは異なっていて、他者はその心的状況に沿った行動を取ると理解できる能力（**心の理論**）が発達し始めます。日常的に複数言語環境にいるバイリンガルは、抑制・選択的注意力が幼い頃から伸ばされるので、モノリンガルに比べて他者の立場を理解できる年齢が早いとの報告もなされています（Rubio-Fernandez, 2017）。このようにメタ言語能力や制御能力および他者理解能力においては、バイリンガルの優位性があると考えられます。

2.3 脳科学的研究

　Craik & Bialystok（2006）によると、赤ん坊が生まれた時には脳内細胞数はすでに成人に匹敵していて、生後はニューロン間の繋がり（シナプス）がどんどんと増えていきます。一方で、脳全体の容量は思春期から20歳位（前頭葉は12歳位に対して側頭葉は16歳位と部位間差あり）までは増え続け、その後は機能最適化のために不要な繋がりの刈り込みがゆっくりと進みます。この脳容量増加とシナプス増加後の刈り込み最適化の過程は、モノリンガルとバイリンガルの間に差はありません。それでは、脳神経科学的に両者間にはどのような差があるのでしょうか？

　バイリンガル対象の部位の賦活度合いを色で表す脳イメージング研究は、Kim, Relkin, Lee, & Hirsch（1997）の研究が端緒で、早期同時型バイリンガルは二言語とも産出時に左脳のこめかみ部分にある運動性言語野（ブローカ野）の中の同じ部分を使用する一方で、**順次型バイリンガル**（1章1節参照）は、賦活部位が異なるとの結果でした。また、Hull & Vaid（2007）は、モノリンガルの多くが左脳に言語野が局在しているのに対して、早期バイリンガルは両脳を使用していると報告しています。これは早期日英バイリンガル対象のTaura（2018）の機能的近赤外分光法（functional Near-Infrared Spectroscopy [fNIRS]）の研究結果（2番目の言語接触開始年齢が上がるに連れて右脳の関与が強まる傾向）とは整合性を欠く結果でした。多くのほかの分野同様に、バイリンガル脳に関する研究も、研究対象者の年齢・言語能力・二言語のコンビネーション（アルファベット言語なのか表象言語なのかなど）に加えてタスク内容や使用機器の種類（脳賦活を計測するのに脳波を手がかりにするのか、脳血流量を手がかりにするのかなど）が多岐にわたり、まだまだメタ研究による結論を導ける段階ではありません。

　心理言語学研究でバイリンガルの優位性が多く報告されている「目的を完遂するために不要な葛藤項目を抑制する能力」は、「ワーキングメモリー内の情報をアップデートして柔軟に対応する能力」とともに「実行機能」と呼ばれ、大脳の前頭前野に存在すると考えられています。この機能をバイリンガル対象に調査した研究を以下に紹介します。

　Bialystok（2001a, 2001b, 2003）は制御力に関するバイリンガル児の優位性を立証しましたが、バイリンガル体験が脳の一部にモノリンガルと異なる回路を形

成するのではなく、実行機能の強化に繋がると捉えました。これは、Bialystok et al.（2012）の研究でのバイリンガルのコードスイッチを司る脳部位と認知制御の部位との重なりの実証検証により確かめられました。

　実行機能の優位性が園児だけでなく高齢者にもあるのを Craik & Bialystok（2006）は確認し、さらに Bialystok, Craik, & Freedman（2007）では認知症発症年齢がモノリンガルに比べて早期バイリンガルでは約4年間遅延すると報告しています。複数言語使用環境で培われたモノリンガルにはない**認知的緩衝材**（cognitive reserve）のおかげで、認知機能に異常をきたしても、脳のほかの部位がその機能を約4年間補えるようです。またバイリンガルはモノリンガルよりも大脳表面の灰白質だけでなく白質においても容量が大きいと報告されています（同様の結果は Marton（2017）からもなされています）。モノリンガルに比べて同時型バイリンガルの認知的優位さは順次型バイリンガルにも見られることが、Pliatsikas, DeLuca, Moschopoulou, & Saddy（2017）による白質対象の研究で報告されています。

　バイリンガル脳研究の大家である Hernandez（2013）によると、新しい単語を学ぶ際に、バイリンガルは無意識に自動化された脳回路（深部にある大脳基底核の被殻）を使うのに対して、モノリンガルは意識的に大脳表面に近い背外側前頭前野・前帯状皮質・補足運動野で記憶化作業に取り組んでいます。このような活動に必要な部位間のニューロンの結びつきはモノリンガルのほうが強く、そのために単語検索に関する（たとえば動物の名前を制限時間内にたくさん挙げる）作業ではバイリンガルが劣ります。しかし、この結びつきの緩やかさのために柔軟さが確保されています。この緩やかな結びつきに起因する言語・認知面でのバイリンガルの優位性が、今後ますます多く発見されるだろうと Hernandez はまとめています。さらに、バイリンガル自動化回路形成に非常に重要な役割を果たすのは言語習得開始年齢であり、その回路の保持には継続的言語接触が必須であるとも述べています。

2.4　言語習得開始年齢・継続使用・言語能力

　早期バイリンガルの脳内自動化回路形成には言語習得開始年齢が、またその保持には継続言語接触が必要であると Hernandez（2013）が述べていますが、Bialystok et al.（2012）をはじめ多くの心理言語学者も同様の主張をしています。

年齢要因に関しては、バイリンガル言語喪失研究（Steinhauer & Kasparian, 2019）からも、早期同時型バイリンガル（simultaneous bilingual）がモノリンガル、第二言語（second language [L2]）学習者、そして順次型バイリンガルとは質的に異なるとの報告がなされています。ただし、バイリンガルが出生時に家庭内で使用される社会的少数言語に加えて社会言語の両方の言語に接触を開始したのか、幼稚園や小学校入学を機に社会言語の習得も開始したのかにより「**言語到達レベル**」が異なり、この言語レベルが、バイリンガルの子どもの認知的制御能力に差を生じさせるとの研究報告（Marton, 2017）もあります。Marton は、各言語使用時に不可避的に付随する言語使用行動規範（試験場に向かう友人に日本語では「頑張って」と言うが英語では"Take it easy"と言うなど）の使用期間が長くなればなるほど、社会言語面から言語面への影響も大きくなる（より母語話者に近くなる）と考えました。

　日本の帰国生受け入れ校に在籍している早期日英バイリンガルと日本人 L2 英語学習者をそれぞれ 6 年間追跡調査した田浦（Taura, 2018, 2019）の二つの研究を比較することでも、早期バイリンガルと上級 L2 学習者間に質的差があることが分かります。L2 学習者として上級に到達しても脳活動に必要なエネルギーおよび言語熟達度は L1 と大きな差（母語より遙かに大きなエネルギーが必要とされるのに、母語ほど高いレベルには到達できていない事実）が依然として残っていたのに対して、早期バイリンガル帰国生は、言語環境の変化により**認知・学力言語能力**（Cognitive Academic Language Proficiency [CALP]）の転移が英語から日本語に起こり、日本語使用に必要な脳活動エネルギー量も急激に低下するのが観察されました（1 章 4 節参照）。幼くして L2 に接触するとバイリンガル特有の言語回路が作られ、二言語での読み書き学習期間が長くなるとその回路が保持されるばかりか強化されます。そうなると言語環境変化に直面しても、比較的容易に、優性言語から劣勢言語への CALP 転移が起こり、脳賦活量も少なくて済むようになります。

3 継承語教育とバイリンガルの認知能力

3.1 継承語教育研究

　継承語教育によるバイリンガルの認知能力発達に対する役割を、先行研究を通

して見てみます。たとえばGanuza & Hedman（2017）によれば、週にわずか40〜60分間、継承語教育を受けることで、スウェーデン在住でソマリ語を家庭言語とする子どもたちのソマリ語の読解力ばかりか教育言語であるスウェーデン語の読解力・語彙力に好影響があるという効果が報告されています。

　継承語としての日本語研究に目を向けると、Taura（2019）は、アメリカで生まれ育った日本人で、高校入学を機に日本に戻った帰国生を6年間追跡調査しました。早期日英バイリンガルでも日常接触言語・学習言語が変化すると、優勢言語が変化（この場合は英語から日本語に変化）し、さらに脳賦活の変化としても現れました。日本語も英語も非常に高いレベルで差がないようでも、徐々に英語の流暢さに陰りが見え、日本語のほうが容易に産出できるようになったのです。この帰国生は大学教育をアメリカで受けることを選んだので、4年目以降は全く逆の変化が言語力と脳賦活面で見られました。つまり、バイリンガルの言語能力と脳の賦活様態は一旦生み出されると一生涯安定して保持できる静的なものでなく、日々接する社会・教育・職場言語が変化した場合、日々接する言語が次第に優勢となる「動的」なものであると分かりました。脳の動的特徴は、外国語学習を始めたモノリンガル大学生にも観察され（Sullivan, Janus, Moreno, Astheimer, & Bialystok, 2014）、バイリンガルに限ることではありません。

　この帰国生の現地校での成績は優秀で、英語でのCALPが高かったことが伺えます。家庭では日本語を使い、**土曜補習校**にも通ってある程度の日本語の読み書き能力も習得していました。現地語での高いCALPと継承語の読み書き能力があったので、抽象度が飛躍的に高まる高校での日本語での学習に数年で追いつき、CALPの**言語間転移**（Cummins, 2001）が比較的容易にできたと考えられます（1章参照）。さらに興味深いのは、毎日1時間しかない英語の授業は自身の英語レベルに合致したものであったので、英語ライティング力テストのスコアでは日本滞在中の3年間にわたって北米モノリンガルの平均点を上回っていました。バイリンガルにとって、高いCALPに加えて非優勢言語（継承語）で読み書きする力をつけておくことで言語間転移が起こりやすいことと、言語環境が変化しても高い言語能力を継続して高める努力をすることの重要性が明らかになりました。

　それでは、出生以降家庭内言語と地域社会の言語が異なる環境にいるだけで、子どもたちは自動的に上記帰国生のように認知的優位性を享受できるのでしょう

か？　英語圏在住で英語媒体教育を受けながら土曜補習校に通う小中学生を6ヵ月間観察した田浦 (2018) では、年齢相応レベルの認知能力をほとんどの児童・生徒は持ち合わせているが、クラス内で日本語力に大きな個人差があり、その差は学年が上がるに連れてますます広がる傾向が報告されています。バイリンガルの継承語能力に関して個人差が大きいのは、Muysken (2016) や劉 (2018) の研究をはじめ多くの研究で指摘されています。劉 (2018) の研究では中国在住で現地校・国際学校と土曜補習校に通学する日本人の子どもたちが調査対象とされ、日本語の不正確性も指摘されています。継承語話者の言語力に関して Bhatia & Ritchie (2014) は、乳幼児期には母語との十分な言語接触があっても、言語発達に非常に重要な時期である学齢期（6〜17歳）に現地語で教育を受けるために継承語の継続したインプット量が激減し、その結果としてまるで外国語として学習したかのような不完全な状態で停滞するケースが非常に多いと述べています。土曜補習校の子どもたちの多くもまさに典型的な**継承語学習者**で、継承語習得レベルは現地語に比べて劣ることはやむを得ないようです。しかし、現地語で年齢相応の CALP を身につけ、かつ継承語での（年齢相応に至らずとも）読み書き能力をつけておけば、上記帰国生のように継承語環境に移った場合に、CALP の転移が比較的容易に起こる可能性が高いと言えそうです。

3.2　保護者・教育関係者の持つべき視点
3.2.1　しきい仮説からの知見

しきい仮説によると、継承語か現地校の教育言語のどちらかが学年相応であれば、健全な認知的発達を辿っていると考えられます。日本生まれで小学校に数年間以上通った後で海外在住となった（日本語で CALP を獲得した）子どもや、乳幼児期から海外在住で幼稚園から現地語に馴染み、現地語で CALP を身につけた子どもは心配いりません。しかし二言語ともに最初のしきいをクリアしていない（**セミリンガル**状態に陥る）と、認知的発達に支障をきたします。この状態の早期発見が大人の最大の責務で、対策を講ずる必要があります。現地校での勉強が難しくなり課外活動も盛んになる小学校中学年以降、それぞれの子どもの個性や特性に鑑みた継承語教育方針を保護者・教育関係者がしっかりと見極め、単言語環境への移行も含めた対応が必要となります。

さて、自然習得される母語は口頭での親子間のやりとりを通して語彙・文法を

中心とした基本が5歳頃までに出来上がります。公教育では話し言葉と書き言葉をマッピングする作業がまず行われますが、これにより母語ネットワークが脳内に構築されます。この大事な時期を同一言語で過ごすと年齢相応のCALPが母語で自然と身につきます。それでは、確固とした言語ネットワーク構築にはどれくらいの時間がかかるのでしょうか？　北米に移住した日本人の子どもたちが現地の同年齢の英語モノリンガルにCALPの点で追いつくには最低6、7年かかると中島（2016）は報告しています。Taura（2008）による英語圏で現地校に通学後帰国した日本人中高生対象の研究によると、公教育当初の4年間（小学校1～4年生）を現地校で受けた場合、帰国後の期間にかかわらず英語保持率（英語定着率）が高いことが分かりました。たとえ5年以上現地校での教育を受けても（たとえば小学校4年生から中学2年生）、小学校最初の4年間が含まれないと保持率が落ちるのです。この研究は英語力のみを対象としているので、日本語力が年齢相応であった可能性は非常に低いながらももちろんあります。しかし、健全な認知力発達を保証し、セミリンガル状態に陥る可能性を回避するには、小学校は現地校なり日本人学校で少なくとも当初4年間を単一教育言語で過ごすのが良いことが分かります。

　次にセミリンガルに陥る可能性のあるのは日本生まれ育ちで小学校の中学年以降に渡航したケースです。現地校通学開始後、数年間かけて現地語で**伝達言語能力**（Basic Interpersonal Communicative Skills ［BICS］）をつけている間に、日本在住時のように日本語力が伸長せず、両言語とも最初のしきいに届かないセミリンガルの期間が一時的に訪れることがあります。これはある程度やむを得ず、現地の教育言語の獲得が順調に進んでいれば数年後に年齢相応レベルに現地語が到達するので問題はありません。ただし、追いつくまでの間は、日本語学習を家庭や補習校で継続し、離日時のCALPを少しでも高める努力をすることが、認知能力の遅滞を招かないために重要です。

　このような対策を講じることで、二つの言語とも年齢相応の読み書き能力（CALP）がつけば、モノリンガルに対しての認知的優位性が出ます。たとえば、Wadhera, Yoon, & Marton（2017）は成人対象の調査で、二言語で読み書きのできるバイリンガルはモノリンガルよりも、認知的葛藤場面での対応がうまくできると報告しています。また、教育言語に加えて継承語の読み書きのできるバイリンガル小学5年生が、第三言語としてフランス語を学習すると、そうでない子ど

もたちに比べて学習成績が良かったとの結果も Swain & Lapkin（1991）により報告されています。

　このようにまとめると、保護者や教育関係者は現地校での勉強も頑張りながら継承語である日本語も家庭や土曜補習校で頑張って、認知的優位性を子どもたちに持たせたいと当然のように考えます。しかし、この点ばかりに注目すると、逆に継承語嫌いな子どもを生み出してしまうことにもなりかねません。たとえば、英語圏で両親の母語とは異なる言語（英語）で公教育を受けている子どもたちは、母語として英語を使用している家庭の子どもたちに比べると英語インプット量が少ないので英語の語彙量の点で劣ることが分かっています。つまりこのような状況の子ども達は、かなりの苦労をして宿題をしているはずです。それにもかかわらず、日常使わない漢字学習を無理強いされることで、継承語学習に嫌気がさしてしまうかもしれません。もちろんやすやすと継承語をマスターできる子どももいれば、少々の苦労は将来の自分のためだと割り切って頑張り通せる子どももたくさんいます。現地での学習を優先するために継承語学習を一旦休止しても、大学生や社会人になって継承語の学習動機が高まり学習を再開すると、幼い頃に身につけた継承語の読み書き能力が大いに役立ちます。近視眼的にならず、長い目でバイリンガルの子どもの成長を考える必要があります。

3.2.2　具体的対応

　それでは、認知的優位性に直結する継承語の学習を続けるにはどのような具体的対応があるのでしょうか？　田浦（2018）の観察した土曜補習校では、中学生が幼稚園や小学校低学年のクラスに出向いて読み聞かせをしたり、卒業生が大学生活や現在の職業に関して中学生に話をする機会を常に提供しています。これこそが継承語教育に必要な学習コミュニティ（トムソン木下, 2017）で、継承語・継承文化の大切さを教員・保護者以外からも直接見聞きして学習の動機付けに繋げています。また、中学2・3年生では**トランスランゲージング**（translanguaging）教育（現地校での知識を援用できるように必要に応じて教員も生徒も現地語を使用し、言語能力よりも発言内容を重視した CALP 養成）を推進し、生徒の活発な意見交換が観察されました（1章 2.4 節参照）。このように、第二言語習得論・バイリンガリズム研究の知見に目を向け、可能な範囲内で教室に取り入れる姿勢が、教育関係者には必要です。

　保護者も継承語教育をイマージョンスクールや土曜補習校および塾に任せっき

りにするのでなく、現地継承語ネットワークを活用して継承語やその文化接触の機会を作ったり、可能であれば日本に帰国する機会を作って数週間でも学校教育を受けさせて読み書き学習の動機付けのきっかけを与えたりできます。また日々家庭でできるのは、家庭内の言語使用ルールを決めることです。Yamamoto (2001) の研究によると、地域社会の少数言語である継承語の力をつけるには家庭内で継承語を使用するのが最善策であること報告されています。最終的にはtranslanguaging（現地語と継承語併用）手法があるとの認識を持ちながらも、親子のコミュニケーション断絶に繋がらない限り継承語使用が望まれます。Cheung, Kan, & Yang (2018) は、中国人家庭に生まれ、幼稚園入園を機に英語習得を始めた米国在住の順次型中英バイリンガル園児を調査したところ、食事時や本の読み聞かせ時に継承語を用いることで、中国語の語彙力向上に繋がったと報告しています。中島（2016）でも本の読み聞かせの重要性は指摘されており、毎日これはぜひ実行したいものです。

　父母の母語が異なり家庭内で二つの言語が混在する**国際結婚家庭**に目を向けると、Verhagen, Mulder, & Leseman (2017) はバイリンガル3歳児を対象とした研究で、家庭内で両親がそれぞれの母語を使用するという方針、つまり、「**一親一言語**（one parent one language）」（1章2.2節 & 6章3節参照）の家庭内言語方針を取り入れているほうが、両親が同じ言語を使用するよりも認知的葛藤タスクにおいて**選択的注意力**が高まると報告しています。

　最後に留意すべきは、継承語を失ってしまうと情緒不安定になり揺らぐ**アイデンティティ**の問題です（中島, 2016）。これは単言語・単文化社会で育った多くの日本人には体験したことのない問題です。「あなたは日本人だから」と頭ごなしに話すのは、漢字学習の強要と同じく、日本語・日本人嫌いに繋がりかねません。保護者が言語的・文化的に体験したことのない大変な苦労をしている子どもたちに愛情を持って寄り添い、共感されていると本人たちが感じる気配りが必要です。子どもたちの人生を豊かにし、多文化体験を社会に役立つ資産として生かすために、可能な限り大人がその環境を整えてあげる必要があります。

4 もっと詳しく調査・研究したい人のために

　Baker (2014) や中島（2016）の書籍を読むことでこの分野の研究成果がどの

ように還元され、今後どのような研究が必要なのかが分かりますので、この分野の研究を志す人は最初にこの2冊をぜひ読んでください。また、バイリンガルとモノリンガルの差を脳科学的に深く探求したいのであればHernandez（2013）が良書で、モダリティの異なるバイリンガル（手話言語と音声言語のバイリンガル）への言及や、出版時点までのさまざまな研究成果を包摂するモデル提示も行われています。

バイリンガルの認知能力を心理言語学的・心理学的・脳科学的側面から研究を進めている第一人者はBialystokですので、彼女の論文を90年代後半のものから読み進めるのがこれまでのこの分野の進展を把握する近道です。その際には第一言語習得・第二言語習得・子どもの心の発達・脳内言語機能などさまざまな分野の基礎知識も同時に身につけることで、論文の理解が格段に高まります。

バイリンガルの認知的優位性は選択的注意力にあると言うよりも、それを可能にするためのワーキングメモリーの機能（不必要情報を抑制しながら必要な情報を常に保持・上書きするワーキングメモリーの働き）面から探る研究が最近クローズアップされています（Zhou & Krott, 2018）。また、認知的に優位性を持つバイリンガルが、職業としてプロの同時通訳者となると、認知的優位性がいっそう上がるのかどうかを探る研究（Babcock & Vallesi, 2017）や、認知面に加えて社会言語学的視点を加え複眼的に海外在住の日英バイリンガルを捉える研究（Gyogi, 2015）など、多様な研究が多くなされています。このような最新の研究成果の多くは、バイリンガリズムに関する3種類のジャーナル（*Bilingualism: Language and Cognition, International Journal of Bilingual Education and Bilingualism, International Journal of Bilingualism*）に掲載されています。

5 まとめ

バイリンガルの子どもたちはやすやすと言語獲得をしているように見えても実は苦労しています。周りの大人が、少なくとも一つの言語で年齢相応のレベルに達しているかどうかを確認することで、人間としての認知的発達が順調に進んでいるかどうかの目安になります。それが確認できたら、継承語でも読み書き能力を獲得するさまざまなしかけを作ることで、モノリンガルに対する認知的優位性を学齢期以降でも享受できます。ただし二つの言語獲得が最終目的でなく、心豊

かな人間を育てることが大人の本分であると、保護者や教育関係者はつねづね自分に言い聞かせる必要があります。

第1部 3章

家庭・学校・コミュニティにおける継承語話者の言語選択

坂本光代

問い

　バイリンガル・マルチリンガルである継承語話者の言語習得や使用は、社会と個人の関わり合いの中でどのように育まれていくのでしょうか。家庭、学校、そしてコミュニティにおける継承語選択・使用を理解するうえで留意すべきことは何でしょうか。

回答

　言語を習得する・自分が属するコミュニティの言語リソース（言語レパートリー）に基づいて自分の言語力を伸ばす・レパートリーの中からその場面で必要な表現を取捨選択し、使用するということは、個人だけの個別活動ではなく、個人と社会との関連性によって育まれます。子どもが最初に接する小さな社会（＝家族）から始まる言語習得は、独特の特徴があります。言語のレパートリーを増やすことでどのような変化が期待されるのか、また子どもの言語レパートリーを増やすために親は社会の一員そして子どものお手本として、どのような姿勢で取り組むべきかを、社会言語学的見地から考察することができます。

1 学びのメカニズム：社会文化理論

人はどのように言語を習得するのでしょうか。米国の言語学者**ノーム・チョムスキー**（Noam Chomsky）は人間には言語習得を可能とする**言語獲得装置**（Language Acquisition Device [LAD]）が備わっていて、人間は誰でも本能的に言語を習得するとしました（Chomsky, 1965）。仮にそうだとしても、その装置のメカニズムはどのようなものなのでしょうか。人間が言語を習得する際、どのようなプロセスを経ているのかを考察するうえで、言語習得の前にまずは認知発達のメカニズムに着目したいと思います。まずは「人が学ぶ」というのはどういうことなのかを社会文化理論を用いて言及します。

1.1 社会文化理論とは

日本社会や米国社会、日本文化に米国文化など、「社会」や「文化」と言うと国や人種、民族に付随した概念と捉えがちですが、**社会文化理論**（sociocultural theory）ではもっと幅広く捉えられ、社会とはコミュニティのような人々の集合体であり、文化とはそこから生まれる慣習などを指すとしています。言語など世代から世代へ受け継がれる社会性の強いものは、まさしく社会文化から派生したものです。そして、言語は認知発達に大きく寄与するので、文化・言語・認知は切っても切れない関係性にあると言えます。

従来、人の「認知」は個人のものであり、社会とは別に切り離されて研究されてきました。認知は認知、社会は社会と別々の存在だったわけで、認知発達は個人のみの、独立した発達と理解されてきました。しかし、旧ソビエト連邦の心理学者**レフ・ヴィゴツキー**（Lev Vygotsky, 1896-1934）は、それに異論を唱えました。人間の高次認知機能（記憶力、注意力、計画力、理論的思考、学習力など）は、社会から隔絶された、真空の中で独自に発達を遂げるものではなく、社会の中で影響を受け、その結果育まれていくものだと考えたのです。すなわち、社会性なくして高次認知発達は望めない、切り離して考えられない関係なのです。

例えば、赤ん坊は社会から隔絶されて認知を発達させているわけではなく、必ずそこには赤ん坊と交流し、赤ん坊の模倣の対象となる人物（親や兄姉など）がおり、赤ん坊はその人達とのやり取りの中から意味あるもの（言葉や動作など）

を見いだして学習していきます。泣けばあやしてもらえる、ミルクをもらえる、おむつを替えてもらえると、どんどん学んでいくのです。言葉の発達に関しても、例えば最初たまたま偶発的に出た「あー」という発話が「あーあ」「まーま」などに変化し、最終的に「ママ」となり、赤ん坊はその過程で親の反応を見ています。「ママ」と正しく発音することで母親の注意を引き、しいては自分にとって好ましい状況にもっていくということを幼いうちから学んでいるのです。これは母親の反応（つまり母親との交流）なしでは成立しません。「親子」という小さな社会の中の交流の中で、親子間での繋がりが生まれ、親からのフィードバックを元に子どもの学習が始まります。

　子どもは大人の言動を観察しています。そして、自分もまずは真似から入り、相手のリアクションを見て、学習していきます。最初は自分で自分の言動の意味をちゃんと理解していなくても、まずは見よう見まねでやってみる。この模倣は実は学びの過程で重要な要素だとヴィゴツキーは述べています。ヴィゴツキーの内化の概念に基づき、Lantolf & Thorne（2006: 167）は模倣には「物真似（mimicry）」「真似（emulation）」「模倣（imitation）」の三種類があるとしています。物真似はわけが分からずただ言動を真似ることで、理解は伴いません。真似は、その言動が伴う状況変化は理解できても、その意図を理解できているとは言えない状態を指します。模倣の段階になって、やっと自分が真似ている言動の直接的状況変化、そして意図が理解できるようになります。したがって、大人が子どものお手本となり、言動の量並びに質に留意すべきことは言うまでもなく、子どもの社会性を促すのは周りの大人だと言えます。一人っ子だと最も身近な大人は親ですが、兄姉がいる場合は親以外からも影響を受けるでしょう。移民家族の場合、親とは母語を話しても兄弟間では国の優先言語を使用するというパターンが多くなります。子どもが日頃誰と交流するかは、子どもの言語レパートリーを構築していくうえでも、重要な要素となります。

　この考えは、同時期に活躍したスイスの心理学者**ジャン・ピアジェ**（Jean Piaget, 1896-1980）が提唱した、社会文化の発達よりまず先に人間個人の認知発達段階がある、という考えと拮抗します。ピアジェはまず個人の認知発達があり、それが社会性をもたらすことができると考えていました。個人の認知準備ができ、その後に社会参画が可能になる、と考えていたのです。これとは対照的に、ヴィゴツキーが提唱する社会文化理論では、人間の認知はまず人と人、もし

くは人と物の間（本とそれを読む人、など）（精神間 ; intermental plane）のインタラクションで芽生え、その交流の中から拾われ（精神内 ; intramental plane）、内化（internalize）されたものが高次認知発達に繋がるとしています（ヴィゴツキー, 2001: 383; Vygotsky, 1978: 57）。しかし、インタラクションで起こる全ての事象が内化されるわけではなく、その人にとって「意味あるもの」だけが拾われ、内化されます。そしてその「意味あるもの」が何なのかは、（1）その場特有の社会環境（微視発生 ; microgenesis）、（2）生物的進化（系統発生 ; phylogenesis）、（3）個人の発達経緯・経験（個体発生 ; ontogenesis）、（4）歴史的変遷（社会文化 ; sociocultural）の四つの総合的作用で決定されていくといいます（Lantolf & Thorne, 2006: 29）。

　（1）のその場特有の社会環境とは、人が置かれる具体的な状況です。毎日似たような日々を過ごしていても、毎回場面状況は異なります。「一期一会」という表現がありますが、全く同じ状況下で同じ経験をすることはあり得ません。毎回状況は時間が過ぎるにつれて微妙に変化しているはずです。（2）の生物的進化ですが、人間は進化によって認知が形づけられる、ということです。人間が二足歩行であること、指が十本あること、脳が大きいことなど、生物的進化は我々の認知にも大きな影響を与えています。（3）の個人の発達経緯・経験では、人はそれぞれ自分の経験に基づいた発達を遂げています。これはもちろん千差万別です。（4）の歴史的変遷は、歴史的背景で、戦争・飢饉などによって個人発達は大きな影響を受けます。

　こう考えると同じDNAを共有する双子は（2）生物的進化と（4）歴史的変遷は同じでも、（1）その場特有の社会環境と（3）個人の発達経緯・経験は同じではありません。よって学びや経験にずれが生じ、全く同じ人物にはなりません。同様に、全く同じ人間が仮にタイムスリップして別の時代に移ったとしても（現代の本人と別の時代の本人はDNA的に全く同じ人物でも）（4）の歴史が大きく異なることで認知発達は違った進化を遂げることになると言えるでしょう。

　同じ環境に置かれても、人々はそれぞれ個人特有の学びを実践しています。例えば一クラスに生徒が40名いるとして、同じ教師の講義を聞いて、同じ教材を使用し、同じ授業を共有していても、40名の学びはそれぞれ違う、特有の学びと理解できます。

　応用言語学では従来人間の言語習得は「良い教え方」「効果的な教え方」なる

ものに左右されると考えられてきました。昨今うたわれているコミュニケーション重視の英語教授法などがまさにそうです。もちろんコミュニケーション重視の英語教授法は意味を重視し、自然かつ必然的な英語習得を促すとされていて、一般的に効果が期待できるとされています（Brumfit & Johnson, 1979）。しかし社会文化理論に基づいて考えると、教え方が全員に同様に作用することは考えられません。個人個人で指導に対する反応が違うことが強調されます。何に反応し、何に反応しないかは、以下で説明するように、その個人の発達の最近接領域（Zone of Proximal Development [ZPD]）によるとされています。

1.2　最近接発達領域（ZPD）

　ヴィゴツキーによると、実力（発達水準）というものには「現下の発達（今日の実力）」と「潜在発達（明日の実力）」の二種類があるとしています（Vygotsky, 1978: 86）。これはどういうことでしょうか。子どもが他者の助けなしに、自分で成し遂げられることは「今日の実力」です。つまり「今日の実力」とは、すでに内化されたことを提示することです。例えば従来のペーパーテストで提示されるのが「今日の実力」です。それに対し、現時点で単独ではできなくても他者の助けを借りて成し遂げうることは「明日の実力」となります。よって、仮にテストで同点の子どもが二人いたとして、本人達の実力が全く同じかと言うと、社会文化理論的観測では、そうとは言えません。「今日の実力」は同じだとしても、「明日の実力」は必ずしも同じではないからです。

　従来、他者の助けを借りて成し遂げることは、本人の実力ではないとして、あまり評価されてきませんでした。他者に助けてもらうことは、「反則」「ずる」とされてきたからです。しかし社会文化理論では、他者からのヒントをキャッチし、内化に繋げるのも「実力」の一部なのです。ヒントをいくら与えられてもそれらが何の意味も持たず無視されてしまうことも充分に考えられます。それはその子どものアンテナにヒントが引っかからないからです。なぜ引っかからないかと言うと、そこまで認知が発達していないから、と説明できます。引っかかれば認知発達に繋がり、そうでなければ繋がらない。そこで引っかかるようなヒントを提供することを**スキャフォールディング／足場作り**（scaffolding）[1] と呼びます

1　子どもの言語発達においてスキャフォールディングが重要だと最初に定義したのは Bruner（1983: 60）とされる。

(11章2.1.1節参照)。すなわち認知発達を促すためにはたくさんの足場作りを経て、子どもの気づきを促すような場を提供することが大切となります。せっかく足場を作ってもそれが「明日の実力」を促すような、その子どもの実力に即したものでなければ意味がありません。まだ芽生えていない「来月の実力」や「来年の実力」は現時点で発揮できないからです。

「現下の発達（今日の実力）」と「潜在発達（明日の実力）」の間を**発達の最近接領域**（Zone of Proximal Development［ZPD］）と呼びます（柴田, 2006）。領域内でしたら、意識に引っかかり、結果気づきを通して学びが起こることは可能ですが、領域外のものはいくら提供しても内化されません。その子にとって難しすぎず、かと言って簡単すぎでもなく、ZPD を意識した的確な指導が子どもの認知を伸ばすのです。

1.3　言語習得と社会文化理論

言語習得も学びの一種です。とすれば、交流がもたらす他者（もしくは物）とのインタラクションがきっかけとなり、ZPD に働きかけ、内化が「言語習得」という形で起こります。新しい事象に遭遇した時、人間はまず「すでに自分の中にある知識・経験」に照らし合わせ、理解しようとします。その際、バイリンガルは自分が持ち備えている言語知識を全て駆使し、理解に努めます。1章で取り上げたトランスランゲージングの概念は、この社会文化理論を用いて言及されてきました（Garcia & Wei, 2014）。未知の言葉に触れた時、まずは知っている言語を元に考えます。英語を母語とし、日本語を継承語とする**継承語話者**は、知らない日本語に遭遇したら既知の英語もしくは日本語を元に分かろうとするでしょう。日英仏の**トリリンガル**（trilingual）であれば、それら三言語を総動員して新しい言葉に取り組みます。

ただ、ここで大事なのは、日英バイリンガルであれば日本語と英語が融合した言語システム、日英仏であれば日本語・英語・フランス語の三言語が融合した言語システムに基づいて新しい言語に取り組む点です。すなわち日本語は日本語母語話者の、英語も英語ネイティブの、フランス語もフランス語ネイティブの言語システムとは若干齟齬がある、と理解すべきでしょう。1章で解説したとおり、言語は場面によって発達過程が異なります。日本で母語として学ぶ日本語と比べ、海外で学ぶ日本語は質的に微妙なずれを生じていると理解して良いかと思い

ます。同時に「日本の日本人の日本語じゃない!」と悲観する必要は全くないかと思います。海外に暮らす日本人・日系人だからこそ、日本在住の日本人と異なった世界観があるというのは、それはそれで素晴らしいことだからです。言語が世界観を構築するということは、異なった言語ではまた違った世界観がもたらされるということです。日本語と他言語からもたらされる世界観こそ、よくうたわれる「国際化」や「グローバリズム」、「多様性」の真髄なのではないでしょうか。画一的に物事を捉えるのではなく、異なる言語がもたらす多面的な知識・理解は、国際化が進む中、さまざまな考えを持つ人々と協力しながら問題解決していくうえで不可欠な能力と言えるでしょう。

1.4 社会の中の個人:活動理論

社会文化理論では、個人は社会との結びつき・交流の中で高次認知を発達させる、と書きました。その個人と社会の関連性を図式化したものがあります。認知発達と活動の関連性を説いた活動理論に基づいた**活動モデル**(activity model) (Engeström, 1999) です (図1参照)。図1に示す同モデルの「主体」とは活動を起こす個人で、「対象」に対し「媒介的ツール」を介して働きかけます。しかし、この一連の行動は「(社会的)ルール (rules)」「コミュニティ (community)」「分業 (division of labour)」といった社会的制約のもとに実現します。個人は自由に行動できるわけではなく、社会範囲の中で媒体を介して対象に働きかけます。よって、上部(媒介的ツール・主体・対象体)はミクロな要素、下部(ルール・分業・コミュニティ)はマクロ的要素を表しています。

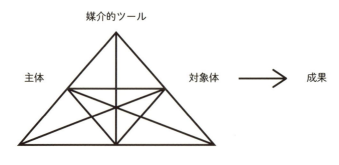

図1:活動モデル (Engeström, 1999: 31 を基に作図)

同モデルによると、人は必ず媒介的ツールを介して交流します。媒体なしで対象体に直接働きかけることはできません。媒介的ツールはいろいろとありますが、主たるものは言語です。言語によって我々は思考し、他者に働きかけることができます。言語は我々に認知発達をもたらしてくれるものですが、逆に言語によって我々の言動は制限される、という見方もあるでしょう。つまり、一言語にしかアクセスがないモノリンガルよりも、バイリンガルのほうが使用できる媒体が多いということになります。マルチリンガルだとさらにより多くの媒体を駆使することができると言えます。多様なツールを用いて行動を起こせるというのは、それだけ可能性が広がることを意味します。

　ここで注目すべき点は、図1の上部（ミクロ）と下部（マクロ）がお互いに作用している点です。主体__媒介的ツール__対象体__ルール__分業__コミュニティは全て連鎖しているのです。よって、三角形のどれか（例えばコミュニティや道具）が変化すると必然的にほかにも作用します。コミュニティやルール、媒介的ツールのどれをとっても、一つでも変わればほかも変わります。よって、主体や対象体がいくら同じであっても、違う媒体、違うコミュニティなどによって成果は変わってくるのです。よって同じ子どもであっても場所や道具が変われば、言語習得過程は変わってくるわけです。

2 バイリンガルの言語選択・言語使用

　バイリンガル、そしてトリリンガルの言語選択・使用は複雑で、場面に即し、流動的です。この現象をトランスランゲージング、場面別習得、さらにポリティカルな側面から考察します。

2.1　トランスランゲージングの観点から

　活動を実現させるにあたり、人は持ち備えている媒介的ツール（例：言語）を活用します。**トランスランゲージング**の概念にあるとおり、バイリンガルは二言語、トリリンガルは三言語全てを駆使して活動に取り組むことになります。ただし前述したように、母語と他言語は独立した個々のシステムではなく、相互作用が認められ、大きな一つの言語システムであると解釈できます。また、言語発達は、場面状況（コンテクスト）によるところが大きくなります。よって、例えば

日本で育つ日英バイリンガルの日本語と英語は、海外で育つ日英バイリンガルとは多少異質なものと理解して良いでしょう。発達経路が違って当然だからです。子どもを取り巻く環境が違えば子どもの言語発達が変わるのは当たり前なのです。

　また、習得言語が増えるほど複雑さも増します。第三言語習得の特徴・課題として「非直線性（non-linearity）」「言語保持（language maintenance）」「個人差（individual variation）」「相互作用と質的変化（interdependence & quality change）」が挙げられます（Herdina & Jessner, 2000）。バイリンガルの場合はL1とL2しかありませんが、三言語となるとL1がL3に作用したり、L2がL3に作用したりとバリエーションが広がります。三言語の場合、一般的に類似した言語同士が作用されやすいとされています。さらに、言語数が増えるほど習得・保持に努力が必要となります。たいがいの場合、第三言語は外国語であり、実際使用する頻度が限られるからです。個人差は個人の能力や、やる気だけでなく、その個人を取り巻く環境まで考慮する必要があります。

　新しい言語項目に遭遇した時、新しいものと自分がすでに持ち合わせている言語システムを照らし合わせて、なんとか新しい項目を理解しようとします。その結果、自分の言語システムが再編成されます。よって「言葉を習得する」というのは、すでに自分の中にある言語システムに新しい言語項目をただ単に足していくのではなく、新しいものに遭遇した際、自分の中のものと照らし合わせリンクさせ、意味を見いだすことです。それが内化されるわけですが、新しい知識が増えたことで自分の既存の言語システムも影響を受け、再編成されるわけです。言語習得は量だけでなく言語の質的変化ももたらすのです。

　従来バイリンガル、トリリンガルはモノリンガルと比べられてきました。しかし、社会文化理論ないしトランスランゲージング的観点から考えると、いかにそれがナンセンスなことか分かるでしょう。バイリンガルは単にモノリンガル×2ではなく、トリリンガルはモノリンガル×3ではないのです（Grosjean, 1989）。それぞれが独自の言語システム、世界観を持つ特殊な人達、つまり**多元能力**（multicompetent）を持ち備えた人達（Cook, 2008）と言えるでしょう。

2.2　場面別の概念から

　場面別の習得、つまり言語習得パターンは場面に依存すると、1章（2.2節参

照）で述べました。社会環境や歴史的背景など、自分が置かれた環境によって周りとの交流が変化するからです。海外で暮らす日本人の子どもは、まず現地や家庭環境から影響を受けます。一時帰国をすれば、その時の経験にも言語発達は大きく左右されます。私はカナダで育ち、日本から送られてくるビデオや本、雑誌などはもちろんのこと、カナダ人が抱く日本のイメージ（「日本社会は上下関係にうるさい」、「日本人は勤勉」、「日本人には本音と建前がある」など）にも感化され、日本という国を想像していました。しかし、一時帰国のたびにそのイメージが強化される部分もあれば印象と違う、と覆されたりもしました。本やビデオ、一時帰国の経験など、さまざまな媒体により日本語・日本文化を学んでいきました。面白いのは同時にカナダ社会や英語に対する理解も、それらと対比することで強化・変化されていったことです。

　私は、日本の学校には小学校低学年の際、2年ほど通いましたが、その時の経験がその後の日本語の発達、そして日本文化の理解の基盤となったのは言うまでもありません。家庭では経験しない「給食」や「休み時間」「運動会」に「発表会」、その際に遭遇する「給食当番」や「はちまき」「上履き」「逆上がり」「跳び箱」など、日本の学校特有の語彙や表現。日本で生まれ育った人なら気にも留めない日常的な日本語ですが、カナダの体育の授業では跳び箱を見たことはありませんでした。英語で「跳び箱」に匹敵する言葉はありません。強いて言えばvaulting box など、「跳ぶ（ための）箱」とするぐらいでしょうか。

　幼少期にしか日本にいなかった私は、いわゆる日本の「修学旅行」や「学園祭」などは経験したことがありません。日本の結婚式というものも、帰国して教え子の結婚式に招いてもらうまで知りませんでした。恥ずかしながら袱紗にご祝儀を包むといった日本人にとってごく当たり前のことも、自分には未知のことで、まず自分は「袱紗」という存在を知り、その語彙を学ぶ、というところから始まったのです。袱紗の存在、そしてそれにまつわるしきたり（例えば織り方や色など）が、日本文化をさらに知るきっかけにもなりました。学園祭も、学生達の活躍を見て疑似体験させてもらっています。そして今でも日本の慣習、それに伴う語彙など、まだまだ学んでいる最中です。自分の日本語そして英語、さらには世界観の再編成はまだ続いています。

　このことから言えるのは、親が子どもにできるだけ多くの場面を提供し、そこから気づき・学びを促すことの必要性です。実際経験させるのが難しい場合で

も、インターネットやマスメディアを積極的に駆使するのはどうでしょうか。突拍子もないものからではなく、まず子どもがすでに知っていることを把握し、それに基づいて理解できるような場面を与えることで、その子どものZPDに即した教育が実践できるかと思います。

2.3 ポリティカルな観点から

　活動モデル（図1; p. 46）の下半分は、個人に影響を及ぼす社会的制約を指します。よって、いくら主体が媒体を使って対象体に働きかけても、その活動が属する社会によって結果は変わってきます。自分が育ったトロントは多文化・多言語社会で、おかげで日本人であることに負い目などを感じることはありませんでしたが、同時に自分が「日本人である」ということを周りにいつもリマインドされていたように思います（詳細は坂本（2009）参照）。やはり子どもは周りと協調性を持ちたいものです。自分が「日本的であること」を周りに期待され、うんざりすることもありました。逆に、通っていた補習校ではカナダ居住が長いということで、カナダ人らしさを求められていたように思います。それぞれの状況下で、日本語や英語に対する姿勢や学びが異なるのは不思議ではありません。カナダの学校では「自分は日本人」ということで、今ひとつ英語力に自信を持てませんでしたが、逆に補習校では英語に対するコンプレックスは感じませんでした。

　家庭でも日本語は使用していましたが、現在日本語で読み書きできるのは**補習校**に通ったおかげだと自分では思っています（コラム3参照）。第1章で述べたように、学校教育でのみ培われるリテラシー能力というものがあります。漢字や敬語など、家庭だけでの言語使用ではなかなか伸ばせませんが、それらを使用する場面に置かれることで、嫌でも学ぶ必要がありました。同様に、国際結婚の家庭の場合、例えば母親とは日本語、父親とは外国語、と言語使用を徹底することで、子どもは嫌でも言語を使い分け（1章2.2節参照）、母語、継承語、第二言語（現地語）を伸ばしていく必要に迫られます。こうすることでL1、L2、L3を習得することも可能になるでしょう。

　日本ではやはりマジョリティ言語である日本語が強く、国際語として英語が重宝されており、英語力は進学・就職に有利であるとされています（18章参照）。結果、日英バイリンガルを目指す人は少なくありません。しかし、日本では英語

以外の言語はどうしてもないがしろにされがちです。せっかく外国にルーツがある子どもが、ほかの言語をリソースとして持ち備えているのに、日本ではそれを重宝する風潮がまだ希薄です（Sakamoto, 2012）。結果、他言語と日本語のバイリンガリズムを積極的に実現しよう、言語レパートリーを拡大しよう、という動きが抑制されてしまい、日本政府が掲げる複言語主義（Sakamoto, 2017）への道のりは遠いように思います。

3 もっと詳しく調査・研究したい人のために

　社会文化理論に関する図書は英語でも日本語でもたくさん出ています。ヴィゴツキーの代表作を日本語で読みたいのであれば『新訳版・思考と言語』（ヴィゴツキー, 2001）が良いでしょう。ただし、やや難解なので、まずは『ヴィゴツキー入門』（柴田, 2006）から読み始めると良いかもしれません。活動理論でしたら、『拡張による学習：活動理論からのアプローチ』（エンゲストローム, 1999）や『ノットワークの活動理論：チームから結び目へ』（エンゲストローム, 2013）など、ユーリア・エンゲストローム（Yrjo Engeström）の訳書が何冊か出ています。社会文化理論全般を把握したいのであれば、『社会と文化の心理学：ヴィゴツキーに学ぶ』（茂呂・田島・城間編, 2011）も良書です。

　社会文化理論では、コミュニティに属した子ども、大人から学ぶ子ども、という概念が重要です。子どもがコミュニティに属し、そこでさまざまな活動にまずは見習い・初心者として参加し、先輩・お手本である大人達から言語や慣習を学んでいくことを**正統的周辺参加**（legitimate peripheral participation）と呼びますが、それについての代表的な著書が『状況に埋め込まれた学習：正統的周辺参加』（レイヴ・ウェンガー, 1993）です。

　お手本と言えば、コミュニティのメンバーが持つ言語リソースを**言語レパートリー**（linguistic repertoires）と言いますが、それに関する代表的な文献はGumperz & Hymes（1972/1986）と言えましょう。子ども達はコミュニティを通して言語に接触し、レパートリーを増やしていくのです。

　最近接発達領域についてもっと知りたいのなら、『「発達の最近接領域」の理論：教授・学習過程における子どもの発達』（ヴィゴツキー, 2003）があります。

　英文の入門的なものから読み始めたいという人には *Vygotsky and the social*

formation of mind（Wertsch, 1985）や、*Sociocultural theory in second language education*（Swain, Kinnear, & Steinman, 2015）などが読みやすく、良いかと思います。

4 まとめ

　長年第二言語習得は母語習得と照らし合わせて語られてきました。同様に第三言語習得も、バイリンガルの言語習得過程を元に分析されてきました。確かに共通する部分はあるものの、やはり**トリリンガリズム**（trilingualism）はバイリンガリズムが辿る発達パターンとは違い、第二言語習得は母語習得とはまた違った発達パターンとなります。言語が増えるだけ言語間相互作用が増え、結果複雑で多面的な言語発達となります。先述したように、バイリンガルはモノリンガル×2ではなく、トリリンガルはモノリンガル×3ではないのです（Grosjean, 1989）。また、「バイリンガル」という単語一つで特殊な二言語融合システム・世界観を持つ人々を十把一絡げに扱うのは正しくないと思います。

　母語とは異なった言語に触れ、母語を元に新しい言語を理解・習得するのがバイリンガルで、さらにもう一言語増えた場合はトリリンガルとなるわけですが、つねに二つ以上の言語を対比しているわけですから、メタ言語知識（言葉の形や構造など言語そのものに関する知識）が発達するのも理解できます（Bialystok, 2001a）。同時にいくつもの言語を同時にふるいに掛けているわけですから、言語処理に時間が掛かる（Bialystok, 2001a）のも納得できます。その分、言語に対する感度はモノリンガルよりも高いでしょう。

　さまざまな言語に触れる・習得する、ということは、その分言語レパートリーが増え、それだけ多面的な思考ができることになります。他者にゲームの遊び方を説明する際、バイリンガル話者のほうが、相手のニーズを察知し、より的確な説明ができた、という研究報告があります（Genesee, Tucker, & Lambert, 1975）。実際バイリンガルのほうがモノリンガルよりもその言語コミュニティに即した言語活動を行うことで、コミュニケーションを円滑に行えるとされています（Jessner, 1997）。これはトリリンガルになるとさらに顕著となるでしょう。

　バイリンガルやトリリンガル教育を実践することで言語レパートリーを増やしたいと考えるのであれば、それだけおのおのの言語に触れる場面の数と種類を増

やし、四技能全てを伸ばす工夫が必要になります。一時帰国や、海外旅行、現地校のほかに、補習校や日本人学校、民族学校、インターネットやマスメディアをフル活用し、子どもがさまざまな言語に触れる機会をまずは増やすことが肝要です。

　ただ注意したいのは、言語によっては付随するイデオロギーの違いもあり、バイリンガルは相反するイデオロギーに対峙しなければならない時があります。よって、バイリンガリズム・マルチリンガリズムは、言語習得・言語使用・世界観の多様化という面を持ちますが、これは必ずしも良いことばかりではありません。そのつどバイリンガル・マルチリンガルな継承語話者は言葉と向き合い、理解しようとする過程で葛藤も生まれます。また、独自・特有の言語システム、そして世界観を持ち備えているため、孤立感も感じるでしょう。その時の周りのフォローが大切なのは言うまでもありません。

第1部 4章

日本語を優勢言語としない子どものバイリテラシー習得・発達

折山香弥

・・・・・・・・・・・・・・・・・・ 問 い ・・・・・・・・・・・・・・・・・・

　複言語環境で育つ子どもは、二言語で問題なく日常会話はできても、優勢言語でないほうのリテラシー（特に読み書き能力）に関しては個人差が大きいようです。日本語を優勢言語としない子どものバイリテラシー（二言語リテラシー）習得・発達を促すために、家庭や学校でどのようなサポートが必要ですか。

・・・・・・・・・・・・・・・・・・ 回 答 ・・・・・・・・・・・・・・・・・・

　海外の、日本語が優勢でない環境で育った子ども、日本に来てからの滞在年数が短く家庭言語が日本語ではない子どもなど、バイリテラシー習得・発達が難しいケースはさまざまです。特に、優勢言語でないほうのリテラシーを会話能力と共に発達させるには、一般に家庭だけでなく、学校やコミュニティ、社会による多様な社会文化的支援が必要です。本章では、これまでの研究と理論を基に、なぜ継承語リテラシー育成は重要なのか、必要な社会文化的支援とは何か、バイリテラシー習得・発達にどのような影響を及ぼすのか、説明していきたいと思います。

1 リテラシーの習得と発達

　現在の国際的見解では、**リテラシー**は読み書き能力とそれに伴う思考力だけでなく、社会文化的な文脈・状況において活字から意味を構築および伝達する能力または行為として定義されています。なぜなら、リテラシーは常に、それを使用する社会や文化において存在し構築される「**社会的現象**」であるからです（Smith, 2004: 236）。また、リテラシーは自己の可能性や知識を広げ、志を実現するための「生涯学習に寄与する**社会的実践**」でもあります（United Nations Educational, Scientific and Cultural Organization ［UNESCO］, 2004: 10）。よって、リテラシーが芽生え、文字が学べるようになるには、まず周りの社会についての知識がなければなりません。さらに、リテラシーに関する社会文化的な規範や実践の習得が必要とされます。特に、子どものリテラシーの発達を促すには、子どもが活字に触れ、活字の読み書きや文章内容について質問したり話し合ったりすること、すなわち読み書きについての理解を深める**社会的対話**が必要不可欠です（Heath, 1983 参照）。

　こうした言語活動は、教育の場では「**学習対話**」という異なる活動として捉えられていますが、これも社会的対話の一部だと考えられます。特に子どもにとっては、教育の場であっても、間違いや恥をかく恐れなく質問・応答できるなど社会的対話ができる自由で家庭環境的な場が必要です。そこでの学習における対話は、子どもが学ぶ上で必要な「安心感」と「信頼関係」に基づいており、より読み書き能力育成に有効です（国府田, 2009）。そして、そのような「自己開示による自己表現」（国府田, 2009: 150）は、リテラシーの習得上大切です。それを可能にする学校や家庭での社会的対話を通し、子どもは思考するための言葉、リテラシーを使いこなすための社会文化的な規範や実践をも学んでいくのです。

　また、子どものリテラシーの習得と使用は、各文化におけるリテラシーの象徴的・現実的価値を左右する**文化的アイデンティティ**（Pérez, 2004: 5）が機能することにより起こり得ます。文化とは、ある社会にアイデンティティを与えるために機能する社会のさまざまな側面、すなわち機関や施設、作法や考え方、概念、慣習や実践によって成り立っているものです。ゆえに、そうしたある特定の文化と自分を同一視、あるいはその文化への帰属感を感じることで、文化的アイデンティティが構築されると考えられます。リテラシーは、そのような文化の側

面である**文化的実践**および**文化的行動**の産物なのです（Vygotsky, 1986）。

しかし、同じ言語・文化を共有していても、家庭やコミュニティによって、リテラシーの習得と使用に関する信念や価値観、実践も違います（Heath, 1983; Oriyama, 2016）。そして、国家と学校教育により擁護また正当化されている文化の一部であるリテラシーは、優位な文化におけるある特定のリテラシーであるため、家庭やコミュニティで育成されたリテラシーとの大きな隔たりが生じる場合もあります。そうした隔たりは、学校でのリテラシー習得に必要な土台が欠けていることを意味し、家庭やコミュニティで培ったリテラシーを活かすなど、隔たりを埋めるための教師の仲介がなければ、そのままその隔たりは大きくなっていきます。

リテラシーは「言語と思考の結びつきを飛躍的に強め」（森沢, 2006: 77）、子どもの言語と思考の発達、学校教育で必要な抽象的・論理的思考や伝達を可能にします。そのため、特に少数派言語を話す家庭やコミュニティにとっては、就学時におけるリテラシーの土台不足・欠落は重大な問題です。それは、学習を左右する学習言語の発達に悪影響を及ぼし、「日常会話ができても教科学習についていけない子どもたち」（川上, 2009a: 21）を作り出す恐れがあるからです。また、**教科学習**での読み書きには、日常では頻繁に使われない語彙や複雑な文型についての知識が必要で、記憶力や分析力などリテラシーが土台となる認知面での能力も要求されます（Cummins, 2000）。

Cummins（1979, 2001）の**二言語相互依存仮説**（linguistic interdependence hypothesis）によると、言語能力には**会話の流暢度**（conversational fluency）、各言語に特有の音声・語彙・表記・文法などの**弁別的言語能力**（discrete language skills）、抽象的な文章や概念の読解・記述・思考ができる**教科学習言語能力**（academic language proficiency）という三つの側面があります（16章2.2節参照）。このうち教科学習言語能力は、充分な接触機会と学習動機があれば、バイリンガルが使用する二言語間で共有される面があることが、日本語と英語の組み合わせも含む、さまざまな言語間で実証されています（1章2.1節参照）[1]。要するに、概念や認知力を司る部分は二言語間で相互に依存し支え合っているので、第二言語として主要言語を学ぶ**継承語学習者**の場合、継承語の教科学習言語能力

---

[1] 例えば、Cummins (1991)、Cummins et al. (1984)、Cummins & Nakajima (1987)、Bialystok, Luk, & Kwan (2005)、中島・佐野 (2016)。

を伸ばせば、第二言語の教科学習言語能力も伸ばすことができるのです。そして、この教科学習言語能力の土台となるのが、幼児期から家庭やコミュニティで培ってきた**継承語リテラシー**です。**国際結婚家庭**などで継承語と主要言語を同時に習得している場合は、インプットや使用の度合いなどによって各言語の習得度が異なりますが、両言語のリテラシーがお互いを支えながら育っていることになります。

　一日の大半を学校で過ごす学齢期の子どもにとって、学校はリテラシー育成に必要な社会的対話が行える場を提供し、文化的アイデンティティの構築にも影響を与えるという点で、主要な役割を担っています。しかし、学校教育を居住する国の主要言語で受け、同時に親から受け継いだ継承語も学んでいる継承語学習者の場合、学校での継承語学習の機会がないと、社会の主要言語ではない継承語リテラシーは伸び悩みがちです。そのような環境下で、継承語リテラシーを習得・発達させるには、一体どうしたら良いのでしょうか。

　継承語リテラシーの習得は、継承語学習者の住む社会における主要言語能力の発達、認知力発達、民族的・文化的アイデンティティの形成、継承語を話す家族や友達との絆や人間関係、それに伴う情緒安定（Wong Fillmore, 1991）、長期的継承語保持や継承語コミュニティへの帰属意識（Tse, 2001; Oriyama, 2016）と大きく関わっています。また、**バイリテラシー**は二言語での「生涯学習の可能性」（UNESCO, 2004）をも広げるため、その個人的・社会的意義を考えると、継承語リテラシー育成を助けるために家庭や学校での支援策を立てることは、複言語環境で育つ子どもの保護者や教師のみならず、社会にとっても重要な課題です。

2 バイリテラシーと個人的・社会文化的環境

　Grosjean (1985) によると、バイリンガルとは二言語の能力を自分と周りの環境が必要とする程度に伸ばした有能な二言語話者または聴解者であり、バイリテラシーの習得度についてもこれと同じことが言えます。つまりバイリテラシーはバイリンガリズムと同様に、ネイティブ、ノンネイティブという両極に分かれるものではなく、バイリンガリズムとリテラシーとの多様で複雑な相互関係と環境により常に変化し（Hornberger & Skilton-Sylvester, 2000）、目的に応じて駆使される流動性のコミュニケーションのレパートリー（Rymes, 2010）として捉え

るものなのです。

　また、バイリテラシーは個人的観点と社会文化的観点から捉えることができます。Perlovsky（2013）によると、言語と認知はそれぞれ、具体的・簡単なものから抽象的・複雑なものへと機能的に層を成し[2]、感情により繋がり習得されます。これを踏まえると、個人の能力に焦点を置いた**狭義のバイリテラシー**は、異なる二言語が概念的・認知的・感情的に繋がる部分で編み込まれた、さまざまな局面を持つ網目状（ネットワーク）構造の3D流動体として捉えられます。図1はこの一部を簡略に具現化したものですが、薄い線は言語A、濃い線は言語Bを表し、点で表された概念や認知（知覚、記憶、思考など）と情意・経験を通して繋がっている様子を示しています。バイリテラシーの習得・使用度が高ければ高いほど、言葉と概念、認知、情意との結びつきが強くなり、網目が細かくなる構造です。分野や状況によって各言語のリテラシー発達度が異なり、これには言語接触が始まった時の年齢、接触年数、家庭や学校・コミュニティ・一般社会での言語使用などの「個人的・社会文化的環境要素」が関わっています。

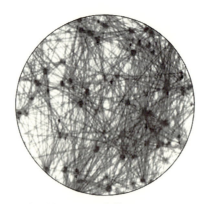

図1：流動体としての狭義のバイリテラシー

　例えば、家では通常、継承語を使用し、学校やコミュニティでは社会の主要言語のみを使用するバイリンガル児童（7歳で移住、滞在年数1年）の場合、家庭生活に関する部分は主に継承語が占め、学校生活に関しては次第に主要言語に占められ継承語の網目は緩くなっていく、といった具合に変化し続けています。も

2　機能上、言語では、言語知覚・運動機構が最下層にあり、その上に単語、句、抽象的語句が順に層を成す。認知では、知覚的合図・信号の上に物体、状況、抽象的概念がある。

ちろん、この変化には上に挙げた要素だけではなく、ミクロレベルでのさまざまな個人的・社会文化的環境要因も網目状に絡んでいます。これらも、バイリンガリズムという概念的ネットワークの構成要素で、個人の文化的アイデンティティや各言語話者との人間関係、マクロレベルでの社会文化的圧力、イデオロギー、当該言語を話す民族の政治・経済・文化的力関係といった言語使用およびリテラシー習得の必要性を左右するものです（Oriyama, 2011, 2012）。なぜなら**広義のバイリテラシー**は、民族である個人の移動によって生じた言語・文化接触という個人的・社会文化的環境の産物である一方、その環境を作り出す個々人の能力および実践という因子として社会文化的環境内に存在しているからです。

　さらに、バイリテラシー発達に多様な要因が絡む理由として、社会文化的因子に影響を与える「言葉」と「力」の切っても切れない関係が挙げられます。言葉は人々の力関係を見分け、操り、変える手段であり（Corson, 1999）、「言葉を制する者は力を制す」とも言えるのです。特にリテラシーは、個人レベルでは思考力、学習力、認知力、書字力、作文力、読解力、記憶力、判断力、表現力などと結びついています。また、対人レベルでは、交際力、説得力、論議力など、社会レベルでは教育、政治、経済、経営、法律、外交、マスメディアなど、さまざまな分野で必要な力と繋がっています。バイリテラシーは、先に述べたような種々の因子の影響を受け、この力を二言語を通して発達させたもので、その発達具合や程度は環境により千差万別なのです。

　先に述べたように、バイリテラシーは、個人的・社会文化的環境の産物であると同時に因子でもあります。よって、その力は、マクロレベルの言語政策、社会制度や機関、民族・国際関係などによりただ一方的に作られるのではありません。ミクロレベルの**家庭内言語方針・方策**、個人的体験や実践、対人・友人関係などからも作り出され、相互に影響し合って形成されているのです。ただし、これら環境要素の影響力は均等ではなく、マクロレベルの社会文化的影響力のほうが強くなりがちです。しかし、以下に述べるように、場合によってはそれらの力関係を覆すことも不可能ではないのです。

3 海外における継承日本語リテラシー習得・発達

　グローバル化が進む今日、日本語は**親からの継承語**であるが優勢言語ではない

という子どもが海外で増えています。このような子どもの多くは、現地生まれか10歳以前に海外に移住し、何らかの形で日本語を学ぶ者も多くいます。継承語リテラシーは長期的な継承語保持のために重要ですが（Spolsky, 2004）、他言語の継承語リテラシーと同様に（例：Clyne & Kipp, 1996; Kim & Pyun, 2014）、**日本国外で継承日本語リテラシー**を発達・保持させるのは簡単なことではありません[3]。その理由として、継承語リテラシーの発達・保持には、幼少時からの本人と親の積極的かつ継続的な継承語使用と学習にかける努力、子どもが継承語に興味を持ち継承語を使う必要性を実感できるような社会文化的環境、家庭外での言語モデルや使用の機会を供給する**実践コミュニティ**（community of practice）（Lave & Wenger, 1998）への参加が必要であることが挙げられます（Oriyama, 2016）。特に社会文化的環境は肝要で、例えば、家庭外での日本語使用や接触が限られた日本人コミュニティ不在地域で育った米国の継承日本語学習者の研究（Hashimoto & Lee, 2011）では、親の献身的な努力と関与にもかかわらず、継承日本語リテラシー習得・発達は困難であることが示されています。

3.1　家庭での言語使用とコミュニティ

　私が行ったバイリンガル研究[4]では、このような民族・言語コミュニティとの繋がりが弱い継承語学習者を**個人バイリンガル**（individual bilingual）と呼び、コミュニティとの繋がりが強い**コミュニティバイリンガル**（community bilingual）と区別しています。特にOriyama (2012) では、幼少時からオーストラリアのシドニーで育った個人バイリンガルとコミュニティバイリンガルの継承日本語リテラシーの発達・保持を比較し、(1) 言語使用、生い立ちや家庭環境、日本人コミュニティとの接触が、継承日本語リテラシーの発達・保持に与える影響、(2) 個人的要素と比べたコミュニティの影響、(3) コミュニティが言語使用にもたらす影響について統計分析した結果をまとめています[5]。同調査には、週末

3　例えば、Hashimoto & Lee（2011）、Kondo（1998）、中島（2017）、Okita（2002）、Oriyama（2011, 2012, 2016）。

4　Oriyama（2000, 2010, 2011, 2012, 2016）。

5　個人バイリンガルとコミュニティバイリンガルを比較した統計分析では、(1) 誤用割合を「音韻」「音韻・仮名遣い」「仮名遣い」「漢字綴り」「文法・語形発達」「同音字」「文法・語形習得」「英語からの干渉」の8項目にまとめた割合、(2) 筆記テストでの前述8項目のうち漢字綴りを

の継承日本語学校に通う 6 歳から 12 歳までの児童計 63 名（表 1，①～③）の日記・作文の誤用分析データ[6]と計 33 名（表 1，① 7 人と②～③の各学年のレベルを代表する者 26 人）の筆記テスト、対象児童の保護者への言語使用・環境アンケートが使われました。

表 1：日記・作文誤用分析調査対象者の内訳

対象者		人数	年齢	収集期間
①	個人バイリンガル	6～9	6～12 歳	3 年
②	コミュニティバイリンガル 1	8	9～10 歳	1 年
③	コミュニティバイリンガル 2	48	6～12 歳	1 回
④	接触モノリンガル[a]	41	6～12 歳	1 回
⑤	無接触モノリンガル[b]	66	6～12 歳	1 回
⑥	第二言語としての日本語学習者[c]	24	18～20 代	1 回

a: シドニー日本人学校に通い、滞在期間約 1 年未満[7]。日々の授業を通した英語との接触あり。
b: 日本在住。英語との接触なし[8]。
c: 日本語初中級レベル。留学生を除く英語母語話者大学生。

　この統計分析の結果、特に文法・語形の発達や習得を促進し、英語からの干渉を防ぐためには、個人的背景より言語使用、さらに言語使用より社会文化的環境、つまりコミュニティとの接触のほうが、より強い影響力を持つということが分かりました。一方、総合的なリテラシーの発達に影響する要素は、バイリンガル全体で見ると、①日本人の親から子への日本語使用度、②日本への里帰り頻度、③総体的な言語使用の順に最も重要という結果でした。また、親の日本語使用の影響力はコミュニティとの接触と同等で、コミュニティは日本への里帰り頻度や両親の国籍より影響力が強いが、接触だけでは不十分で、総体的な高い言語

　　除く 7 項目における誤用回数、(3) 筆記テストの合計点が、両親の国籍や滞在年数などの生い立ち、リテラシー実践を含めた家庭内外での言語使用、日本人コミュニティとの接触や繋がりとどう関連しているのか調査が行われた。

6　誤用分析データでは、調査対象者から収集された日記・作文の誤用分析調査（Oriyama, 2000）に基づき作られた「発達的要因」と「干渉的要因」による誤用項目 28 の各項目につき、各対象児童の 100 字ごとの誤用の割合を出した。

7　例外として滞在期間 13～16 ヵ月の者 4 人を含む。

8　データ収集が行われた当時、小学校における英語教育は導入されていなかった。

使用が必要ということが判明しました。

　興味深いことに、これらは以下のことを示しています。(1) 日本語での読書頻度と日本語で視聴するテレビ番組の豊富さは、コミュニティより影響力が強い。(2) コミュニティとの接触や繋がりがあるだけでは、総合的なリテラシーの発達は望めない。(3) 読書やテレビなどの、語彙知識を高め幅広い言語モデルと接触できる、文字・視聴覚「メディア（媒体）」を介したリテラシーの実践は必要不可欠である。特に、メディアは「社会的機関」であるがゆえに、そこで使われる「言語との接触及び経験を可能にし、その言語の地位を高める」機能があるため (Gibbons & Ramirez, 2004: 84)、リテラシー発達におけるメディア使用の重要性は、社会文化的環境の影響力の強さをも示唆しています。

　では、ミクロレベルの社会文化的環境であるコミュニティは、バイリンガルの言語使用という個人的環境とどう関係しているのでしょうか。コミュニティと言語使用との相関分析を行った結果、個人バイリンガルとコミュニティバイリンガルは、親子間の家庭内言語使用に大差はないが、私的な言語使用や日本への里帰り頻度において大きく異なることも明らかになりました。すなわち、コミュニティバイリンガルは個人バイリンガルに比べ、日本語での読書やゲーム、DVDやテレビ番組の視聴など私的なリテラシー実践活動に、より多く、またより頻繁に親しんでいたのです。一方、日本人コミュニティとの接触が少ない個人バイリンガルのほうが、日本への里帰り頻度が高いということも分かりました。特に注目に値するのは、前述の分析でリテラシーの育成に重要であることが判明した「日本語での読書頻度」と「視聴する日本語テレビ番組の多様性」が、コミュニティとの接触と最も著しく相関していたことです。これは同時に、個人バイリンガルが日本語の本を読む回数はコミュニティバイリンガルに比べて非常に少なく、見る日本語テレビ番組の数も極めて限られているということを示しています[9]。

　このようにコミュニティは、リテラシー発達に著しく貢献する文字・視聴覚メディアによる継続的言語使用および接触を促し、その効果は里帰りによる一時的な言語接触や親子間の言語使用より高いと言えます。以上、コミュニティは読書

9　実際、Oriyama (2000) のデータによると、コミュニティバイリンガルが週に4回ぐらい読書するのに対し、個人バイリンガルは1ヵ月に一度程度しかせず、日本語のテレビ番組も、コミュニティバイリンガルは1本から4本見るのに、大半の個人バイリンガルは何も見ていなかった。

やテレビなどのメディアリテラシーの実践を促し、継承日本語リテラシーの発達に個人的要素より強い影響をもたらすことが分かりましたが、マクロレベルの社会文化的環境と比べるとどうでしょうか。

3.2　社会文化的環境と継承日本語リテラシー

　Oriyama（2011）では、「社会」、「コミュニティ」、「学校」という社会文化的環境要素が、継承日本語リテラシーの発達・保持に及ぼす影響について調べました。この調査では、3.1節で詳述した各被験者グループのリテラシーの発達レベルに関するデータ（日記・作文の誤用8項目における100字ごとの誤用の割合、筆記テストの総合点と誤用7項目における誤用回数）を使い、誤用データ[10]では小学2、3、4年生時で、筆記テストでは4年生時で、学年および年齢ごとに、表2に示す三つの対比分析を行いました。

表2：社会文化的環境による継承日本語リテラシーへの影響分析

対比	社会文化的環境
1. バイリンガル[a] 対 モノリンガル[b]	社会
2. 個人バイリンガル 対 コミュニティバイリンガル	コミュニティ
3. 接触モノリンガル 対 無接触モノリンガル	学校

a: バイリンガル：個人バイリンガルとコミュニティバイリンガル
b: モノリンガル：接触モノリンガルと無接触モノリンガル

表3：バイリンガルとモノリンガルの誤用割合対比

	誤用項目	音韻	音韻・仮名遣い	仮名遣い	漢字綴り	文法・語形発達	同音字	文法・語形習得	英語からの干渉
2年生 (32名)	差			+				+	+
	p値	.3603	.0527	**.0238**	.0984	.3946	.5335	**.0364**	**.0017**
4年生 (34名)	差	+	+	+	+	+	+	+	+
	p値	**.0042**	**.0044**	**.0054**	**.0035**	**.0001**	**.0018**	**.0001**	**.0001**

差：+バイリンガルのほうが誤用が多い。
p値（有意確率）：実は差が「ある」のに「ない」としてしまう確率のこと。0に近いほどその確率が低くなる。太字＝有意差がある

10　表3と表4では、2年生と4年生対象の誤用データ分析のみを提示、3年生のデータ分析は提示していない。

まず、マクロレベルの「社会」の影響を調べるため、日英バイリンガルと日本語モノリンガルの誤用割合を対比分析しました。その結果（表3参照）、すでに2年生時に、バイリンガルの仮名遣い、干渉に関わる文法・語形習得、英語からの干渉の誤用割合は高く、幼少時からの英語優勢社会の影響が判明しました[11]。3年生では、学年相応年齢のバイリンガルでも、仮名遣いと同音字以外の全ての項目で誤用が著しく多くなり、4年生では、全てにおいてバイリンガルの誤用割合が高くなりました。これは、日本語モノリンガル児童の漢字以外の仮名遣いは小学4年生までに習得されるというHatano（1995）の主張を裏付けるものです。モノリンガルの基本的リテラシーは4年生時にほぼ習得済みですが、英語優勢社会に住むバイリンガルには、たとえ幼少時から週末に数時間日本語学校に通っていても、それは難しいことを示しています。

　4年生では、筆記テストの総合点と誤用回数でも明らかに有意差が現れ、学年相応年齢のバイリンガルでも、モノリンガルと同程度のリテラシーを獲得するのは非常に難しいと言えます[12]。これは、日本語母語話者の日本の小学生の学年別配当漢字の読み習得率が、4年生以上でも90％近く、書きは60％台を維持している（日本教材文化研究財団, 1999）ことを考えると、かなり差があります。このように、広義の「社会」がリテラシー発達に及ぼす影響は非常に強く、バイリンガルの継承日本語リテラシーが未発達になってしまう根本的な原因は、継承日本語リテラシー育成のための広い意味での社会文化的支援が欠落していることにあると言えるでしょう。

11　学年相応年齢の者同士では英語からの干渉以外大差はなかった。

12　本研究とは違い、永住者の割合が少なく滞在年数もさまざまである米国の補習校児童を対象にKataoka, Koshiyama, & Shibata（2008）が行った大規模な調査でも、助詞や文型の習得の遅れが指摘され、4年生でも大体1、2年生並という結果が出ている。基本的リテラシーのほか、学年が上がるにつれて増加する漢字、漢字と共に導入される抽象的概念や語彙は、日常目にしたり使ったりする機会も限られており、特に習得が困難だと予想される。同調査によると、漢字の読みが学年相応レベルに達しているのは4年生までで、中島（2003a）も、カナダの日系小中学生の平均的漢字力は、読みは4年生レベル、書きは2年生レベルまでしか伸びていないことを指摘している。

表4：個人バイリンガルとコミュニティバイリンガルの誤用割合対比

	誤用項目	音韻	音韻・仮名遣い	仮名遣い	漢字綴り	文法・語形発達	同音字	文法・語形習得	英語からの干渉
2年生 (16名)	差							+	+
	p値	.5479	.7339	.8570	.4433	.7239	.2364	.0047	.0001
4年生 (14名)	差	+	+		—	+	+	+	
	p値	.0541	.0468	.9018	.0031	.0000	.0021	.0023	.8166

差：+個人バイリンガルのほうが誤用が多い。—コミュニティバイリンガルのほうが誤用が多い。

　次に、ミクロレベルの社会文化的環境である「コミュニティ」の影響を、個人バイリンガルとコミュニティバイリンガルの対比分析により調査しました。誤用割合を分析した結果、表4に示すように、2年生時は個人バイリンガルの干渉に関連した誤用（助詞の誤用など）がはるかに多いが、その他の面では両グループとも発達途中であることが分かりました。しかし3年生では、干渉に起因する「文法・語形習得」面でさらに差が開き、4年生になると、「音韻」、「仮名遣い」、「英語からの干渉」以外の全ての項目でグループ間の差が明らかになりました。この違いは「漢字綴り」以外、個人バイリンガルの誤用割合がコミュニティバイリンガルより飛びぬけて高いために生じています。一方、2年生時とは違い、「英語からの干渉」は両者共通の誤用となり、英語優勢環境下で過ごす年数が長くなると、コミュニティバイリンガルでも英語からの干渉は免れないと言えます。漢字の誤用については、コミュニティバイリンガルのほうが漢字使用率が高いことも両者に大差がない主な原因で、これは個人バイリンガルよりリテラシーの習得・発達においてより進んでいることを示しています。

　ただし、筆記テストの総合点では、コミュニティバイリンガルのほうが点数が高かったものの、大差はありませんでした。テストで試された仮名遣い、英語からの干渉が起きやすい助詞や動詞、日本語特有の数詞などは、両グループに共通して誤用が生じやすいものであったと言えます。しかし、筆記テストの誤用回数は個人バイリンガルのほうが極めて多かったのです。したがって、先の誤用割合の分析結果を、3.1節で述べた「コミュニティバイリンガル」の「家庭」でのリテラシー実践促進効果と照らし合わせると、英語優勢の限られた環境下で、「コミュニティ」との繋がりは、より豊かな日本語使用と日本語リテラシーの習得・

発達を促すという大きな役割を果たしていると言えます。

　最後に、継承日本語リテラシーの発達を支援する上で、ミクロレベルの日本語優勢な「学校」という社会文化的環境は、マクロレベルの英語優勢「社会」にどの程度対抗できるのかを調査するため、シドニー日本人学校に通う「接触モノリンガル」と、日本在住の「無接触モノリンガル」の対比分析を行いました。その結果、誤用割合では、むしろ「接触モノリンガル」のほうが仮名遣いにおいて誤用が少ない傾向も見られ、筆記テストの平均総合点は両グループとも満点に近く、基本的なリテラシーは両グループとも4年生時ですでに習得済みであることが示されました。つまり、英語優勢「社会」の中でも、「接触モノリンガル」のように日常生活の大半を日本語優勢環境である「学校」で過ごし、「家庭」や「コミュニティ」、教科学習や友達付き合い、課外活動を通して豊富な日本語使用経験を積んでいれば、日本のモノリンガル児童と同程度の日本語リテラシーを身に付けることが可能なのです。

　以上、結論として、子どもの継承日本語リテラシーの発達は、「社会」、「コミュニティ」、「学校」といった社会文化的環境で、どの言語・リテラシーに価値が置かれ使用されているのかということに多大な影響を受けるものであると言えます。特筆すべきは、マクロレベルの「社会」が少数派言語リテラシーの発達・保持に及ぼす否定的な影響力は強大で、一般に「家庭」や「コミュニティ」での支援だけでは太刀打ちできませんが、ミクロレベルの社会文化的環境である「学校」という「機関」を通して充分な支援が行われれば、それを覆すこともできるということです。

　Cummins（1994, 2000）が提唱するとおり、一般社会でのマイノリティに対する否定的イメージやメッセージに対抗するには、教師と児童が協働でそうした誤った社会的通念を打ち砕き、学校内での少数派言語話者と多数派言語話者との力関係を変えることが必要です。それにより、少数派言語話者の継承語に対する肯定感と文化的アイデンティティが高まり、継承語リテラシーだけでなく認知能力の発達も促し、主体的に学び自己実現を図る力（川上, 2005）や、人として成長し発達するのに必要な力（岡本, 1982）、すなわち人生の糧となる力をも生み出すことができるのです。

4 社会文化的な継承語リテラシー支援策

　しかし、前述した継承語リテラシー支援をイマージョン方式のバイリンガル教育などの方法で現地校で行うのは、マクロレベルの政策的支援がなければ難しいと思われます。英語と先住民のマオリ語が公用語であるニュージーランドでは、マオリ語のバイリンガル教育を行う学校が270校以上ありますが（Ministry of Education, New Zealand, 2018）、多様な文化的・民族的背景を持つ子どもが「確固としたアイデンティティ、言語、文化を身に着け成長していく」（Ministry of Education, New Zealand, 2017: 7）ことを支援するための幼児教育カリキュラムもあります。マオリ語・文化とのバイリンガリズム・バイカルチュラリズムが中心で、マオリ語を幼稚園や保育園のあらゆる場面で尊重し使用するよう求めていますが、異なる文化を持つ全ての子どもの言語を奨励し保護することも目標として掲げています。その理由として、教育の場で家庭言語と文化が尊重され、教師が子どもの文化に特有な洞察やあり方に応じれば、子どもの**アイデンティティ**や**文化的帰属意識**が強化され、幸福感が高まることを挙げています。

　さらに、2016年から20年計画で政府が3470万ドルをかけて始めた子どものリテラシーと健康・精神衛生面での向上を図る研究・実施企画（Ministry of Education, New Zealand, 2017）では、幼少期におけるリテラシーの発達不足は、児童期の学力不足や肥満などの健康問題、青年期の学業不振や精神衛生問題、雇用問題、貧困といった社会的・経済的問題に繋がり、子孫もまた同じ恵まれない境遇に陥るといった悪循環が指摘されています。そのため特に、幼児教育におけるリテラシーの育成についての研究やセミナー、継承語リテラシーを育成するソフトウェアの開発や教育現場での導入など、対象コミュニティも巻き込んだ取り組みが進められています。バイリンガルあるいはマルチリンガルとして発達しつつある子どもの言語習得の支援策として、ニュージーランドでの幼児教育においてよく使われている環境作りのための取り組み[13]は数多くありますが（Harris &

13　Harris & Davis (2018) によると、次のような取り組みがある：①多言語での挨拶表現を提示する；②文化的イメージや工芸品を展示する；③保護者・児童に彼らの第一言語（複数可）で挨拶をする；④ソファやテーブル、保護者のための情報誌やパンフレットなどを置き、保護者を歓迎する空間を作る；⑤家族の祝事、活動、コミュニケーションが取りやすい方法や話しやすい言語について知る；⑥保護者に児童のプロフィールファイルや書類に児童の第一言語（複数可）を使うよう奨励する；⑦保護者に頼み、生活上必要不可欠な表現を児童の第一言語に翻訳してもらう；

Davis, 2018)、これらは他の状況における幼児期からの継承語リテラシー育成にも応用できるものです。

中島（2017: 24）によれば、特に幼児期に「継承語のリテラシーの芽を育てる」ことが、その後のバイリテラシーあるいはマルチリテラシー育成を可能にするのですが、日本では少数言語話者のための上に挙げたような取り組みはまだなされていません。少子化と民族の多様化が進む一方の日本にとって、多民族国家の現状や取り組みから学ぶところは多いのではないでしょうか。

5 もっと詳しく調査・研究したい人のために

以上、日本語を優勢言語としない児童期の子どものバイリテラシー発達・習得、特に英語圏での事例を中心に議論を進めてきましたが、英語圏外では、そうした研究はまだ数少ないようです。しかし、日独バイリンガル児童の継承日本語作文力を調査したドイツでの事例（柴山・高橋・池上・ビアルケ, 2017）や日中バイリンガル児童の継承日本語の漢字習得を分析した中国での事例（柳瀬, 2017）など、言語の組み合わせが違っても、継承語リテラシーおよびバイリテラシー発達・習得一般に示唆を与えるものもあります。

国内では、日本語が優勢言語でない子どもに関しては日本語教育支援に関する研究が主流で、彼らのバイリテラシーまたは継承語リテラシー習得に関する研究はいまだ限られています。10人以下の研究対象児童のうち一人か二人が来日後1、2年以内であるケース（藪本, 2006; 東川, 2009; 田・櫻井, 2017）もありますが、多くは日本生まれや幼少期に来日した児童を対象としています。ただ、こうした定住型児童（東川, 2009）は、会話に関しては日本語優勢でも、読み書きに関しては日本語も継承語も発達不足であることが多く、日本語優勢とは言い難い状態です。また、両言語の会話・読み書き能力ともに不十分な、いわゆる**セミリンガル／ダブルリミテッド**状態の子どものバイリテラシーについては、学齢期に来日した新来児童の継承中国語による学習支援が、日本語の「書く力」にもたら

---

⑧児童が園・学校での経験を家族と第一言語（複数可）で分かち合えるようデジタル写真を活用する；⑨保護者と児童がデジタル版の話に第一言語（複数可）の音声や文章を加えられるようにする；⑩ VoiceThread 〈voicethread.com/〉 や Puppet Pal 〈www.polishedplay.com/puppetpals1〉などのアプリケーションを使い、児童の第一言語（複数可）で物語や歌などを録音する。

折山香弥

す効果について述べたもの（清田・朱, 2005）や、中国帰国者三世・四世児童に生活言語および学習言語を獲得させるための家庭・学校での支援の必要性を指摘するもの（髙橋, 2007）などがあります。

これまで未成年者のバイリテラシー発達・習得について述べてきましたが、本章で述べた Oriyama（2011, 2012）の研究対象バイリンガル児童の継承日本語保持・発達を約10年後に追跡調査した結果を Oriyama（2016）で詳しく報告しています。その研究によると、「コミュニティ」は児童期だけでなく、青年期までの長期的な継承語保持・発達、家庭内言語方針・方策にも影響していることが分かります。また、Oriyama（2010）では、彼らのアイデンティティとリテラシーを含む継承日本語能力、社会文化的環境との関係について調査結果をまとめています。関連して、オーストラリアの言語政策が継承日本語教育に及ぼす影響については、Oriyama（2017a）で論じています。

その他、近年増えつつある国際結婚の子どもに焦点を当てた Oriyama（2017b）の研究では、ニュージーランドで日本人とニュージーランド人との国際結婚家庭で育った若者たちの、リテラシーを含めた継承日本語能力と「**混合民族・文化アイデンティティ**」、学校教育による社会化など社会文化的環境、幼少時の家庭言語使用との関係について述べています。

6 まとめ

本章では主に、海外の子どもの継承日本語リテラシー習得・発達を支援する個人的・社会文化的環境について述べてきましたが、これは日本国内の日本語を優勢言語としない子どもの継承語リテラシーの習得・発達にも示唆を与えるものです。特に、継承語に関する政策をいまだ打ち出していない日本という公的単一言語「社会」での少数派言語リテラシー育成は、中島（2017）で述べられているような「学校」や「コミュニティ」でのまれな効果的特別支援、または公的援助のない「外国人学校」に高い授業料を払えるほどの経済的余裕がなければ、「家庭」でのサポートだけでは非常に難しいと言えます（国府田, 2009; ムラモト・カルステン・中島, 2018; 中島, 2017）。しかし、その限られた状況の中でも、前述の継承語リテラシーを発達させる読書の重要性や環境効果を踏まえると、保護者に継承語での読み聞かせや児童の音読を勧めたり、ニュージーランドのように学校

や公共の図書館に多言語図書コーナーを設けることには意義があります。また、日本では幼児教育での第二／付加言語としての日本語および継承語習得を支援する政策が欠落しており、先に述べたようなバイリテラシー習得を支援する環境作りを進めるための早急な対策が望まれます。海外でも国内でも、国の経済的・社会的公益と国の将来を担う全ての子どものために、国家レベルでの有効な言語政策を立てることは、国家の喫緊の課題です。

COLUMN 1

第一言語、母語、ネイティブランゲージの違い

近藤ブラウン妃美

　本書では、「第一言語（first language）」も「母語（mother tongue）」も基本的に「生まれて最初に習得した言語」という意味で使っています。しかし、実はこれらの言葉は、他の意味で使われる場合もあります。

　まず、「第一言語」という言葉。新版日本語教育事典（日本語教育学会編, 2005: 683）では、第一言語は「最初に習得された言語」という意味以外に、「最初に接触した言語」もしくは「日常最もよく使用する言語」という意味があるとしています。Richards & Schmidt（2010: 221）も、第一言語は「生まれて最初に習得した言語」と説明する一方で、複言語環境で育った子どもの場合は、「子どもが最も容易に使えると感じる言語」が第一言語であるとも説明しています。

　次に、「母語」という言葉。これは、普段私たちが何気なく使っている言葉ですが、トーヴェ・スクトナブ・カンガス（Tove Skutnabb-Kangas）の定義は、やや複雑です。彼女は、母語には次の四つの基準があり、そのうちのどれか一つでも当てはまれば母語になると述べました（1981: 12-19）。

①出生（origin）＝最初に学んだ言語
②能力（competence）＝最も熟達した言語
③機能（function）＝最もよく使用している言語
④（アイデンティティ）志向（attitudes）＝自分のアイデンティティ形成に最も関わっている言語、もしくは他人にそうだと見なされている言語

　したがって、「第一言語」や「母語」という言葉を研究などで使用する時には、これらの言葉をどういう意味で使用しているのかの説明が必要でしょう。

　さらに、英語圏でよく使われる言葉に、「ネイティブランゲージ（native language）」というのがあります。Richards & Schmidt（2010: 386）は、ネイティ

ブランゲージとは「子どもが幼児期に習得した言語」で、「時々第一言語の同意語として使われる」と述べています。さらに、「ネイティブスピーカー（native speaker）」の特徴として次の三つを挙げています。

①その言語が文法的に正しく、流暢そして適切に使える
②その言語が使用されているコミュニティへの帰属意識を持つ
③その言語で何が文法的に正しいか正しくないかについての明確な直観力を持つ

　第二言語研究におけるネイティブスピーカーの捉え方について、より詳しく学びたい方は、Davies（2004）が参考になると思います。
　ちなみに、スペイン語教育の盛んな米国の教育機関では、「Spanish for heritage speakers（継承スペイン語話者のためのスペイン語）」、もしくは「Spanish for native speakers（スペイン語ネイティブスピーカーのためのスペイン語）」というクラスを提供している大学や学校が少なくありません。しかし、これらは日本の「国語」のクラスという感覚ではなく、継承スペイン語話者を主な対象にしています。継承スペイン語話者を対象にしたクラスの名称にこのような違いがあるのは、「継承語話者（heritage language speaker）」、そして「ネイティブスピーカー」という言葉の捉え方が、教育機関や教員によって異なるという現状の反映だと思います。
　私の勤務するハワイ大学では、「継承語話者」は、「米国で教育を受けながらも、親の第一言語である英語以外の言語を維持・使用しているバイリンガルやマルチリンガル」であるという捉え方が、（特に言語教育関係者の中では）定着してきているように思います。しかし、他の分野の教員の中には、継承語話者のことを、ネイティブスピーカーと呼ぶ人は少なくありません。例えば、以前、学部外のあるアドバイザーから「日本語のネイティブスピーカーの学生がいるのだけれど、ハワイ大学の日本語上級クラスを受講できるか」という問い合わせを受けたことがあります。「ネイティブスピーカー」と言ったので、日本人留学生のことかと思ったら、実はこの学生は国際結婚家庭に生まれ、1歳の時に日本からハワイに移住し、現地校に通い、今では英語が優勢言語であるとのこと。日本語はその学生にとって、本書で言う「親からの継承語」であることが分かりました。

近藤ブラウン妃美

第2部

海外における継承日本語学習者：
言語学習・モチベーション・アイデンティティ

第2部 5章

米国現地校における英語学習者

バトラー後藤裕子

.... 問　い ....

　米国では、日本語を話す学齢期の子どものほとんどが、現地校に通うそうですが、英語の習得に関して、学校でどのような配慮や対策がなされているのですか。また日本語を維持させると、現地校での学習に遅れが出てしまうのではないかと心配ですが、取り越し苦労でしょうか。

.... 回　答 ....

　米国では、家庭で英語以外の言語を話しているなどの理由で、当該年齢に相当する英語力を習得していない児童生徒（英語学習者）には、通常の指導に加え、特別な言語教育支援を行わなくてはいけないことが法で定められています。ただし、受けられる支援の内容は、州・地域により違いがあります。また、子どもの母語を維持することで、英語の習得や現地校での学習に支障をきたすのではないかといった危惧を裏付けるような実証データは存在しません。むしろ多くの研究により、母語の維持が英語や他の教科の学習にプラスに働くことが分かっています。
　本章では、米国に焦点を当て、保護者にとって有益と思われる米国の言語教育政策の背景と、英語学習者を対象とした言語教育支援、そしてその課題について概観します。

1 米国における英語学習者

英語学習者（English learners）[1] と認定されている学齢期（米国では義務教育に当たる幼稚園から高校3年までをさします）の児童生徒が、全米では2015年時点の統計で約480万人いると言われています。これは全児童生徒数の9.5%にあたります。一番比率の高いのはカリフォルニア州で21.1%、テキサス州、ニューメキシコ州がそれぞれ16.8%と続きます。ほとんどの州では、英語学習者の数が2000年に比べると増加していますが、アリゾナ州など若干減少している州もあります（National Center for Education Statistics［NCES］, 2018）。

英語学習者の比率は、学年の低い児童生徒の中で特に高く、幼稚園（年長）や小学校低学年では全米平均で16%を超えるものの、高校生になると5%以下と少なくなります。母語の分布を見ると、スペイン語が圧倒的に多く、英語学習者の75%を超え、2位のアラビア語（2.4%）、3位の中国語（2.1%）を大きく引き離しています。ちなみに日本語は母語トップ10に入っていません（NCES, 2018）。

1.1 米国の英語学習者をめぐる教育言語政策の変遷

現在米国では、冒頭で述べたように、英語学習者には通常の教科指導に加え、それぞれの児童生徒の状況に応じた適切で特別な言語指導が行われなくてはならないことになっています。しかし、歴史的には英語以外の言語を話す人々（バイリンガル話者）に対する紆余曲折を伴った言語教育政策の変遷がありました（バトラー, 2003）。

そもそもヨーロッパからの入植者が来る前から、米国では数多くの言語が話されていました。その後も移民たちはさまざまな言語を持って米国に渡ってきました。19世紀の終わりごろまで、米国ではバイリンガルや母語による教育は自然なことだと受け止められていたのです。

ところが、19世紀の終わりから20世紀のはじめにかけて、移民のパターンに

---

[1] 現在米国では「英語学習者」という名称が一番多く使われている。以前は Limited English Proficient Students（LEP生）という名称も頻繁に使われていたが、否定的な響きがあることから、最近では使用を避ける傾向がある。また近年、二言語学習者（dual language learners）という名称もしばしば使われるようになってきたが、コンテクストによっては、二語以上の言語に触れている0歳から5歳までの子どもに限定して使用されているケースもある。

変化が現れます。それまでの北ヨーロッパからの移民に代わって、イタリア人、ユダヤ人、東ヨーロッパ諸国民、および中国人の移民が急増します。こうした「新移民」は、「貧しく」、「教育レベルが低く」、彼らのアングロ文化への同化がなかなか進まないのは、二言語を話すことによる知性の劣化と英語習得の遅滞であると考えられました。こうした新移民の流入は、米国人としての資質と英語力を結びつける結果になりました。つまり、良き米国人は英語を流暢に話せることであるとの考えが定着していったのです。1906年には連邦レベルで、米国市民権を得るには英語が話せることが条件として課されることになり、米国教育省は、移民教育の目標は「移民の文化・言語をアメリカ合衆国のものと置き換えることである」と明言します。第一次・第二次世界大戦は、英語以外の言語（特にドイツ語や日本語）に対する風当たりを強め、日本語学校も閉鎖に追いやられました。

バイリンガル教育に転機が訪れるのは、1960年代の公民権運動の高まりです。1964年の公民権法第4条では、公教育における差別撤退が規定されました。さらに1968年にはバイリンガル教育法で知られる初等中等教育法が成立し、経済的に恵まれない英語学習者を対象とした教育支援のための資金的援助が行われることになります。こうした中で、1974年のラウ対ニコルズ判決は、その後のバイリンガル教育の在り方に大きな影響を及ぼしました。最高裁判所は、中国語を話す中国系児童生徒に対し、サンフランシスコ教育委員会が特別な言語指導を施していないのは、何人も教育を平等に受ける権利があるとうたった憲法および公民法に違反するとの判決を出したのです。翌年に出されたラウ修正案では、**第二言語としての英語**（English as a Second Language［ESL］）だけによる指導より、バイリンガル指導の有用性を認めます。この修正案を受け、全米にバイリンガル・プログラムの設置が進みます。ただし、ここで言うバイリンガル教育とは、あくまで英語習得を促進するための一時的な補助措置として母語使用するもの（移行型バイリンガル教育）（本章2.4節参照）であり、両言語の習得を目指すもの（維持型バイリンガル教育）（本章2.5節参照）ではないことに注意する必要があります。

1980年代に入ると、非ヨーロッパ系住民の増加、バイリンガル教育や非英語による政治参加の動きなどに危機感を覚えた人々の間から、英語だけを教えるべきであると主張するイングリッシュ・オンリーの動きが台頭してきます。1981

年には英語を公用語とすべきであるという提案が連邦議会に出されます。この英語修正法案は廃案になるものの、その後のイングリッシュ・オンリーの動きに多大な影響を与えます。1983年には、移民規制推進を提唱するロビー団体の活動組織の一つとして、U.S. イングリッシュが結成され、バイリンガル教育を阻止する姿勢を示し、全米に活動の輪を広げていきます。一方で、英語オンリーに対抗し、多言語・多文化の共存を目指すイングリッシュ・プラスと言われる動きも1985年ごろから活発化します。イングリッシュ・オンリーとイングリッシュ・プラスは、米国社会における文化同化主義と文化複合主義の対立を象徴しているとも言えるでしょう。このような中、英語学習者を多く抱えるカリフォルニア州では、1998年に公教育における英語以外の言語使用を厳しく制限し、英語のみでの教育を規定する法案（プロポジション227）が、住民投票により成立しました。2016年にこの法案が覆されるまで、20年近くもの間、カリフォルニア州におけるバイリンガル教育は大いに制限されることとなりました。カリフォルニアの動向は、他の州にも大きな影響を与えました（詳細は、バトラー, 2003参照）。

1.2　最近の言語教育政策の動き

　最近の教育政策の特徴として**スタンダード化の動き**（学習到達基準を定める動き）があります。各州の自治が大幅に認められている米国では、日本のように全国一律の学習指導要領のようなものはなく、カリキュラムや評価なども州により大きな違いがあります。教育改革の一環として、連邦レベルである程度の一律化・標準化を図ろうとする動きが1990年代後半から強まってきました。

　2001年には「どの子も置き去りにしない法（No Child Left Behind ［NCLB］）」が制定されます。これは、人種や社会経済背景（social economic status）、英語学習者か否かにより、大きく開いた学力格差を是正するために、連邦政府レベルが大きく関与した教育政策と言われています。NCLB法の下で、各州は学習到達基準を設け、その基準に達しているかどうかを評価し、報告する義務を負うことになりました。NCLBに対しては多くの批判がありますが（一律に標準テストだけで成果を測る、目標設定の妥当性、目標を達成できなかった場合の制裁措置に関わる問題点など）、英語学習者も学校にとって結果責任を伴う対象に組み込まれることで、学校や教師が、英語学習者への指導にもより関心を払わざるを得ない状況になったことに関しては、評価すべきだと言われています（Menken,

2008)。

2010年には、「全州共有基礎基準（K-12 Common Core State Standards［CCSS］）」が作成され、スタンダード化に拍車がかかります。この基準は、高校卒業までに、大学進学または就職を行うために必要な知識・技能を身に付けるために、英語と算数・数学における各学年での到達目標を定めたものです[2]。CCSSはさまざまな教育機関や団体主導のもとに制定され、それ自体は連邦政府の政策ではありませんが、2009年に当時のオバマ政権が打ち立てた「頂上への競争（Race to the top）」政策とも趣旨が連動しており、各州に普及しました。CCSSそのものは英語学習者に特化したものではないため、これを英語学習者に当てはめる際には、CCSSが定めた各教科の目標に到達するのに必要な英語能力の割り出しが不可欠となります。カリフォルニアなど独自にその作業を進めている州もあれば、コンソーシアム（団体）に加わり、グループで取り組んでいるところもあります。多くの州が参加しているWorld-Class Instructional Design and Assessment Consortium（WIDA）もその一つで、英語学習者を対象にしたカリキュラム・指導・評価の一体化を図るため、各教科のスタンダードと英語発達のスタンダードを連携する努力を続けています。

オバマ政権の下、NCLBは見直され、2015年に「Every Student Succeeds Act（ESSA）」が可決されました。ESSAにおいても、3年生から8年生（日本の中学2年生に相当）の生徒たちは毎年、高校生は1回の各教科の学力試験を受ける必要があります。ただ、英語学習者で学力テストを受けるだけの十分な英語力をつけていない場合は、州政府の判断で受けないで済むことが可能になりました。しかし、英語学習者は聞く・話す・読む・書くの四技能を測定する州の定めた英語テストを受け、英語力の向上を示す必要があります。ESSAは、NCLBとの共通点も少なくありませんが、全体的により大きな自由を州政府に与えた点が最大の違いであると言えるでしょう。

1.3　英語学習者の判定

では、そもそも英語学習者の判定はどのように行われるのでしょうか。米国の学校に入学または編入する際には、まず保護者を対象にしたアンケートに記入が

2　CCSSの詳細は〈http://www.corestandards.org/〉で見ることができる。（2018年12月2日）

求められます。多くの州では、そのアンケートの中で、家庭で英語以外の言語が話されているか、または子どもが英語以外の言語を話しているかを問う設問を必ず含むことになっています。そして、そのいずれかの答えがイエスの場合は、なんらかの英語のテストを行い、その結果、英語学習者の判定が行われます。ただし、どのようなテストが行われるのか、十分な英語力の基準をどこに設けるかは、州によってさまざまです（Education Commission of the States, 2014）。また、英語力が十分ついたとして英語学習者のカテゴリーから外される際の基準も、それぞれの州が決めたスタンダードによって決められますので、場所により違いがあります。

2 英語学習者が受けられる言語教育支援

英語学習者と判断されると、言語の特別支援を受けることになりますが、学校により、いろいろなプログラムがあります。第二言語としての英語の指導とバイリンガル指導のプログラムに大きく分けることができます。さらに、児童生徒の熟達度や学年、教材・教員などのリソースの有無により、英語プログラムもバイリンガル・プログラムも、いくつかのタイプに分けられます（Takanishi & Menestrel, 2017）。まず、英語プログラムですが、(1) 第二言語としての英語、(2) 内容ベースの指導、(3) シェルター指導の三つが代表的なものです。

2.1　第二言語としての英語

一番一般的なのが、英語の習得自体に焦点を当てた、先述（1.1 節）の「English as a Second Language［ESL］」と言われるプログラムです。前にも述べたように、日本語は（地域にもよりますが）あまりメジャーな言語ではありませんので、日本語を話す子どもたちが米国の現地校に行く場合、日本語での支援を受けられることはまれで、ほとんどの場合この ESL を経験することになります。ESL の他に「English Language Development［ELD］」や、「English for Speakers of Other Languages［ESOL］」といった名称も使われますが、内容は同じです。英語学習者の集中しているような学校の場合は、通常のクラス（mainstream とも言います）とは別に、ESL のクラスが独自に併設されていることもあります。英語学習者の少ない場合は、通常のクラスの一部を使い、「取り出し」とい

う形でESLの教師から英語の特別指導を（多くの場合短期間）受けることになります。

2.2 内容ベースの指導

　内容ベースの指導（Content-Based Instruction［CBI］）のプログラムでは、英語の習得を念頭におきながら、音楽、理科、コンピューター・サイエンスなど、教科の内容を通じて英語力を増強することを目的としています（11章2.2.1節参照）。ただ、教科内容はあくまでも英語学習のためのツールであり、英語習得自体が主眼で、ESLの免許を持った教員が指導に当たることが普通です。CBIでは学習に直結した英語力の習得を目指します。ヨーロッパでは「Content Language Integrated Learning［CLIL］」という用語が使われることが多いのですが、基本的にCBIと同じ指導アプローチのことをさします。ESLと同様、英語学習者の多い学校では、通常のクラスとは別に独立したCBIのクラスが設けられているところもありますが、英語学習者の少ない学校では、「取り出し」の形で個人・または少数人数での指導になります。

2.3 シェルター指導

　シェルター指導（Sheltered Instruction［SI］）を導入したプログラムでは、英語力よりも教科学習のほうに主眼が置かれます。英語力の不足を補いながら、いかに教科内容を習得するかが重要な目標になります。そのため、教科の専門の教員、または教科教員がESL教員と共同して指導に当たるケースが多くなります。シェルター指導に当たる教員には、特別な指導スキルが要求されます。カリフォルニア州では、ひとりでも英語学習者がクラスにいる場合、教科教員は英語学習者のために教科指導をする特別な資格（Specially Designed Academic Instruction in English［SDAIE］）を取らなくてはいけません[3]。しかし、シェルター方式のプログラムは通常、英語学習者の多い学校でしか見ることはできません。

　次にバイリンガル・プログラムですが、(4) 移行型バイリンガル教育、(5) 一方向の二言語プログラム、(6) 双方向の二言語プログラムの三つが代表的なものです。

---

[3] 英語学習者の多いカリフォルニアでは、この資格の習得は実質的に必修となっている。

2.4 移行型バイリンガル教育

移行型バイリンガル教育（Transitional Bilingual Education［TBE］）とは、最初はほとんど母語での指導が行われますが、徐々に第二言語である英語の割合が増えていき、最終的には英語だけの授業で教科学習ができるようになることを目的としたバイリンガル教育プログラムのことをさします。米国では多くの場合、幼稚園や小学校の低学年を対象にしており、5年生ぐらいまでの間に、母語の支援に頼らないで済むことを目的とすることから、「early-exit bilingual education/program」などとも言われます。母語は、英語を効率よく習得するための手段であり、母語の維持を目的としたものではありません。最初は母語だけで始めるものもあれば、母語が半分以上を占める形から始めるものなど、母語と第二言語の割合は、プログラムによって違いがあります。

2.5 一方向の二言語プログラム

一方向の二言語プログラム（one-way dual language program）では、移行型と異なり、母語の維持も行いながら、二言語の習得を目指します。一方向のタイプは、次に紹介する双方向のタイプと異なり、対象児童生徒は、通常、全員同じ母語を話す集団から構成されています。児童生徒の多くは、幼稚園または1年生からこうしたプログラムに参加しはじめ、英語の習得度合いに関わらず、小学校終了まではそのまま継続することが多いので、「late-exit bilingual education/program」と呼ばれることもあります。また、母語と第二言語の両方の習得を目指すことから、先に述べた「**維持型バイリンガル教育**（Maintenance Bilingual Education［MBE］）」または「Developmental Bilingual Education［DBE］」などとも言われます。なお、米国では政策の変遷の部分でも触れたように、バイリンガルに対する否定的な見方・偏見があったことから、そのイメージの払拭をはかるため、バイリンガルの代わりに dual language という用語を使うことも増えてきました。

2.6 双方向の二言語プログラム

双方向の二言語プログラム（two-way dual language program）[4] も上記の一方

---

[4] Dual immersion または two-way immersion プログラムなどと言われることもある（序章2節および8章4.2節参照）。

向の二言語プログラムと同様、二言語の習得を目標としています。一方向と双方向のプログラムの違いは、対象となる児童生徒の構成です。双方向の二言語プログラムでは、英語学習者と英語を母語とする児童・生徒が半分ずつを占めます。つまり、英語学習者は母語を維持しながら英語を習得し、英語母語話者は英語を発達させながら、英語学習者の母語を第二言語（または外国語）として学ぶことで、両グループともに二言語の習得を目指すことになります。プログラムにより、母語と第二言語の割合が異なり、50 対 50 で最初から始めるところもあれば、90 対 10 で始め、徐々に 50 対 50 に移行していくものもあります。言語の分け方も、教科で分ける場合、授業時間帯で分ける場合、指導者で分ける場合、週ごとに替える場合など、さまざまなバリエーションが見られます。双方向の二言語プログラムは、効果の有効性（言語習得だけでなく、教科学習やアイデンティティの発達などの面における有効性）を報告する研究結果も増えてきており、米国では近年、普及が進んでいるタイプです（Takanishi & Menestrel, 2017）。ただし、教員の確保や、英語母語話者の間での第二言語の習得があまり進まないケースなど、問題点の指摘もあります（Fortune, 2012）。

　近年米国では、子どもたちの英語以外の言語能力を、政策的に肯定し、推進しようとする動きが出てきています。Boyle らが 2015 年に発表した調査（Boyle, August, Tabaku, Cole, & Simpson-Baird, 2015）では、調査時点で七つの州（デラウェア州、ジョージア州、ニューメキシコ州、ノースカロライナ州、ロードアイランド州、ユタ州、ワシントン州）で、バイリンガル教育の推進を明言化しています。また、2011 年にカリフォルニアで始まって以来、二言語で読み書きのできることを示す**バイリテラシー証印**（The Seal of Biliteracy）の制度を取り入れる州が増え始めています（13 章 3.2 節参照）。これは母語背景に関わらず（英語の母語話者も含む）、一定の読み書き能力を二言語で達成した高校生には、高校卒業証書にこの認証印を押すことで、バイリンガル教育の促進と、バイリンガル能力の社会認知の向上を目指すものです[5]。

5　詳しくは〈http://sealofbiliteracy.org/〉を参照のこと。（2018 年 12 月 2 日）

3 英語学習者の言語習得と教科学習

　二言語の使用は認知発達を遅滞させるという従来の考え方は、人種や貧困といった要素への偏見からくるもので、全くの誤解であることが分かっています。むしろ実証研究を見てみると、バイリンガルであることは、知的発達にプラスに働くことが示されています。特に認知的に複雑な作業を行う際に重要な注意力や記憶の維持や制御といったような実行制御能力にバイリンガルは優れていると言われています（Bialystok, 2017）（1 章 3.2 節、2 章 2 節参照）。

　本章への質問にもあるように、保護者の中には、家庭で母語を話していると、第二言語である英語習得にマイナスの影響を与えるのではないかと危惧する人が少なくありません。しかし、家庭での母語使用は、通常、英語習得や**教科学習**を促進するのです。先行研究によると、バイリンガルもモノリンガル（一言語しか話さない人）も言語習得の基本的なメカニズムは変わらないことが分かっています。例えば、バイリンガルの赤ちゃんもモノリンガルの赤ちゃんも同じように、自分が学んでいる言語の中で、どの音の組み合わせが可能かどうかを認識することができるようになります（Butler, 2018）。

　バイリンガル研究の中には、バイリンガルの子どもたちは、同い年のモノリンガルの子どもに比べて、語彙の習得のスピードが遅く、語彙数が少ないという報告もあります。しかし、こうした研究をよく見ていると、多くの場合、バイリンガルの子どもたちの第二言語での語彙（米国のケースだと英語の語彙）をモノリンガルの子どもと同じテストを使って比較している場合が多いことが分かります。これでは、バイリンガルの子どもの語彙数をきちんと把握することはできません。なぜなら、バイリンガルの子どもは、母語は主に家庭内で、第二言語は学校や地域でというように、場面により言語を使い分けていることが多く、それぞれの場面（つまりそれぞれの言語）によって異なった語彙を習得していることが多いからです（1 章 2.2 節参照）。スペイン語を母語に話す英語学習者（4 歳から 7 歳）を対象としたある研究では、スペイン語と英語の両方で習得している語彙（母語と第二言語の両方で習得している語彙）は、わずか 30％ ほどだったと報告しています（Peña, Bedore, & Zlatic-Giunta, 2002）。バイリンガルの子どもの母語での語彙力を加味して比較してみると、モノリンガルの子どもと遜色ないことが分かります（De Houwer, 2009）。

しかし、英語の語彙数が少ないと学校での勉強に支障をきたすのではないかと心配する保護者もいるかもしれません。確かに語彙数は読解力を左右する大きな要素であることが知られています。語彙が豊富な子どもは、教科学習においても有利です。ただ、ここで注意したいのは、語彙の知識はモノリンガルの子どもたちの間でも、非常に大きな個人差があるということです。その違いはインプットの量と質にあるのです。

　語彙の習得は、知識概念の習得であると言えます。バイリンガルの子どもの場合、母語で習得した概念を第二言語でも使うことができます。母語での語彙知識の豊富な子どもは、第二言語の習得も早いと言われているのはそのせいです。概念の習得には、年少期に、周りの保護者やその他の人たちから、どのくらい意義のある語彙や文のインプットを受け、やり取り（interaction）を行ったかが重要になってきます。ですから、保護者は、自分が自信を持って使える言語で、十分なインプットを子どもに与えてあげることで、ひいてはその行為が、子どもの母語の維持だけでなく、第二言語の習得にもプラスに働くのです。Roberts（2008）は、学校で（英語で）行う絵本の読み聞かせを、家庭で母語（この研究の場合はモン語とスペイン語）で行ってもらったところ、母語でしっかり意味が分かっているために、学校での英語での読解も進んだと報告しています。

4 もっと詳しく調査・研究したい人のために

4.1　米国の教育システムにおける英語学習に関する基礎情報

　米国における英語学習者に関するさまざまな疑問・質問に簡潔に答えを提供してくれる冊子としてジェームス・クロフォード（James Crawford）とスティーブン・クラシェン（Stephen Krashen）が表した *English learners in American classroom: 101 questions and 101 answers*（Crawford & Krashen, 2015）があります。クロフォードはジャーナリストとして、カリフォルニアを中心に長年、英語学習者に関する言語政策を追いかけてきました。クラシェンは第二言語習得の著名な研究者です。この冊子は、英語学習者の指導に当たる教師や保護者がよく抱く101の疑問に答える形になっており、コンパクトで読みやすいリソース・ブックと言えるでしょう。

　英語学習者の指導に当たる教師のために、非常に実践的な観点から書かれた本

に *Foundations for teaching English language learners: Research, theory, policy, and practice*（Wright, 2010）があります。これは教師養成コースで教科書としてよく使われています。教師を対象としている本ではありますが、このトピックに興味のある保護者や学生、研究者にも有益な内容が詰まっています。

少し専門的になりますが、さらに詳しく研究したい人には、*Promoting the educational success of children and youth learning English: Promising futures*（Takanishi & Menestrel, 2017）があります。これは、米国国内の著名な研究者が集まって行われた英語学習者に関する大きなプロジェクトの報告書です。英語学習者に関する歴史的背景、制度、さまざまな実証研究のレビューであり、非常に網羅的かつ詳細な報告書です。500ページ以上におよぶ書籍ですが、無料でファイルをダウンロードすることもできます[6]。研究者にお薦めです。

4.2　学齢期の児童生徒を対象としたバイリンガル教育の一般書

欧米を中心にしたバイリンガリズムやバイリンガル教育の専門書はたくさんありますが、その中でも**コリン・ベーカー**（Colin Baker）の *Foundations of bilingual education and bilingualism* は重要なトピックを網羅しており、ロングセラーで、2017年には第6版が出ています（第6版ではウェイン・ライト［Wayne Wright］が共著者として加わっています）（Baker & Wright, 2017）。

バイリンガルと認知能力の関係に関する研究では、**エレン・ビアリストク**（Ellen Bialystok）が多くの論文を出しています。どれも専門的なものになりますが、バイリンガリズムの研究に興味のある人には、2014年に彼女が共著者らと *Early Child Research Quarterly* に発表したレビュー論文 The cognitive development of young dual language learners: A critical review（Barac, Bialystok, Castro, & Sanchez, 2014）が、非常に読み応えがあります。さらに、*The handbook of bilingualism and multilingualism*（Bhatia & Ritchie, 2014）もさまざまな立場の研究者が、バイリンガリズムに関して認知、社会、政策的な観点から多角的に論考を寄せているので、興味のあるトピックから読んでいくのもいいでしょう。

学習言語に焦点を当てた日本語の著書として、『学習言語とは何か─教科学習

---

[6]　〈https://www.nap.edu/catalog/24677/promoting-the-educational-success-of-children-and-youth-learning-english〉（2018年12月2日）

に必要な言語能力―』(バトラー, 2011) があります。学習言語は、第二言語学習者の教育関係者・研究者から主に関心が広がってきたトピックですが、教科学習を行うにあたり、全ての児童生徒にとって非常に大切な能力です。同著では日本語の例も豊富に紹介されています。

5 まとめ

　本章では、米国の現地校に子どもたちを就学させる保護者に有益な英語学習児童生徒をめぐる言語教育政策の変遷と、現在の言語政策、および米国の学校で受けることのできる言語プログラムの種類について概観しました。また、家庭での母語の支援が、実は子どもの英語習得に有意義に働くということにも言及しました。米国ではバイリンガル教育に関する言語教育政策は、その時代・政権の方針で変わることも多く、また州・地域による地域差も少なくありません。州の教育省のウェブサイトなどを参考にしたり、学校の先生に相談するなどして、最適な教育サービスを受けられるようにすることが大切です。

第 2 部 6 章

継承語学習の モチベーション／動機づけ

森美子

---- 問 い ----

外国語・第二言語としての日本語学習では、モチベーション／動機づけが深く関係していると言われていますが、継承日本語学習でも同じことが言えますか。もしそうなら、家庭、学校、そしてコミュニティで、継承語学習の動機づけを高める方法を教えてください。

---- 回 答 ----

継承語学習は、外国語・第二言語学習に比べ、学習者の年齢が低い場合が多く、長期にわたって保護者に依存する部分が大きいので、子どもも保護者も高い動機を持ち続けることが必要です。学習者が意欲と自信を持って、自分で継承語学習に取り組めるようにするには、家庭、学校、コミュニティが協力してサポートするだけでなく、それぞれが違った役割を果たさなければなりません。本章では、継承語学習者のモチベーションを高めるために、家庭、学校、コミュニティで何ができるかを考えてみます。

1 言語学習とモチベーション

　外国語を学ぶ理由は人によって違います。憧れの国に行ってみたい、外国の人と友だちになりたい、その国の文化や音楽が好きだなどさまざまでしょう。また、学校の必須科目だ、親に言われた、就職に有利だというような理由もあると思います。人が何らかの行動を起こす原動力となるものを**モチベーション／動機づけ**（motivation）と呼びますが、それを継続するのにも何らかのモチベーションが必要です。特に、毎日の積み重ねが大切な外国語学習では、ネイティブのように話したいという漠然とした目標から、とりあえず翌日のテストのために勉強しておこうという短期的な課題まで、さまざまなモチベーションを自分に課しながら続けている人が多いと思います。動機づけには行動の方向性を決める志向と行動の程度を決める要因があると言われています。日本語を学んで日本人と友だちになりたい、将来日本語を使う仕事がしたいというようなモチベーションは前者に分類できますし、ただ面白いから、達成感や自己満足感が得られるから、逆に、気がのらないけど仕方ないからというような気持ちは後者に分類できます。

　第二言語習得におけるモチベーションの研究には大きく分けて二つの流れがあります。一つは Gardner（1985, 2010）が提唱する社会教育モデルで、学習者が目標言語やその言語集団とどう関わっていきたいかが習熟度に影響を及ぼすとする社会心理学的見地に基づいた理論です。このモデルの中で、Gardner は言語習得のモチベーションには、言語を学ぶ努力、目的を達成したいという願望、そして、学習に対する前向きな態度があるとしています。そして、言語を学ぶ理由を**志向**（orientation）と呼び、志向には**統合的志向**（integrative orientation）と**道具的志向**（instrumental orientation）の二種類があるとしています。統合的志向とは、言語を学んでその母語話者の集団に溶け込みたいという動機を指し、道具的志向とは、仕事で必要だ、大学で単位を取らないと卒業できないというような実用的な理由です。Gardner らの初期の研究では、統合的志向を持つ学習者のほうがそうでない学習者より習熟度が高いとされていましたが、必ずしもそうではないことを示す研究結果もあり、その後の議論は、外国語学習においては統合的、道具的のどちらの志向が有利かという方向に発展しました。

　もう一つの流れは学習者の内面心理に焦点を当てた認知心理学的見地に基づくモチベーション理論です。確かに、英語圏とフランス語圏が共存するカナダのよ

うな多言語環境で外国語を学習するのであれば、違う言語を話す人々と直接話す機会がふんだんにあるので、その人たちの言語を学んで仲良くしたい、そのコミュニティに溶け込みたいという統合的動機が学習の言動力となることも考えられます。しかし、母語話者との接触がほとんどなく、教室内でしか外国語を使う機会のない学習者はどのような動機から外国語を学ぶのでしょうか。このような疑問に答えるには、社会教育心理とは異なる視点から個人の内面心理や自己観を研究する必要があるのです。その一つに、Deci & Ryan ら（Deci & Ryan, 1985; Deci, Vallerand, Pelletier, & Ryan, 1991）の唱える**自己決定理論**（self-determination theory）があります。この理論では、言語学習のモチベーションには、学ぶことで喜びや満足感を得ようとする**内的動機**（intrinsic motivation）と、他人からの賞賛や金銭的報酬など外からの報酬を目的とする**外的動機**（extrinsic motivation）の二種類があるとしています。さらに、近年では、Dörnyei らが理論化した**第二言語自己**（L2 self）（Dörnyei, 2005, 2009; Dörnyei & Ryan, 2015）に基づくモチベーション研究が盛んです。Dörnyei（2014）によると、第二言語自己には学習者自身が理想とするなりたい自己（ideal L2 self）と周囲からの期待や義務を課せられたあるべき自己（ought-to L2 self）があり、そのギャップを埋めようとすることが言語学習の原動力になると言うのです。

　これらの研究の流れは、見地は異なるものの、言語学習者のモチベーションを一面的ではなく、さまざまな観点から多面的に捉えているという点では共通しています。一人の学習者が統合的動機と道具的動機を同時に持つこともありえますし、外的動機で学習を続けるうちに内的喜びを感じるようになるということもあるでしょう。さらに重要な点は、モチベーションは、学習が進むにつれ、さまざまな内的および外的要因が関連し合って変わっていくということです（Dörnyei, MacIntyre, & Henry, 2015; Ushioda, 2009）。したがって、言語学習のモチベーションを語るには、学習者の心理や志向だけでなく、それを取り巻く社会的、環境的要因も考慮することが大切です。

2 継承語学習とモチベーション

　それでは、**継承語学習者**はどのようなモチベーションを持っているのでしょうか。継承語習得におけるモチベーションの研究はまだ新しく、第二言語習得研究

の枠組みに追随するところが多いのですが、**継承語話者**とそれを取り巻く環境の特性を考えると、さまざまな観点から研究できる興味深い分野です。継承語学習が外国語や第二言語習得と異なる点として、次のようなことが挙げられます。まず、継承語学習は子どもの年齢が低いことが多く、保護者と家庭環境に依存する部分が大きいことです。外国語や第二言語学習は、第一言語がある程度確立した学習者が自分で意識して行うことが多いのですが、継承語は親の言語なので、子どもに選択の余地はなく、学習は乳幼児期から成人するまで長期にわたって続きます。したがって、継承語学習は、学習者自身の選択というよりも親の選択、あるいは家庭環境上、やむを得ない選択であるということができます。また、継承語は主に家庭でしか使われない言語なので、学習者は幼い頃から家庭で使う言語と学校や社会で使う現地語を場面に応じて使い分けています。つまり、言語を学ぶ目的や意味が継承語と現地語で違うということです。家庭で使う継承語はいわばウチの言語、学校や社会で使う現地語はソトの言語と言ってもいいでしょう。さらに、継承語話者は乳幼児期から親の出身地と現地の両方の言語文化と深く関係しているため、親の出身地で育った人とも現地の人とも違う独自の文化帰属意識や**アイデンティティ**を形成します。したがって、継承語学習者のモチベーションを調べるには、子どもの育つ家庭環境、教育的要因、社会文化要因だけでなく、継承語学習者としての心理や自己観、帰属意識、アイデンティティ、言語文化に対する態度や姿勢など、第二言語習得研究で議論されている要因だけでなく継承語話者特有の環境要因や心理も考慮する必要があるのです。

継承語学習者のモチベーションを調べた研究の一つにMori & Calder（2015）があります。この研究では、米国の補習校8校で学ぶ高校生116名に日本語と英語の語彙テストとアンケート調査を行い、二言語力とモチベーションの関係を調べました。なぜ米国で日本語と英語を学んでいるのかという設問に対する補習校生の回答を統計分析したところ、「日本が好き」「日本人だから」「仕方がない」「就職に有利」「アメリカ人としてのアイデンティティ」「（二言語を学ぶことに対する周囲の）肯定的認識」という六つの動機要因が浮かび上がりました。この中で、高校生が強く感じている動機は「就職に有利」「肯定的認識」「日本人だから」でした。この六つの動機と二言語の語彙力の関係を調べたところ、「日本が好き」と答えた生徒ほど日本語力が高く、英語力が低い傾向があることが分かりました。さらに、周囲の「肯定的認識」を感じている生徒ほど英語力が高いこと

も分かりました。この結果は、学習者自身が継承語コミュニティやその文化を好きになること、そして、親や学校など周りからサポートされていると感じることが継承語話者の二言語力を高めることを示唆しています。「日本が好き」な生徒ほど英語力が低いという傾向が出ましたが、語彙テストの平均値を見ると、英語力では学年相当かそれ以上、日本語力は中学2年生レベルとなっており (Mori & Calder, 2013)、米国の補習校の高校生は全体として見れば学年相当の英語力を獲得しているので、日本語や日本文化が好きになることが現地語の習得に悪影響を及ぼすとは言えないと思います。

さらに、Mori & Calder (2017) は調査に参加した高校生の保護者にもアンケート調査を行い、補習校生の育つ家庭環境と二言語力との関連について調べました。保護者には、家庭での言語使用、将来の居住予定、子どもの大学進学予定、親の英語力、子どもへの期待、家庭で実践している言語面でのサポート、子どもの読書傾向など、家庭環境や教育方針などについての設問を用意し、日本人保護者82名から回答を得ることができました。子どもの二言語学習へのサポートに関する保護者の回答に統計処理を行ったところ、「日本のポップカルチャー（に親しませる）」「読書を楽しむ」「家で日本語を使う」「読み聞かせ」「家族間の話し合い」の五つのサポート要因が浮かび上がりました。読み聞かせなどで本に親しませる、マンガやアニメなど子どもの好きなメディアを通して日本文化に親しませることは、家庭の読書環境を整え、子どもに読書習慣をつけさせようとする親の努力の表れと解釈できます。また、家庭での日本語使用や家族間での活発な話し合いは、子どもの発話をできるだけ増やそうとする親の教育姿勢と考えていいでしょう。

このような保護者のサポートと子どもの二言語力の相関を求めたところ、読書環境が整い日本のポップカルチャーに親しんでいる家庭の子どもほど日本語力が高いことが分かりました。さらに、親から見た子どもの言語志向と読書傾向は語彙力と関係があることも明らかになりました。つまり、親から見て英語よりも日本語のほうが強く日本語の本をよく読む子どもは、実際に日本語の語彙が豊富なのに対し、英語を好み英語の本をよく読む子どもは英語力が高い傾向があったのです。しかし、日本語力が高い高校生でも、総合的に見ると学年相当の英語力があるわけですから、家庭で日本語学習をサポートすることは現地語の習得を阻むものではないと言っていいと思います。

森美子

さらに、継承語と現地語の習得には異なる家庭要因が関わっていることも分かりました。子どもの日本語力は親の子どもに対する期待の高さで予測できるのに対し、子どもの英語力は将来の居住予定と母親の英語力と高い相関があったのです。これは、海外でも高い日本語力を身につけてほしいと願う親の子どもは、高い日本語力を習得しようと努力するのに対し、将来、米国に永住、あるいは日本に帰国する予定のない家庭の子どもは英語の学習を優先させる傾向があることを示唆しています。米国社会で活躍するには高い英語力が必要ですから、日本人の母親の英語力は、その家族がどれだけ米国社会に馴染んでいるかを示す目安となるのかもしれません。

　最後に、生徒のモチベーションと保護者のサポートの関係を調べたところ(Mori, 2018)、親の「読み聞かせ」と「読書を楽しむ」というサポート要因が、子どもの「日本が好き」と正の相関を示し、「仕方がない」と負の相関があることが分かりました。これは、保護者が家庭の読書環境を整え、印刷物やメディアを通して新しい知識を得ることを奨励することが、子どもの異文化異言語に対する肯定的な姿勢を育み、継承語としての日本語学習に対する意欲を高めることを示唆しています。したがって、継承語学習においては、本でもマンガでもアニメでも、子どもが興味を持つメディアを通して日本の言語文化に親しませることが大切だと言えます。

3 継承語話者のモチベーションを高めるために家庭ができること

　以上のような研究結果を踏まえ、継承語学習者のモチベーションを高めるために、家庭、学校、コミュニティは何ができるでしょうか。**継承語教育**を機能させるには、家庭、教育機関、継承語コミュニティが協働しながらも、それぞれが違った役割を果たさなければならないと言われています。また、学習者のモチベーションは多面的で、年齢や習熟度と共に変化していくので、サポートする側は多面的で長期的視野に立ったアプローチが必要です。さらに、継承語学習者の育つ環境や言語力は個人差が著しいので、個々の子どもの置かれた環境や問題点を的確に認識し、個人の強みを生かしたサポートを考えていくべきです。

　家庭でできるサポートは、何と言っても、家庭での学習環境を整え、子どもの

言語習得の基盤を作ることです。そのためには、保護者が自分の自信のある言語で、子どもと積極的に関わっていくことが必要です。子どもにできるだけ話しかける、子どもの話を聞き、発話を促す、一緒にことば遊びや歌を楽しむ、家族で会話を楽しむ、本を読み聞かせる、一緒に本を読む、図書館や書店を利用して読書をする習慣をつけるなど、日常のさまざまな言語活動が子どものことばに対する興味と学習意欲を引き出します。国際結婚などで複数の言語を使用する家庭では、**一親一言語**（1章2.2節 および2章3.2.2節参照）の原則に基づいて、例えば、母親は常に日本語、父親は英語で接するようにすれば、子どもは家で一貫した豊かな言語活動を体験することができます。

　研究でも明らかなように、家庭のサポートの中で特に大切なのが家で読書する環境を整え、日常的に本を読む習慣を身につけさせることです。幼い頃から本に親しませることは、知的好奇心を掻き立たせるだけでなく、語彙を増やし、就学してからの言語学習の基礎を作ります。特に継承語の場合は、主に家庭でしか使われないため、会話を中心とした生活言語力を習得することはできても、読み書きを中心とした学習言語力を獲得できるとは限りません。読みが楽しいと感じるには、覚えた文字が知っていることばと結びつくことを子ども自身が何度も実感しなければならないのです。それにはまず、日頃の言語体験を通して知っていることばを増やすことが大切です。学童期になると、漢字が読みの障害となることが多いのですが、逆に、読む体験が少ないと**漢字学習の必要性**を実感することができません。したがって、年少者の漢字学習は、字を正確に書いたり暗記したりすることよりも、字と意味を結びつけることに重点を置くべきだと考えます。それには、ふりがなでも音読された文章でも利用できるものは何でも利用して、漢字で書かれたことばを音声化させ、知っている表現や概念と結びつける体験を重ねさせる必要があります。頻度と時間にもよりますが、マンガ、アニメ、ゲーム、音楽など子どもが興味を持って接するメディアは、語彙を増やす絶好のチャンスだと考えていいと思います。特に継承語学習者の場合は日本語を使う機会が限られているので、本人が興味を持って長く続けられる言語活動を優先すべきです。

　ただし、子どもは成長するにつれ、知的面でも情緒面でも成熟し、家族との関わり方も変わっていきます。それに伴って、親の言語である継承語の学習に対する意欲や認識も変化します。幼い頃は親と一緒に学ぶことが楽しいと感じても、

思春期になると日本語学習は親から押しつけられたもの、あるいは、親が日本人であるという事実そのものに反発を感じるようになるかもしれません。特に自分の日本語力が不十分だという自覚がある場合、思春期の子どもが不利な日本語はできるだけ避け、優位に立てる英語で話そうとするのはよくあることです。そのような時期に日本語学習を強要しても、家庭内の緊張感が高まるだけで、おそらくいい結果は望めないでしょう。保護者はそれまでの方針を崩す必要はないと思いますが、接し方は変える必要が出てくるかもしれません。Mori & Calder (2015) でも明らかなように、高校生ぐらいになると継承語を学ぶ意味や目的を自分なりに考えています。日本語を話すのは苦手でも、日本や日本の文化が好きなら、それを通して日本や日本語に興味を持ち続けることができます。また、大学進学や将来のことも自分なりに考えているので、親はできるところはサポートしつつも、本人に任せたほうがいいかもしれません。と同時に、日本にルーツがあるという継承語話者特有の自覚も十分持っているわけですから、親戚や日本人の友人と交流する機会を増やしたり、日本を紹介する地域のイベントへの参加を勧めたり、一緒に日本を旅行したりと、何らかの形で日本と関わっていかせることもモチベーションを高めるには有効だと考えられます。

4 学校ができること

　学校の役割は家庭ではできない学習環境を提供することです。読み書きを中心とした学習言語力の育成、一貫したカリキュラムに基づいた教科指導などは、教育が専門ではない保護者には難しく、学校教育が得意とすべき分野です。家で全く経験したことがなかったことでも、学校で習ったり体験したりすることで興味を持つということは十分ありえます。したがって、教員は子どもの興味や知的好奇心を引き出すような授業や課題を工夫し、学習意欲を高めるような学習活動を提供すべきです。また、教員は一度に多くの児童生徒を見ているので、自分の子どもだけを見ている保護者とは違った視点から、個々の子どもの個性や言語力を観察することができます。子どもからしても、親に言われたら反発を感じることでも、第三者である先生から言われれば素直に受け入れられることもあるでしょう。学校で子どもが「自分は評価されている」「先生が励ましてくれる」と感じることができるなら、学校は家庭とは違った質の高い学習環境を提供できるはず

です。

　学校のもう一つの利点は、同年代の子どもが集まり、子ども同士のインタラクションが豊富にあることです。一緒に遊んだり、勉強したり、行事に参加したり、時にはけんかしたりと、子ども同士の付き合いには親や兄弟姉妹とは違った言語活動が求められます。また、学校では、先生、上級生、同級生、下級生など、縦と横のつながりを経験することができます。このような質の違う対人関係を経験することは、場面に応じた表現を学ぶのにいい機会です。また、さまざまな背景を持った子どもに出会うことは、社会性を育むだけでなく、集団の中での自分の立ち位置や自己の特性を見つめ直す機会にもなり、アイデンティティ形成に役立ちます。信頼できる仲間ができれば、自分の居場所ができ、情緒的に安定します。自分の存在価値を肯定的に捉えることができれば、新しいことを学ぼうとする意欲も高まるでしょう。友だちと会うのが楽しい、一緒に昼ごはんを食べたり、話したりするのが楽しいというのであれば、学校に通う楽しみが増え、学習意欲を維持することができるでしょう。

　最後に、学校で揃えられる教材や書籍も魅力です。特に、図書室などを最大限に活用して、子どもが自由に好きな本を読んだり、面白い本や動画を紹介し合ったり、読んだ本の冊数を競い合ったりする場を増やしたいものです。家で日本語を使う機会が少ない、親が買ってやれる本や教材に限りがあるという場合でも、外のリソースをうまく利用することで、日本語に接する機会を増やし、子どもの興味と意欲を引き出すことは可能です。

5 コミュニティができること

　継承コミュニティの役割は、集団としての活力を保持し、子どもたちに言語文化継承の担い手であることに自覚と誇りを持たせることです。コミュニティが活力に溢れ、自分たちの言語文化を次世代に伝えようとする意欲を見せれば、年少者は帰属意識を育み、継承語を学ぶモチベーションを見出すことができるでしょう。逆に、コミュニティに活力がなく、人々が帰属意識を持てなかったり、劣等感を感じたりすると、子どもはそれを敏感に感じ取り、現地社会に同化することを優先しがちになります。継承コミュニティがさまざまな文化交流の場を設け、継承語教育を推進し、現地や日本とのネットワークを広げることは、そのコミュ

ニティの連帯感を高めるだけでなく、現地社会に貢献することにもなります。なぜなら、活発な継承コミュニティは、現地の人々の異文化に対する意識を高め、多言語多文化を身につけながらも現地で活躍できる新しい人材を育てているからです。周囲の反応に敏感な子どもたちが、自分の属する継承集団が現地で高い評価を受けていると感じれば、自信や誇りを持つようになり、継承語学習にも意欲を持って取り組めるようになるでしょう。したがって、継承コミュニティが積極的に文化交流や学習の場を提供することは、子どもたちのモチベーションのためにも大きな意味を持ってくるのです。

以前、国際協力機構（Japan International Cooperation Agency [JICA]）の招きでメキシコシティーの日本語学校を訪れたことがありますが、その際、メキシコでは日本語が話せること、そして、日系コミュニティが社会的に高く評価されているということを実感しました。事実、私の出会った保護者の方々は、メキシコでは英語に加えて日本語ができると進学や就職に有利だと語っていましたし、日系三世の方々でも高い日本語力を保持していることに感銘を受けました。私の住む米国東部では、三世になると生活言語が継承語から現地語に完全に移行すると言われていますが、何世代継承できるかは現地での継承語の社会的地位とコミュニティの力によるところが大きいと思います。メキシコで三世以降でも高い日本語力を維持できるのは、日系企業等の経済的、社会的貢献も大きいでしょうが、日本の言語文化が現地で高く評価され、それを引き継いでいるというプライドが、日系人とそのコミュニティの活力になっているからだと思います。さらに、JICAなど日本の公的機関が継承語教育を支援しているのも、次世代に日本の言語文化を継承していこうとする日系人コミュニティをさらに活気の溢れるものとし、子どもの興味と学習意欲を支えるのに役立っていると思います。

以上のように、継承語教育においては、学習者、家庭、学校などの教育機関が重要な役割を担っていますが、個々の努力だけでは限界があります。それぞれが独自の役割を果たしながらも、連結し、コミュニティとして協働していくことが世代をわたって言語文化を継承する鍵になると思います。

6 もっと詳しく調査・研究したい人のために

第二言語習得におけるモチベーション研究の流れとして、本章が引用した社会

教育モデル、自己決定理論、第二言語自己を概観するには、まずGardner（2010）、Deci & Ryan（1985）、Dörnyei（2005, 2009）を参照するといいと思います。社会教育モデルに基づいた研究に関しては、Masgoret & Gardner（2003）が75の先行研究のメタ分析を行っており、言語や学習者に関わらず、どの研究でもモチベーションが習熟度と深く関わっていると結論づけています。また、2017年に*Modern Language Journal*が最近のモチベーション研究の動向を展望した論文をまとめた特別号を出しています。その中でUshioda & Dörnyei（2017）は、これまでのモチベーション研究の70%以上が英語学習者を扱っており、現代のグローバル化された多言語多文化社会では、もっと英語以外の言語の学習者の動機や自己観を研究する必要があると指摘しています。

　日本語学習者のモチベーションに関する研究には、米国の大学生を扱ったKondo-Brown（2013）やMori & Takeuchi（2016）、オーストラリアの大学生を見たNorthwood & Thomson（2012）やMatsumoto（2015）、英語圏以外ではウクライナの日本語専攻の学生の動機を調べた大西（2010）、中国や台湾の日本語専攻を扱った許（2018）、張（2013）、楊（2011）などがあります。さらに、Rose & Harbon（2013）とTanaka（2013）は、非漢字圏の日本語学習者の漢字に対する学習意欲を自己決定理論の枠組みから説明しています。特殊教育の分野では、Oda（2010）が自閉症の学習者が徐々に日本語に興味を持つようになった過程を報告しています。これらの研究を概観すると、最近の日本語学習者の傾向として、アニメやマンガなどのポップカルチャーから日本語に興味を持ち、日本が好き、日本文化に親しみたいという、どちらかと言うと統合的な動機が強くなっていることがうかがえます。

　継承語学習者のモチベーションを扱った研究には、本章で紹介したものの他に、Kurata（2015）が日本語継承語学習者の第二言語自己を観察しています。本章でも論じたように、継承語学習者には自分が親の出身地の言語文化とつながっているのだという自覚があり、それが言語学習の原動力の一つとなっています。このような自己の根幹に関わる動機は、外国語や第二言語学習者には見られない継承語学習者特有の自己観で、MacIntyre, Baker, & Sparling（2017）は「根ざした第二言語自己（rooted L2 self）」と呼んでいます。このような継承語話者特有の自己観や動機は今後さらに研究されていく分野だと思います。

　保護者の多言語教育に対する考え方や言語方針を扱った研究には、Endo

(2013)、Hashimoto & Lee（2011）、Kwon（2017）などがあります。また、Oriyama（2010, 2012, 2016）や Sakamoto & Matsubara Morales（2016）は、家庭だけでなく、継承語学校などの教育機関と教育者、そして現地の日系コミュニティと日本の公的機関が協力して日本の言語文化を次世代に継承する必要性を論じています（4章参照）。これらの研究は、本章で論じた家庭、学校、コミュニティの独自の役割と協働の重要性を裏付けるものです。

7 まとめ

　本章では、継承日本語学習とモチベーションについて考えてきました。どんな学習者であれ、モチベーションは多彩、多面的で、学習と共にさまざまな内的外的要因が絡み合いながら変化していきますが、外国語・第二言語学習者と比較すると、**継承語学習者のモチベーション**には次のような特性があると言えます。まず、継承語学習は学習者が幼い頃から家庭で行われることが多いので、子どもの学習意欲は保護者と家庭環境に依存する部分が大きいことです。外国語や第二言語学習は、第一言語がある程度確立し、子どもがある程度成長してから始まることが多いのですが、親の言語である継承語の学習は、子どもからすると選択の余地はほとんどなく、好きか嫌いかを意識する前から始まります。ある意味では、継承語学習は、学習者の選択というよりも親の選択、あるいは、やむを得ない事情により仕方なくさせられている学習ということができます。もしそうであれば、継承語学習者のモチベーションは、自ら学ぶ言語を選択した外国語学習者ほど高くないことが予想されます。

　さらに、継承語学習者にとって、継承語はウチの言語、現地語はソトの言語であることが多いので、継承語を学ぶ動機は主に家族親戚や継承語コミュニティの人々とのコミュニケーションといった統合的志向であることが多いと言えます。同時に、継承語話者には親が日本人、日系人であるということ、そして、その言語文化を自分が継承しているのだという自覚があり、このような自負は外国語や第二言語学習者にはない継承語学習者特有の動機です。このような自己の根幹に関わる動機は、言語学習だけでなく、学習者自身のアイデンティティ形成にも重要な役割を果たし、日本で育った人々とも現地の人々とも違う独自の自己観や文化帰属意識を育みます。

以上のように、継承語学習者のモチベーションを調べるには、家庭環境、保護者の教育方針、家庭内外での言語使用、教育的要因、社会文化的要因、子どもの発達心理や自己観、帰属意識、継承文化と現地文化に対する態度や姿勢、アイデンティティなど、第二言語習得研究で議論されている要因だけでなく、継承語学習者特有の心理や環境要因も考慮する必要があるのです。さらに、継承語学習は子どもの乳児期から青年期まで長期にわたるので、保護者も学習者も高いモチベーションを維持しなければ続きません。それでも、個々の家庭でできることは限られているので、教育機関、コミュニティ、メディアのサポートが不可欠です。日本の言語と文化を次世代に継承しながらも、多言語多文化社会を作りあげていく重要な任務を背負った子どもとその保護者を、教育機関とコミュニティが一緒に支援できる方法をこれからも考えていきたいものです。

第 2 部 7 章

継承日本語とアイデンティティ形成

知念聖美

.... 問 い ....

　海外で育つわが子が、健全なアイデンティティや自分の文化ルーツに対するプライドを持ちながら生きていってほしいと願っています。継承日本語能力・使用は、やはりアイデンティティ形成と深い関係があるのでしょうか。アイデンティティ形成に関して、海外で子育てをする日本人保護者に参考になる情報があれば、教えてください。

.... 回 答 ....

　複数の言語と文化を経験して育った子どものアイデンティティは、流動性と複数性を伴うものと考えられています。そしてそのアイデンティティ構築には他者の存在が大きく寄与します。アイデンティティと言語能力・使用については、関連性を指摘する報告が多数ありますが、その一方で、それが確認できなかったという報告もあり、一概には言えないようです。

1 はじめに

　生まれがシンガポール、母親が日本人で父親が中国人という**国際結婚家庭**で育った知人がいます。のちに、親と一緒に米国に移住し現地の学校教育を受けると同時に、**補習授業校**（以下、補習校）にも通い日本語の学習を継続していました。そののち、英国の大学に進学しました。このように、この知人は、幼少期からいくつもの国境と文化を越えてきたのです。

　21世紀も成熟し始め、グローバル時代の本格化と共に、ヒト、モノ、カネ、そして情報が洪水のごとく溢れ出し、過去に定着していた社会通念も、「グローバル社会」「ボーダーレス」「多様性」などのようなキーワードを中心に再構築され、多種多様な言語生活、多彩な文化生活を送る人々も増え、同時にアイデンティティに関する捉え方も変化しています。

　複数の言語や文化を経験する子どもも急増し、近年は、国境を越える子どもも年々増加しています。冒頭で述べた国際結婚家庭の背景を持つ知人のように、複数の言語と文化を移動して育った子どものアイデンティティを、従来の「○○人」と一言で表現し続けられるのでしょうか。本章では、このような子どもや、海外で日本語を使用、学習しながら育つ子どもの**アイデンティティ**の現代社会における捉え方を模索していきます。

2 アイデンティティ

　皆さんが、ご自身のアイデンティティを聞かれた時、「母親」「男性」「長女」「30代」「教員」「日本生まれアメリカ育ち」「バイリンガル」など、答え方はさまざまあるでしょう。国籍や人種以外にも、家族構成、性別、職業、社会的地位、宗教、出身地、言語的背景などにまつわるアイデンティティもあります。本章では、その中でも民族的、文化的アイデンティティに焦点を当てます。民族的／エスニックアイデンティティは、どの民族に属するのか（国籍とは異なる）などの意識や感覚、**文化的アイデンティティ**は、どの文化（受け継がれている伝統や習慣）に属するのかなどの意識や感覚のことで、時として「帰属意識」「居場所」「拠り所」などという言葉でも表現されます。アイデンティティは、個人の文化的背景や言語的背景と、その人が現在置かれている環境などが複雑に絡み

合って確立します。そこで、ここでは、子どもの成長過程と生活環境がアイデンティティ形成に与える影響が極めて大きいことを念頭において、その特徴を見ていきます。

2.1　流動的なアイデンティティ

　テクノロジーが進化し、外国から商品を数日で取り寄せたり、外国メディアにもリアルタイムでアクセスできたり、一昔前と比べ生活環境がかなり様変わりしています。このような社会の流動化と共に、アイデンティティも今では「流動的なもの」として捉えられています。

　ルーシー・ツェ（Lucy Tse）は、1998年の研究で、米国での民族的少数派の**民族的／エスニックアイデンティティ**形成が第1段階から第4段階へと移行していくモデルを提唱しました。第1段階では、自分のエスニックグループに対しての意識レベルが低く、社会的なステータスが気にならないのですが、次の第2段階で、自分のエスニックグループに対する否定的な感情が生まれ、マジョリティグループ（その社会の主流のグループ）への帰属意識が高くなるとしています。そして自分のアイデンティティを肯定化する第3段階に進み、最後の第4段階では、自分のエスニックグループへ積極的に関わりながらさまざまな心の葛藤が解決されるとしています。このモデルの重要なポイントの一つは、アイデンティティが流動的で、第4段階からさらに変容していく可能性があるということです。

　このモデルとは別に、このような流動性を「場面」というごく限られた短い時間の視点から捉えることもできます（3章2.2節参照）。例えば、補習校で日本人の友人と日本語で話している時、現地校でアメリカ人の友人と英語で話している時のそれぞれのアイデンティティ、または同じ家庭においても親と話す時と兄弟で話す時のそれぞれのアイデンティティも異なるかもしれません。極めて短期的な視点でも、場面によってアイデンティティが違ってくることがあります。

　内山（2017）がドイツに住む日系二世の子どもについて行った調査では、自分の社会環境を自分なりに理解し、期待されている自分を考え、文化的アイデンティティを調節できる子どもがいることが分かりました。この**調節するアイデンティティ**の例として、現地校の歴史や文化の授業中に意見を求められ、日本人・日系人の生徒が自分に期待されている反応を察知し、自分の立ち位置を決めたり

することなどが考えられるのではないでしょうか。

2.2　複数のアイデンティティ

　流動性を伴うアイデンティティが場面に応じて変わったり調節されたりするのであれば、一個人が複数のアイデンティティを持っていると考えられます。次に紹介するのは、そういう意味での**複数のアイデンティティ**について言及したさまざまな側面からの研究報告です。

　まず、**演じるアイデンティティ**についてです。演劇などのパフォーマンスアートを通して、言語的および文化的に多様な子どものアイデンティティがどのように変容するかに関心を向けた文献があります。石黒（2017）は、ジュディス・バトラー（Judith Butler）の「アイデンティティは演じられる」という捉え方を、その都度演じているアイデンティティが本当にあるのだと、自分にも他者にも思わせることだと説明しています。そして石黒は、日本に住む「外国籍」や「海外にルーツがある」子どもに触れ、個人は複数のアイデンティティを常に抱えているのではなく、「アイデンティティは演じられる」というバトラーの考え方を基に、その場に適したアイデンティティが「遂行」されると述べています。石黒は「日本語の指導が必要な子どもたち」を例に挙げ、そのような呼び方をされる子どもを作りだすことによって、その子どものアイデンティティを外側から固定し、さらに、そのカテゴリーに属すると思われる子どもが、「日本語の指導が必要な子どもたち」などと呼ばれるアイデンティティを演じさせられている可能性を示唆しているのだと思われます。

　これを、親や教師が目にするケースに置き換えて考えてみましょう。例えば、海外にある補習校が子どもの学習ニーズを考慮し、日本へ帰国する子どもたちのプログラムとその国に永住する子どもたちのプログラムの二つを新設したとします。そして、帰国準備者用プログラムでは文部科学省検定済みの教科書（以下、検定教科書）を、永住者用プログラムではそのような子どもの日本語の力に配慮して開発した教材を使うことにしたとします。つまり、子どもの日本語の力のみを配慮の対象とし、決して学力の基準で分けたのではないにもかかわらず、一つのプログラム（例えば、検定教科書を使わないクラス）を「勉強ができない子ども」というニュアンスの「できない子のプログラム」という呼称で呼んだりしていないでしょうか。もしそうなら、そのような大人の大きな思い違いの視線が、

そこで学習する子どもに「勉強ができない子」というアイデンティティを持たせてしまう危険性があることを認識しなければなりません（8章2.2節参照）。

　さらに、先述した内山（2017）の研究も、アイデンティティの複数性に触れています。内山は、複数の言語を使える人が日本語を話している時、ふるまいも日本人のようになるケースが多いが、それは複数の文化的なアイデンティティがその人の中にあり、そこに付随している言語を使い分けているだけだと述べています。この「文化的なアイデンティティに言語が付随している」という考え方には注目すべきでしょう。

　最後に**矛盾するアイデンティティ**についても触れたいと思います。Kanno（2000）もアイデンティティは、流動的で複数あり、さらにその複数のアイデンティティはお互いに矛盾することもあると述べています。これはKannoが別の研究者らの調査に言及したものですが、一人の人が相反する二つのアイデンティティを表出させ得ることを意味します。例えば、カナダに住む人が、ある場面で英語話者としてのアイデンティティを一番強く持ち、別のある場面で、フランス語話者としてのアイデンティティを表出させるというケースがあるのではないでしょうか。Kannoは、バイリンガルのアイデンティティを分析するためには、複数の側面を持つアイデンティティという捉え方が適しているとも述べています。

　上記の三つの研究から、一人の子どもが自らの複数のアイデンティティを場面に応じて使い分けたり演じたりしているということが分かります。しかし、他者とのやりとりによって自分の立ち位置（アイデンティティ）を決めているので、それらがしばしば矛盾したものになる可能性もあるということです。

2.3 「他者」の存在

　場面を構成するものとして、時、場所、話し相手、話題、話す目的などがあります。中でも、アイデンティティに大きく影響するのが「他者」です。上記の「調節するアイデンティティ」や「演じるアイデンティティ」や「矛盾するアイデンティティ」からも分かるように、「他者」がその場における自己のアイデンティティを揺るがすのです。

　川上（2009b, 2011）および川上編（2010）では、幼少期より複言語複文化環境で成長した子どもについて、**空間移動**（ある国からある国へ移動したり、ある

国の国内移動を繰り返したりする)、**言語間移動**(家庭内では母語を家庭外ではホスト社会の言語を話すなど)、そして**言語教育カテゴリー間移動**(母語教育、外国語教育、継承語教育など、子どもの言語教育や言語学習を表すために大人が作った既成のカテゴリーを移動する)の三つの要素を併せもった**移動する子ども**という概念(川上, 2011)を用いて説明しています(15章5節参照)。また、彼らのアイデンティティ形成における他者の存在の重要性と役割についても言及しています(川上編, 2010)(15章参照)。国際結婚家庭の子どもや、海外で生まれ育った日本人の子どもなどもここに含まれ、多様な子どもが世界中で増加していると述べています。では、川上は、「移動する子ども」のアイデンティティ形成における他者の役割について、どのように述べているのでしょうか。

> アイデンティティとは、自分の姿やあり方について、「自分が思うことと他者が思うことによって形成される意識」と考えます。「移動する子ども」の場合、そのアイデンティティに影響を与えるのは、多様な人々に多様な言葉を通じて接触した経験と、自分が持っている複数の言葉についての意識なのです。その意味で、「移動する子ども」のアイデンティティを考えるうえで、言葉についての意識が再びクローズアップされてきます。
>
> (川上編, 2010: 212)

以上のようにアイデンティティ形成における「他者」の役割を述べ、そしてさらに、言葉との関連性も指摘しています。つまり、継承日本語学習者にとっては日本語と居住地の言葉の意識が、アイデンティティ形成に影響すると考えられます。次の節では、継承日本語とアイデンティティ形成の関連性について考えていきます。

3 継承日本語とアイデンティティ形成

これまでに紹介した研究報告から分かるように、多くの研究者がアイデンティティと言語の関連性を提示しています。ここからは、アイデンティティと継承語習得の特徴や日本語使用、そして子どもの日本語力との関連性に焦点を当てて考えてみましょう。そして最後に、アイデンティティ形成と継承日本語教育に大き

な役割を果たす補習校についても触れていきたいと思います。

3.1 継承語習得の特徴とアイデンティティ

本章の2.1節で「流動的なアイデンティティ」、Tseのアイデンティティ形成モデルを紹介しましたが、それぞれの段階における継承語習得に関する特徴もTseは述べています。まず、自分のエスニックグループに対して無意識な第1段階では、継承語を、その子どもの理解できるレベルでインプットしてあげると（子どもに話しかけたり、読み聞かせをしてあげたり、本を読ませたりすることなど）、習得可能だと言います。自分のエスニックグループに対して否定的な感情が生まれる第2段階では、継承語に否定的になるため、いくら継承語のインプットがあっても、継承語の維持や習得は難しいとしています。そして自分のエスニックグループに対して肯定的になる第3段階では、十分な継承語のインプットがあれば習得は可能だとしています。そして自己模索した後、自分のエスニックグループに属していると感じる最終段階では、継承語のインプットが十分であれば習得は可能だが、十分ではない場合、継承語の維持は難しいと考えられると説明しています。

これを踏まえて桶谷（2010）は、このモデルはライフサイクルの中でどのように子どもが継承語を習得するかを民族意識との関連で考察したもので、この先、子どもの年齢や発達段階や他の社会的要因などがどのような影響を与えるかを深く探る必要があると述べています。桶谷が指摘するように、このTseのモデルは、子どものライフサイクルと継承語習得の関わりを考える上で大変参考になります。しかし、Tse（1998）はこのモデルが適応しない可能性があることも指摘しています。それを、海外の日系社会で育つ子どもを例に考えてみましょう。例えば、両親が日本語話者の場合、幼少期から米国で育つ子どもは、就学前は家庭で主に日本語を使うことが多く、学校生活が始まると同時に日本語から英語へのシフトが始まります。しかし、活発な日系コミュニティがある環境で、日本語に囲まれた生活に居心地の良さを感じている子どもは、英語に対してやや距離感を感じるケースもあります。つまり、日本語のインプットを常に自然に獲得し、その場に応じた年齢相応の日常会話ができるため、主流社会に溶け込もうとする意識が薄くなることがあるということです。

3.2　言語使用とアイデンティティ

　アイデンティティ研究の動向をまとめた報告の中で、言語使用に関連した研究の考察もあります。先行研究をまとめて概要を記述した丸井（2012）によると、「どのような集団に帰属したいか」「どの集団に属する者と見られたいか」で、どの言語を学ぶか、どの言語を使用するかの選択がなされていたという研究結果が見受けられたそうです。また、前述の「演じるアイデンティティ」と関連するのですが、ある人物像を演じるために、意識的であるにせよないにせよ、言語の選択が行われている姿を報告している研究もあったと言います。

　また南（2000）は、**帰国児童**を対象に聞き取り調査をしています（南の論文では「帰国子女」という表現が使われています）。ある子どものケースでは、米国滞在中、小学2年生から4年生ごろまでは日本語の勉強をちゃんとしていたのに、その後日本語から英語にシフトしたそうで、「わたしは違うんだ」という意識が根底にあったと述べています。南は、これは「みんなと一緒にしようとする」ことの反映で、**帰属感**を求めて日本語から英語に変換したものと述べています。逆に、英語でのコミュニケーションがうまく図れる事実が、自分をアメリカ人だと意識させるケースも紹介しています。このことをもって、言語とアイデンティティの関係は一方通行ではないのだと結論付けています。

　上記のように、アイデンティティと言語使用が関係していることを主張する調査結果が数多くある一方、そうではないという見方もあります。中島（1999）は、カナダの英語圏に住む、社会ステータスの低い言語（フランス語）を母語とするフランス系の子どもの言語使用と帰属意識の関係を調べたある研究に言及し、ステータスの低いフランス語から英語に置換した子どもでも、フランス系であるという帰属意識は維持していたということを報告しています。これに関して中島は、マイノリティ言語の言語使用と帰属意識は必ずしも一致しないという見解を示しています。

3.3　継承日本語能力とアイデンティティ：子どもの視点から

　では、子どもは意識の中で、言語とアイデンティティの関係を一体どのように捉えているのでしょうか。米国のある都市で発行されている日系コミュニティ紙 *Lighthouse* に、地元補習校の中学部を卒業した子どもが後輩に向けて書いたメッセージが記載されていました。米国で生まれ、国際結婚家庭で育ったこの子ども

は、そのメッセージで、日本語、そして日本文化を学ぶ重要性を以下のように伝えています[1]。

> 私はたくさんの大切な友達を西大和で作ることができました。日本語の趣味や話題を共有できる人たちはこの学校にしかいませんでした。（中略）日本語を理解できる人間は世界では少ないほうです。その少数の中に加わっていることに誇りを持ちましょう。今はまだ、その意味や価値を感じていないかもしれませんが、将来、自分は日系人だと自信を持って胸を張れるように、ぜひ日本語や日本の文化を学ぶチャンスを生かしてください。

上記のメッセージの中で、アイデンティティと言語、そしてさらには文化を関連付けています。この子どもの意識の中では、日本語力や日本文化への理解が、日系人としての自信に結び付くようです。同様の意識を持っている子どもが、ほかにもいます。例えば、以前私が行った調査で、ある米国の補習校で学ぶ日系二世の中学生と高校生にインタビューしたものがあります（知念, 2008）。「あなたにとって『日本人である』ということはどういうことですか」と尋ねたところ、ほとんどが「日本語を話す」と「日本の文化的要素が多く取り入れられた生活を送る」という2点を挙げました。そのような生活というのは、和食を食べたり、日本語のテレビ番組を楽しんだり、日系のお店でショッピングをしたりするということです。このように、子ども自身も、言語とアイデンティティ、そしてさらには、文化との関連を認識しているのです。

同じ子どもたちにアンケート調査をした結果、日本語力（自己評価）が高い子どもは、そう思っていない子どもと比べ、日本人としてのアイデンティティが高いことが分かり、この二つには相関関係があるという結果が出ました（知念, 2008）。しかし一方、言葉の力が低いためにアイデンティティが混乱し、言葉の力が高いことがアイデンティティを安定させるとは単純に言えないとする調査結果もあります（川上編, 2010）。また、中島（1999）がトロント在住の日系の高校生を対象に行った調査では、英語が強く日本語が片言しか話せない高校生も、自

---

[1] このメッセージは、*Lighthouse* の 2018 年 9 月 1 日号に掲載された「西大和へ通う後輩へ伝えたいこと」(p. 40) からの引用である。〈http://magazine.us-lighthouse.com/publication/?i=522484&ver=html5&p=100〉（2018 年 9 月 4 日）

分は日系人だという意識をしっかり持っていたということです。

　まとめてみると、継承日本語使用とアイデンティティ形成は関連があるという報告も数多くある一方、それが確認できなかったという報告もあります。また日本語能力との関係も一概に言えないようです。しかし中島（2001）は、外国語の世界でも日本語の世界でも通用するアイデンティティを持った国際人を育成するためには、母語と外国語を高度に育てることが必要だと述べています。

3.4　補習授業校・継承日本語学校の役割

　前節で補習校に通う子どものケースを紹介しましたが、このような学校（継承語学校も含む）は、アイデンティティ形成に大きな役割を担っています。それは、子どもに自分自身の背景を知る機会を与え、将来自力で自らのアイデンティティを選ぶ時の選択肢の数を増やすという役割です（Long, 1987）。**継承日本語学校**については、Shibata（2000）が、土曜日学校は、日本語を教えるだけではなく、日本語を他者と使える機会を増やし、またアイデンティティと友情を育む場を提供すると述べています。

　私も補習校に通った経験があります。1980年代、小学生だった私は父親の仕事の関係で渡米しました。そこには補習校があり、高校卒業まで在籍しました。当時はインターネットもなく、家庭以外で日本語の使える場がジャパンタウンとその補習校だけでした。補習校で「日本語での日常会話に不自由しない人」でいられた私も、現地校では、「英語のできない日本人」と言われ、それが私自身のアイデンティティの大部分を占めていました。テクノロジーが発達していないその当時は、日本語で話せる友人に接触のない月曜日から金曜日の私と、日本語だけで友人と過ごせる土曜日の私の間には、明白な境界線があり、週に一度、この二つの世界、「英語のできない外国人」と「日本語での日常会話に不自由しない人」を行き来することで、二つのアイデンティティが場面に応じて再生されたのです。前述の後輩にメッセージを向けた高校生が語るように、時代背景は変わっても、補習校は日本語で自分を共有できる貴重な場なのだと思います。

　これは少々余談になりますが、私自身、補習校で「会話に不自由しない人」でいられる感覚も心地良かったのですが、日本でもない米国でもない太平洋上空を飛んでいる飛行機の機内でも、不思議と落ち着くことができました。きっと「どこにも属していない」自由な感覚を味わえるつかの間の空間だったのかもしれな

いと振り返っています。

4 もっと詳しく調査・研究したい人のために

　これまでに述べたことは、複数の言語や文化で育つ子どもに共通して言えるのですが、ここでは、とくに国際結婚家庭の子どものアイデンティティをもっと詳しく調べたいという人の参考になる研究について述べます。鈴木（2004）は、国際結婚家庭の子どものアイデンティティ形成に関わる主な要因として、居住地、学校環境、家庭環境などを挙げています。

　また、鈴木とは別の研究者らによる家庭環境についての調査報告もあります（Pao, Wong, & Teuben-Rowe, 1997）。同調査は、米国に住む国際結婚家庭に生まれた、一言語を話す人と二言語が使える成人たちをインタビューしたものです。その結果、インタビューをした全ての個人のアイデンティティが、人々を特定のカテゴリーに閉じ込めようするような人種意識の高い社会の標的となっていたことが分かりました。しかし、二言語が使える人たちは一言語を話す人たちに比べてより肯定的なアイデンティティを促進するサポートが家族からあったと言います。彼らは、父親の言語も母親の言語も話すというのが彼ら自身のアイデンティティの根本にあり、その能力がないということは、親の文化に繋がり得ないと考えていたと言います。また、彼らはマイノリティである親の言語と文化と習慣を尊重し、両親のルーツに対して誇りを持ち、言語と文化を維持するように育てられたそうです。そして、言語は文化へのパスポートのようなもので、二言語が話せれば、自分自身のアイデンティティの選択肢が広がり、その言語力は、そのコミュニティに受け入れられる手段だと考えていたそうです。一方、一言語しか話せない人たちは、自身の外見がほかの人たちと異なることが二言語を話す人たちよりも否定的側面を助長したと述べ、それは言語というパスポートが一つしかなかったためだと研究者らは分析しています。つまり彼らには、選択肢がなかったのです。

　ここではアイデンティティと言語の関連を探った一つの研究を紹介しましたが、これとは異なる調査結果がほかにもある可能性はあります。国際結婚家庭の子どものアイデンティティに関する調査は極めて少ないとされ（鈴木, 2004）、またそのような子どもの継承語学習についての研究も少なく、国際結婚家庭が直面

する問題の議論もあまりなされていません（Shin, 2010）。国際結婚家庭の子どものアイデンティティ、言語使用、家庭環境などを個別に調査したものはありますが、それらを包括的に調査した研究はまだ多くありません。今後、継承日本語学習についての理解をさらに深めるためにも、上記のような個別の調査全体を包括的に掘り下げるような総合的研究が急務と言えるでしょう。

5 まとめ

　本章では、アイデンティティ形成のプロセスを、受動態ではなく能動態で表現しました。つまり、アイデンティティは形成されるものではなく、個人が主体性を持って多くの場面を経験し構築していくものだからです。本章の冒頭の問いの中に「健全なアイデンティティ」という表現が出てきますが、その本質を考える上で大変参考になる記述があります。佐藤（2008）によると、混淆的なアイデンティティを持つことで、自分の将来に新しい可能性を見つけ出すことができると言います。そして次のように述べています。

　　　混淆的なアイデンティティといっても簡単ではありません。しかも、その場に身を置くことは多くの苦労を伴います。だからこそ、それを支える仕組みが必要ですし、なによりも親・家庭の支えが不可欠です。2つの言語を獲得するための支えと同様に、子どもの混淆的なアイデンティティを支えることが大切になります。子ども自身にも、寛容、耐性といった資質が求められます。こうした力を獲得していくことで、子どもたちは成長していきます。

（佐藤、2008b: 228）

　アイデンティティとは、葛藤を伴いながら多様な場面を経験することによって形成されるもので、それは変容します。多様な他者といろいろな言葉で接触し、葛藤を繰り返しながら**混淆的／ハイブリッドなアイデンティティ**を形作っていくことが、より肯定的に自分を捉え、新しい自分を発見することに繋がっていくことになるのではないでしょうか。

第2部 8章

米国における学齢期の子どものための継承日本語学習の機会

片岡裕子

・・・・・・・・・・・・・・・・・・ 問　い ・・・・・・・・・・・・・・・・・・

　米国でカリフォルニアのように日本人移民者・長期滞在者の多い州では、日本にルーツを持つ子どもは現地校に通いながら、どこでどのように日本語を学習していますか。現地校や週末（もしくは放課後）日本語学校における継承日本語教育の現状を教えて下さい。

・・・・・・・・・・・・・・・・・・ 回　答 ・・・・・・・・・・・・・・・・・・

　日本にルーツを持つ子どもたちが現地校に通いながら学んでいる全国的な教育機関は、日本への帰国を前提として設立された補習授業校です。しかしカリフォルニアのような州では、補習授業校のほかに、継承日本語教育を目指す新旧の継承日本語学校、そして外国語としての日本語教育も盛んな現地校の中から、子どもの年齢、日本語力、目標、家庭での言語環境、現地校での活動などを考慮して選ぶことができます。これは、移民者、長期滞在者などの多い州の利点ですが、継承語学習についてはまだまだ一般的に理解されていないことも多くあります。

1 日本にルーツを持つ子どもが日本語学習ができるところ

　日本にルーツを持つ子どもたちの中で日本語を学習している子どもの数や割合は、はっきりとはわかっていませんが、外務省は 2017 年に北米（カナダを含む）に在住する就学年齢の日本人の子どもの数を 2 万 6,863 名と発表しています（外務省領事局政策課, 2017）。この数字は日本国大使館や領事館に在留届を出していない家庭の子どもは含まれていません。また、米国で生まれて日本国籍を取得しないまま成長していく子どもたちもいるので、実際の人数はもっと多いはずです。米国で暮らすこれらの子どもたちはどこで日本語が学べるのでしょうか。

　海外子女教育振興財団の「在外教育施設とは」によると、海外在住の日本人の子どもたちが通学できる学校は、日本人学校、**補習授業校**、私立在外教育施設、補習教室・その他、現地校、国際学校の六つに大別されています（海外子女教育振興財団, n.d.）。このうち、現地校に通いながら日本語を学習することができるのは、補習授業校と補習教室・その他です。そして、現地校で日本語学習を行うことも場所によっては可能です[1]。ここでは、この三つのタイプについて、特に日本語教育が非常に盛んで、資料も入手しやすいカリフォルニアを中心として、お話ししていきたいと思います。

2 補習授業校

　米国の大部分の地域では、日本にルーツを持つ子どもが現地校に通うかたわら日本語を学習する[2]教育機関というと補習授業校が挙げられます。一般的には、「補習校」「日本語学校」「土曜学校」などとも呼ばれていますが、ここでは「補習校」を使います。日本政府文部科学省の認可を受けている補習校は「主として現地校等に通学しながら、土曜日や平日の放課後を利用して日本国内の学校で学ぶ国語等を学習するために文部科学省、外務省から政府援助を受けている教育施設」と定義されています（海外子女教育振興財団, n.d.）。文部科学省の調査によると、2015 年現在で米国には 80 校の補習校が（文部科学省, 2016）、そして外務

---

[1] そのほかに学習塾や通信教育などもあるが、今回はそれらには触れない。
[2] 多くの補習校のホームページには、「日本語を」学習するのではなく、「日本語で」学習する場であると書かれている。

省の「諸外国・地域の学校情報」で米国の各州を一つずつ調べていくと、82校がリストされています（外務省, 2018）[3]。これらの補習校はほとんどが1960年代の終わり頃から1990年代の終わり頃に設立されています。

2.1 補習校の実際

　長期滞在家庭や永住家庭、国際結婚家庭で、家庭内外での日本語使用が限られている**継承日本語話者**の子どもたちにとって、これらの補習校はどのような位置にあるのかを、上記82校のホームページを使って調べました。補習校が設置された本来の目的は「現地校に通学する児童生徒が【対象】、再び日本国内の学校に編入した際にスムーズに適応できるよう【目標】、基幹教科の基礎的基本的知識・技能および日本の学校文化を【内容】、日本語によって学習する【方法】」ことです（文部科学省, 2003）。日本に帰国予定のない永住者や国籍が米国だけの子どもたちは、正式には、対象に含まれていませんし、補習校の目標や方針にも当てはまりません[4]。加えて、全ての補習校では日本の小中学校用の教科書を使用し、「学齢に応じた」「各学年に相当する」、または日本の教科書を使った授業についていけるだけの日本語力を有していることを条件としています（10章1節参照）。

　しかし、現実では、滞米が数年以上にわたる長期滞在者や永住の子どもが増えており、米国で生まれ育ったそれらの継承日本語話者の中には、学齢に応じた日本語力がつけられない子どもも多くいます。そして、東海岸と西海岸の大都市近辺を除いた米国のほとんどの地域では、それらの子どもたちが日本語を学べるところは、補習校以外にないのです。現実に、補習校における永住者などの継承日本語話者が占める割合は文部科学省の規定にもかかわらず、年々増加しています（片岡・柴田, 2011; 渋谷, 2017; 近田, 2017）。

　補習校はそのような状況にどのように対処しているのでしょうか。栗原・森（2006）や渋谷（2017）は、米国の東海岸や西海岸の補習校では、駐在員の子ど

---

[3]　州名ではなく、右端の「州情報」をクリックすると見られる。州名をクリックすると、現地校名が出てくる。また、ここでは米国本土50州のみに限り、サイパン、グアムなどの準州は含めなかった。

[4]　目標や方針の記載がある補習校の4分の3が、帰国後の日本の学校への適応を目標に掲げていた。国籍にかかわらず生徒を受け入れると書かれている補習校は10%だった。

もの数が減少し永住や長期滞在者の割合が増え、両グループの日本語力に大きな差が生じてきたため、設置目的の見直しをしたり、国際部などを設置したりする学校も出てきたと述べています。事実、「国際部」や「国際コース」、「第二言語としての日本語（Japanese as a Second Language [JSL]）」のコースなどの特別なコースなどがあるとホームページに書かれている補習校は、約4分の1（19校）ありました。

　しかし、ホームページに掲載された情報から、これらの国際コースなどが本当に継承日本語話者のために設置されたものだと確信できたプログラムは、東海岸にある2校のみでした。19校中の半数は、原則的には外国語としての日本語入門コースのようでした。また、継承日本語コースと銘打っていても、教材リストを見ると、継承日本語学習者向けではないプログラムもありました[5]。また、国際部や国際クラスの内容に関する情報がホームページには一切ない学校も複数ありました。そして、複数のプログラムが作れない小規模校を含め、ほかに日本語学習のできる場がない地域の補習校では、文部科学省の規定がどうであれ、ある程度の日本語力があれば入学を許可しているらしいこと、それから、中・大規模校になると、クラスの内容は別として、いろいろな子どもに対応しようと努力していることがわかりました。そして、永住、長期滞在の子どもたちに留意している補習校はカリフォルニアにはありませんでした。

2.2　継承日本語話者が補習校で学ぶということ

　継承日本語話者の子どもには、後で述べるように南カリフォルニアにはいろいろな選択肢がありますが、補習校は大変人気があります。日本と同じ教科書を使って、日本に帰国予定の子どもたちに年齢相応の日本語力（国語力）をつけてくれる（はずの）授業を、日本から来たばかりの子どもも在籍するクラスで受けられるわけですから、きっと我が子の日本語はみるみるうちに上達するだろうと期待も高まるのかもしれません。「うちの子は日本語が弱いから、漢字をたくさん教えてもらえる学校に入れたほうが勉強になる」「進度の遅いプログラムに入れるとますます日本語力が落ちる」というコメントを何度聞いたことでしょう。

5　たとえば、ある補習校での教材は国語教科書と、現地校で使われている外国語としての日本語用の教科書との併用になっており、継承日本語の扱いは単に国語と外国語の間という扱いでしかない。

また、親の見栄も、「レベルの一番高い」補習校を第一の選択肢とする理由になっているかもしれません。しかし、母語としての日本語がかなり確立していて、帰国後日本の学校に編入するための国語力・学力をつけるためのカリキュラムと、継承語としての日本語を上達させるためのカリキュラムは違って当然であり、補習校で使われている日本のカリキュラムは米国で生まれ育った子どもには向いていない可能性もあるということを知らない、また考えない親は多いようです。問題なく補習校のカリキュラムをこなしていく永住組の子どももちろんいますが、それが苦痛になっている子どももいることは確かです。

　短期間の米国滞在の後、日本に帰国する予定の「帰国組」の子どもの親や教師の中に「帰国組」をできる子、「永住組」をできない子という言い方で区別（差別）する人がいます（7章2.2参照）。補習校では「日本語ができる子」イコール「勉強ができる子」、「日本語ができない子」イコール「勉強ができない子」というレッテルが付きまとうようになります。日本語力が低ければ、**国語**の成績は当然低くなりますが、それは言語力の差から来るものであり、純粋な学力差ではありません。日本語力が低くても、英語の現地校では非常に「よくできる子」がたくさんいます。せっかく補習校に継承日本語コースができても、「あそこはできない子が行くクラスだからうちの子は行かせたくない」という親に少なからず会いました。そしておそらくはそれが大きな理由の一つで、ある補習校の継承日本語コースが消滅したのを、身をもって知っています。

　環境の違いによる日本語力の差は勉強ができることや頭の良さとは全く違う問題であること、日本語力が弱くてもいわゆる一流大学に入学したり、その後専門職についたりしている継承日本語話者が周囲にはたくさんいることなどは、一部の親には見えていません。冷静に考えてみたいものだと思います。また、クラスに日本語力が「年齢相応」ではない永住家庭や国際結婚家庭の子どもたちがいた場合、「帰国組」の親や教師も、子どもたちが助け合って学習するのを見守り、援助していく必要があると思います。ある親が書いたブログに、永住組や国際結婚の子どもたちはクラスの「お荷物」であり、「腐ったミカンの方程式」[6]的な悪

6　腐ったミカンが一つでも箱の中にあると、箱の中の全てのミカンが腐ってしまうことから、クラスに1人でも「問題児」がいるとクラス全体がダメになるという意味。継承日本語話者の子どもがクラスにいるとクラス全体の日本語のレベルが落ちるので、そのような子どもはやめさせるべきであると、このブログは言いたかったようだ。

影響の恐れがあるから、教員を含めてみんなが迷惑するという内容のものがありました。一部の親のこのような態度こそが、子どもたちの学びに悪影響がありそうです。

3 継承日本語学校

　現地校に通いながら日本語学習ができる補習校以外の学校、「補習教室・その他」は、「文部科学省、外務省の援助対象校にはなっていないが、日本人学校・補習校と同様に日本人の子どもに対して日本語による教育を実施している教育施設」と定義されています（海外子女振興財団, n.d.）。ここではそれらの教育施設を**継承日本語学校**と呼ぶことにします。地域や州によってさまざまですが、1920年前後に日系人の子どもたちに日本語・日本文化を継承させたいと西海岸やハワイに多く作られた学校が一つのタイプ、そして、補習校は継承日本語学習者には合わないのではないかという考えから最近になって生まれてきたもう一つのタイプの学校が東海岸にも西海岸にもあります。

　継承日本語学校は補習校ほど知られておらず、また、補習校と違って日本政府の調査などもありませんので、まとまったリストもなく、数や所在を把握するのが非常に困難です[7]。したがってそれぞれの都市の居住者が現地で情報を集める方法が一番確実です。

　南カリフォルニアには、補習校のように1970年代以降にできた新しい学校に対して、日系二世の教育のために戦前に作られた継承日本語学校が多くあります。そのほとんどは、**加州日本語学園協会**に加盟しており、合計14校[8]中、8校が1915年から1930年の間に設立されています。これらの継承日本語学校は、第二次世界大戦中に閉校を余儀なくされ、戦後復活したところがほとんどです。文化センターや寺院などに併設されていて、自前の校舎を持つものも多く、文化教育にも力をそそいでいます。

　加州日本語学園協会に属していない継承日本語学校も、少なくとも4校ありま

---

[7] 南カリフォルニアの学校数などは、びびなび、おでかけUS、電話帳などのホームページでリストを調べ、それぞれの学校のホームページをチェックしたもので、完全なリストではない。また、リストを調べたホームページは、全国的なものではなく、地域別、都市別になっている。

[8] 14校中1校は五つのキャンパスがある。

す。協会加盟校とあまり違わない目標やカリキュラムを掲げているところがほとんどです。加えて、文部科学省の認定を受けてはいないけれども、文部科学省のカリキュラムと日本の教科書を使用している補習校的な継承日本語学校も、南カリフォルニアには少なくとも4校あります[9]。そして、ほとんどの継承日本語学校は、幼稚園から中学、または高校までのプログラムを持ち、継承日本語話者だけではなく、日本文化継承者、またルーツや背景に関係なく、日本に興味を持つ生徒たちを受け入れて、幅広い日本語教育を目指しています。また、継承日本語学校の多くの高等部では、**日本語 AP 試験**（Japanese Advanced Placement［AP］Exam）（結果によって、大学の単位が取得できたり、上級のコースに入ったりすることができる）や、**大学進学適性試験**（Scholastic Aptitude Test［SAT］）（米国の大学に進学するために結果が使える、または必要なテストの一つ）を受験するための準備を授業に含めたり、受験準備コースを用意したりしています（13章3.2節参照）。

　最近都市部で増えてきているのは、日本語またはバイリンガルの幼稚園、保育園、デイケアです。日本人や日系人の多い都市では、日本語、または日英両語の幼稚園やデイケアが20年ほど前と比べて確実に増えています。カリフォルニアも例外ではなく、州全体での数はわからないのですが、南カリフォルニアに関しては、日本語の、またはバイリンガルの平日の保育園、デイケア、幼稚園が少なくとも23校見つかりました。この中には、全日制小学校に付随したものと単独で運営されているものがあり、特に後者は教会などの運営によるものも含まれます。また、これらに加えて、継承日本語学校の一部である土曜日だけの幼稚園が少なくとも17校ありますので、それらも含めると40校はあるわけです。十分とは言えないまでも、幼児の継承日本語教育の機会は、南カリフォルニアには、間違いなくあります。

　子どもを継承日本語学校に行かせるか補習校に行かせるかを決めるのは、簡単ではありません。「日本語力があるのなら補習校、あまりなければ継承日本語学校」「子どもをバイリンガルにしたければ絶対に補習校」「補習校についていけなくなったら継承日本語学校に転校」などと巷でも言われているようですが、選択の条件は日本語力だけではありません。日本に帰国する可能性がとても低く、し

---

[9] そのうち1校は全日制で土曜補習校も併設、またもう1校は継承日本語学校だが、帰国予定の生徒も受け入れ、補習校と同様のカリキュラムで指導している。

かも家庭での言語背景が英語（または他の言語）に偏っている場合などは、補習校の入学テストに合格しても、国語教育より継承日本語学校での継承日本語教育のほうが向いているかもしれません。現地校での勉強やスポーツ、習い事などにもっと時間を使いたい子どもも、家庭学習を補習校ほど要求されない継承日本語学校のほうがいいかもしれません。どの学校に入れるかは、いろいろな状況を考えたうえで決定する必要があります。

4 現地校での日本語学習

　最後に米国の現地校における日本語教育があります。国際交流基金の調査によると、2015年現在米国で日本語教育を行っている教育機関は少なくとも1,462校あり、学習者数は約17万1000人います（国際交流基金, 2017a）。そしてその学習者の約半数（49%）が、カリフォルニア州、ハワイ州、ワシントン州、ニューヨーク州、ミシガン州（多い順）で日本語を学習しています（Japan Foundation Los Angeles, 2012）。教師から見た学習者の日本語学習の理由の一つに家庭での日本語使用という項目が挙げられているので、継承日本語話者の多くが現地校で日本語を学習しているのかもしれません（Japan Foundation Los Angeles, 2015）。

　継承日本語話者と一言で言っても、日本語運用力は母語話者と同等のレベルを持つ子どもから、聴解力は高いのに日本語の発話はしない子ども、片言でも会話が日本語だけで成り立つ子どもなど、さまざまです。現地校における**外国語としての日本語**（Japanese as a Foreign Language ［JFL］）のクラスも、子どもの日本語力によっては、日本語力を伸ばすことができる場となりえます。

4.1 初等・中等教育

　一般的な小学校のプログラム（Foreign Language in Elementary Schools ［FLES］）ではゼロから日本語を学習していくため、継承日本語話者の子どもたちにはやさし過ぎて向いていませんが、子どもが自分の日本語力に自信をつける目的なら有効です。しかし、日本語を教えている小学校は非常に数が少なく、全国で66校しかありませんし[10]、そのうち23校は4.2節で述べるイマージョンプロ

---

[10] 国際交流基金（2012）の日本語教育機関検索で調べると92校の小学校で日本語が教えられていると表示されるが、調べるとそのうち26校は小学校ではなく、初級日本語のコースを有する

グラムやバイリンガルプログラムで、FLESではありません。

　中学、高校も同じで、初級、中級のJFLコースは大抵やさし過ぎます。日本語力があまり高くない場合は高校の上級レベルでは学ぶことがあるかもしれませんし、読み書きの苦手な子どもは学習できることも多いかもしれません。しかし、日本語力が高い場合、**区別化授業**[11]をしてくれないプログラムでは、継承日本語話者はしばしば教師のアシスタントとしてほかの生徒の日本語学習を助ける側にまわされてしまい、自分の日本語力の向上はほとんど望めないこともあるので要注意です（11章2.1.2節参照）。APコースでは、受験のためのノウハウを教えてくれるので、日本語力が非常に高い生徒でも受験準備のために履修することは得策と言えるでしょう。

4.2　イマージョンプログラム

　初・中等教育の一部である**イマージョンプログラム**（immersion program）（授業科目の学習を通じて目標言語を習得する学習方法）、特に**双方向イマージョンプログラム**（two-way immersion program）[12]は、継承日本語教育に関心のある家庭では考慮に入れてもいいプログラムです（序章2節および5章2.6節参照）。全国のイマージョンプログラムは国際交流基金ロサンゼルスのホームページ（Japan Foundation Los Angeles, n.d.）に35校リストされていますが（2018年11月現在）、そのうち、少なくとも全ての授業の50％が日本語で行われている本来の意味でのイマージョンプログラムは、小学校の20校（公立16校、私立4校）です。イマージョンプログラムの恩恵にあずかれる地域は米国でもごくわずかですが、南カリフォルニアのように公・私立合わせて5校もある地域では、現地校での日本語学習も可能になるわけです。

　上記のホームページに11校の中・高校がリストされていますが（2018年11月現在）、これらはイマージョンの小学校の卒業生が日本語学習を続けるために作られたプログラムです。しかし、いずれも日本語で行われている授業は1日の

　　中・高等教育機関のようである。

11　生徒の能力に応じて、同じクラスでも違う教材を使用したり授業内容や指導法を変えたりして対応する授業。差別化、差異化と呼ばれることもある。

12　地域で一般に話されている主流言語の母語話者と目標言語の母語話者が約半数ずつ在籍するクラスで、両言語で教科を学ぶことにより両言語の習得と向上を目指すプログラム。

3分の1以下になっています[13]。また、リストの中には廃校になった学校、夏期だけのイマージョンプログラム、またイマージョンというより継承日本語学校とみなされる、他州の幼稚園・保育園・デイケアも2校含まれているので注意が必要です。

継承日本語話者の子どもたちは、日本語での学習にはほとんど苦労せずに双方向イマージョンプログラムでの学習活動を始めることができます。この子どもたちの日本語力が小学校在学中にどのぐらい伸びるかにはいくつかの要因がありそうですが、一つは、カリキュラムのフォーカスがどちらのグループに置かれているかということでしょう。双方向イマージョンでは当然両グループの言語力を同時に伸ばせるように企画、指導しますが、日本語と英語のように言語間に大きな違いがある場合、そしてそのクラスの子どもたちの日本語力、英語力にばらつきがある場合、継承日本語話者の子どもは、教科内容は別として、日本語に関しては学ぶことがなくなる可能性もあるからです。しかし、これらのイマージョンスクールの教師たちの努力、親の協力には並々ならぬものがあり、子どもたちの日本語力は、スピードは遅くとも確実に伸びています（ダグラス・知念・片岡, 2013）。

双方向イマージョンではないイマージョンプログラムは、生徒のほとんどが外国語として日本語を学ぶ子どもたちです。このようなイマージョンプログラムのクラスに大抵1、2名は在籍する少数の継承日本語話者の子どもたちは、入学時の日本語運用力のレベルがクラス学習のみによって上がることはないかもしれません。しかし、家庭での日本語使用、親の指導、通信教育、家庭教師などの助けを借りることによって、日本語力を伸ばせる可能性は大いにあります。

4.3　高等教育

対象は子どもではないので、少しフォーカスがずれるのですが、大切なポイントなので記しておきます。高い日本語力を持つ継承日本語話者の学生は、日本語の履修を拒否される大学があります。プレースメントテストの結果が上級クラスのレベルより高過ぎると、適切なクラスがないからという理由で入れてもらえな

---

[13] 中等教育の場合は、50%ルールは明記されていないが、Montone & Loeb（2003）は、少なくとも2教科は目標言語で教えることを提案している。教科は、学校区によって異なるが、総授業時間の約3分の1以下でしかない。

いわけです（13章2節参照）。残念ながら、そのような大学は珍しくありません。しかし、大学によっては継承日本語話者のためのクラスもありますし、上級レベルのコースを区別化することによって、日本語力が非常に高い学生も全て受け入れている大学もあります（11章参照）。大学で日本語、日本学、アジア学などの専攻を希望する高校生、また、専攻に関係なく日本語力の伸張を望んでいる高校生は、大学選びの際に日本語プログラムに連絡し、継承日本語話者の日本語教育についてじっくり尋ねてみることも考慮に入れたほうがいいかもしれません。

5 親としての経験談

　私個人の話になりますが、私は成人した二人の子どもがいます。国際結婚の家庭で、夫は多少日本語ができる米国人、子どもたちが中学生になる前の家庭言語は、日本語でした。子どもたちは、補習校も日本語学校もない北西部の町で10歳と5歳まで育ち、その後カリフォルニアに引っ越しました。上の子は補習校に4年生から編入し、よくある葛藤は山ほどあったものの、補習校を卒業し、続いて継承日本語学校にも通い、一応仕事で使えるレベルの日本語力をつけました（日本語学習をやめさせなかったことを、20代後半になって初めて感謝してくれました）。

　下の子はそんなに簡単ではありませんでした。幼稚園から補習校に通い、継承日本語話者の子どもが補習校でよく抱える問題を全て経験し、小学校5年生の時に、新しくできた継承日本語コースに入りました。本人は親友が帰国コースにいたので、最初はそこに入りたいと粘り、友達と遊ぶためだけに補習校に通っていた息子のことを思うと一瞬負けそうになりましたが、なんとか説得したのです。蓋を開けてみると、授業の内容が変わった分、宿題をあまり不満気なくするようになり、新しい友達もできて、中学卒業まで継承日本語コースで頑張りました。その後は近所の継承日本語学校の高等部に卒業まで通いました。しかし、日本語のレベルは「年齢相応」とは程遠く、日常会話は全く問題なかったものの、エッセイやスピーチなどを書く時は、かなりの手助けが必要でした。よく見かけるタイプの継承日本語話者でした。

　彼は高校から大学にかけて、半分日本語を諦めたかのように、スペイン語とス

ワヒリ語に足を突っ込みましたが、大学4年生の時に偶然取ることになった日本史のクラスの教授になけなしの日本語力を認められ、リサーチ助手兼通訳として何度か日本に連れて行ってもらいました。その後、日本の大学院に入学（英語で受講、研究できるプログラムでした）、卒業後は日本の外資系リサーチ会社で働いています。補習校に通っていた頃苦手だった日本語は、今でも変なところは多々あるものの、日本で自立して生活できる、しっかりした大人の日本語になっています。

「できない子」とみなされていた子どもでも、将来は日本語が使えるようになる可能性は大いにありますし、言語はそれ自体が目的ではなく手段であることを、親を含めた全ての人がわかってくれれば、継承日本語話者の子どもたちももっと気持ちよく日本語学習ができると思うのです。

6 もっと詳しく調査・研究したい人のために

　本章に関して一番重要なことは、日本語学習の場に関する情報収集・拡散のための調査だと思います。まず、補習校以外の教育機関に関する全国的な情報が全く見つかりません。それぞれの州や都市の「日本語学校」「補習校」などのリストがある場合は、大抵は保育園などを含むいろいろなタイプの学校を一つにまとめたもので、しかも完全なリストではありません。学校名や住所だけでなく、それぞれの学校の目標、対象、カリキュラムなどもわかる全国的な情報があれば、安心して学校選びができます。

　個々の学校について詳しい情報があるのが、**全米日本語教育学会**（American Association of Teachers of Japanese ［AATJ］）の継承日本語研究グループ（Japanese as a Heritage Language Special Interest Group ［JHL-SIG］）が作成している継承日本語学校のリストです（序章5.2節参照）。内容が詳しく非常に役に立つのですが、まだ7校しか含まれていません。このリストが完成すれば、継承日本語学習の場の現状を分析し、さまざまな研究に利用することも可能です。

　そのようなリスト作成のためにも、個々の補習校や日本語学校についてのしっかりした情報を集め、まとめていく作業が必要とされています。米国の補習校、日本語学校だけではなく、世界の継承日本語教育について学ぶことも大変意義のあることです。公益財団法人海外日系人協会の継承日本語教育のセクションや、

母語・継承語・バイリンガル教育（MHB）学会（特に MHB 学会海外継承日本語部会）、海外子女教育振興財団の AG5（エージーファイブ：平成 29 年度在外教育施設の高度グローバル人材育成拠点事業）などでも継承日本語教育を行っている学校を応援しています[14]。また、継承日本語話者の子どもを持つ世界中の保護者のみなさんが、多くのブログを綴っています。学問的研究の資料として使うには内容的にも視点的にも問題があるものが多いですが、調査の参考資料としては大いに役に立ちます。

7 まとめ

　どのような学校で日本語を学習するかを決めるのは容易ではありません。住居地に一つの教育機関しかなければ、そこに通うしかありませんし、何もなければ親が教える、家庭教師を雇う、または通信教育などしか方法はありません。南カリフォルニアのようにいろいろな選択肢がある地域では、ブログや雑誌の記事などでは、「日英完璧なバイリンガルに育てたければ補習校、そうでなければ継承日本語学校に」などというような無責任なアドバイスもあります。しかし、頑張って補習校に通ったからといって皆が完璧なバイリンガルになれるわけではありません（なる必要もありません）。学校に通うのと通わないのを比較すると、もちろん通ったほうが日本語力が上がる可能性が大きいですが、補習校に通うのと継承日本語学校に通うのとどちらが日本語が上達するかというと、絶対的な答えはありません。どの学校に行っても結果が全く同じだということはありませんが、大切なことは、現在の日本語力だけではなく、家庭での言語環境、個人の目標、本人に向いている学習環境と学習方法を見極めることだと思います。学校にはそれぞれが掲げる設立目的、目標、カリキュラムがあります。よく考え、調べたうえで、子どもに一番合った学校を選ぶのが得策ではないでしょうか。

14　本文で述べた団体やプロジェクトの URL は以下の通り：公益財団法人海外日系人協会「継承日本語教育」〈http://www.jadesas.or.jp/nihongo/06shiryo.html〉；母語・継承語・バイリンガル教育（MHB）学会〈http://mhb.jp〉；MHB 学会海外継承日本語部会〈https://sites.google.com/site/keishougo/〉；AG5「テーマ 4. 補習校における日本語力向上プラン」〈https://ag-5.jp/report/theme4〉

COLUMN 2

継承語の言語的特徴

西川朋美

　本書では、継承語教育がさまざまな論点から議論されています。このコラムでは、継承語の言語学的特徴について少し考えてみたいと思います。
　Montrul（2016）は、継承語の言語的特徴を次のように書いています。

　　語彙：どのような状況で継承語を使っているかに影響を受ける。たとえば家庭に関する語彙はよく知っているが、学校など家庭外で主に用いられる語彙は継承語では知らないことが多い。(p. 48)
　　形態素（助詞も含む）：動詞・名詞などの活用において、形態素の省略や活用規則の単純化が見られる。継承語では文法のうち、この部分への影響が大きいと考えられている。(p. 54)
　　統語：基本語順を好む傾向や、受身や関係節などの理解や産出における困難が見られる。(p. 82, Table 3.9)
　　音声：語彙・形態素・統語面などと比べると、よくできており、母語話者と変わらない能力を持つ継承語話者も多い。(p. 82)

　形態素や統語については、第二言語（外国語）話者とも共通する特徴だと思います。一方で、語彙については、第二言語話者は家庭を中心に用いられる語彙は知らないことが多いです。また、音声についても、思春期以降の第二言語学習において、母語話者と変わらない能力を身につけることはかなり困難です。継承語話者と一言で言っても、その言語能力はさまざまですが、上のような全体的な特徴は、押さえておきたいポイントです。
　では、日本語では具体的にどのような特徴が見られるのでしょうか。私が大学院生時代に関わったプロジェクトでは、継承語話者を含む、成人上級日本語学習者は、特に語彙面が弱かったと報告しています（Kanno, Hasegawa, Ikeda, Ito,

& Long, 2008)。その中でも特に、母語話者と比べて漢語の使用割合が少ないという特徴がありました。また、補習校に通うバイリンガルの子どもや成人の第二言語学習者の文法能力を調べた研究では、バイリンガルの子どもはモノリンガル（母語話者）の子どもと比べて敬語や使役表現を苦手とするが、逆に授受表現はよくできていたという報告もあります（長沢、1995）。同じく、補習校の子どもを調査対象とした片岡・越山・柴田（2005）では、基本的な助詞や文型が、中学生になっても十分に身についていないとも報告されています。これらの継承日本語話者を対象とした研究では、継承語話者の日本語と、母語話者の日本語との比較が行われています。

　バイリンガルとモノリンガルは、異なるタイプの話者なのだという考え方が最近の主流になってきています（1章2.3節参照）。ただ、だからと言って、継承語話者（バイリンガル）と母語話者（モノリンガル）の比較が無意味だというわけではないと思います。まず、補習校の子どもの日本語力を、日本語モノリンガルの子どもと比較することで、将来の帰国時（あるいは仕事や学業目的での来日時）に身につけておくべき日本語力を考えることができます。また、幼少時から家庭で日本語のインプットを受けてきた継承語話者と、母語話者、第二言語学習者、それぞれが持つ言語能力の違いを理論的に検討している研究も近年増えてきています。

　継承日本語を対象とした理論的な研究では、Fukuda（2017）が継承語話者、母語話者、第二言語学習者を対象に、自動詞の下位分類である非対格動詞（例：来る、入る、落ちる、ある・いる）と非能格動詞（例：遊ぶ、踊る、泳ぐ、走る）の違いに関する知識を調べています。継承語話者と母語話者はこれら2種類の自動詞の区別がつけられるというのですが、二つの種類の自動詞の違いは言語の表層構造においてはわからないので、それらを区別する知識を継承語話者が持っているのは興味深いです。近年、上述のMontrul（2016）やPolinsky（2018）など、継承語習得を扱った書籍の出版が続いていますが、その中に継承日本語を扱った研究がほとんど見られないのが残念です（継承韓国語の研究は数多く見られます）。

　継承語話者と母語話者の言語の間に違いが見られる場合も、そこに優劣はなく、「異なり（divergence）」が見られるのだ（Polinsky, 2018: 28）という視点で、継承語の言語学的特徴を検証する研究が、日本語でも増えると良いなと思います。

第 3 部

海外における継承日本語教育：
指導・教材・評価

第3部 9章

幼児や低学年児童対象の継承日本語教室で使う教材

山本絵美

・・・・・・・・・・・・・・ 問 い ・・・・・・・・・・・・・・

　幼児や低学年の児童を対象にした日本語教室で継承日本語を教えていますが、どのような点にポイントを置けばいいのでしょうか。複言語環境に育つ子どもが楽しく、かつ効果的に日本語を学べる教材作成のポイントや、いい教材があれば教えてください。

・・・・・・・・・・・・・・ 回 答 ・・・・・・・・・・・・・・

　教材作成のポイントは、日本語の学習のみに捉われないことです。まずは、一人ひとりの子どもにとっての日本語、現地語、学校で使っている言語などが何かを理解しましょう。言語ポートレートを使うと、子どもの体験する言語や文化が可視化できます。そして、教材は「いろいろなくに」「たべもの」など話題別にすることで語彙の幅を広げつつ、いろいろな活動も盛り込みやすくなります。また、子どもが使えるほかの言語や、複数の文化の知識も含めて使えるものはすべて使うことや、子どもの好きなことにつなげることも重要です。子どもの「好き」という気持ちに寄り添った教材を使うことは、楽しく効率的な学習への第一歩です。

1 教材とは何か

　そもそも「教材」とは何なのでしょうか。これまで、ご自身が使ってきた教材を思い出してみてください。授業で使った教科書はもちろん、教師が作成したプリント、問題集なども教材と言えます。例えば、中学の理科では菜の花やツツジの花を使って、花の構造を勉強したという人もいるかもしれません。この場合、花も教材です。体育の授業で使うサッカーボールや跳び箱、家庭科で使うオーブンなども、これらはすべて教材と言えます。教材とは一般的に「ある人が何かを教えようと考えて、そのための材料として用意するもの」（鈴木編, 2002: 2）です。身につけさせたい知識や技術が同じであっても、学習者によって必要な方法は異なる場合もあります。ですから、その人にあった教材を準備することが大切なのです。

2 複言語環境で育つ子どもたちとは

　継承日本語を教える場合にも、学習者のニーズに合った教材を用意することが重要ですが、そのためには、継承語話者である子どもたちのことを理解する必要があります。日本語教室の先生や保護者の多くが、例えば日本国内の日本語環境で成長した等の「非継承語話者」です。ですから、自分たちの日本語（あるいは他言語）の意味や役割といったものが、継承語話者とは大きく異なるということは認識しておかねばなりません。

　さらに、日本語教室で日本語のみに焦点を当てて教えていると、いつの間にか日本語能力を軸に子どもを判断してしまいがちになります。そうすると、日本国内で成長する子どもの日本語能力と比較し、「この子は、6歳なのにひらがなが読めない」「単語レベルでしか話せない」など「できないこと」ばかり数えてしまうようになります。これに関連して、教育心理学には**ピグマリオン効果**（教師期待効果）と呼ばれる心理的行動があります（Rosenthal & Jacobson, 1968）。教師が「この生徒はできる」と期待していると、学習者の成績が実際に伸びるというものです。つまり、「できない」ことだけを羅列していると、期待とは真逆になってしまうのです。

　ここで便利な概念が複言語・複文化能力です。欧州評議会が提唱した考え方

で、複数の言語を知り、複数の文化の経験を持つ人が、コミュニケーションによって文化的に対応する力を指します（12章参照）。この複言語・複文化能力の中で、教材作りに一番重要なことを私の言葉でまとめると「Can-Do 思考」と「オンリーワン」です。すなわち、子どものできない部分ではなく、できることを見ようとする考え（Can-Do 思考）と、子どもの複言語・複文化は、一人ひとり異なること（オンリーワン）なのです。

　この複言語・複文化を目に見える形にしてくれるのが、**言語ポートレート**（Busch, 2012）です。方法はとても簡単で、白い人型のイラストの中に自分の体験する言語を色別に表すだけです。そうすることによって、複言語環境で育つ子どもたちがそれぞれの言語に抱いている感情・意識、その子どもにとっての言語の役割等を可視化できます。

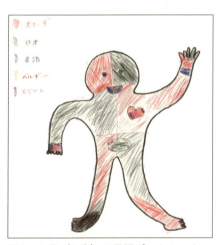
図1：L君（7歳）の言語ポートレート

図2：R君（5歳）の言語ポートレート

　例えば、上の図1と図2は、オランダ在住の子どものポートレートです。どちらも父親はオランダ人、母親は日本人という家庭の子どもたちで、図1を描いてくれたL君は当時7歳、図2を描いてくれたR君は当時5歳でした。図1のL君の言語ポートレートを見ると、赤のオランダ語と緑の日本語の二色が、頭、体、目、口、手など、およそ半分ずつ入っている様子がわかります。これは自分が見たり聞いたり、また使ったりする言語としてオランダ語と日本語を認識しているということです。胃袋の部分に緑色が目立つのは、母親の作る日本食が大好

きだからでしょう。ハートの部分は、赤のオランダ語の面積が一番広い一方で、父方に遠い血縁のあるベルギーやエジプトの色も混じっています。また、手首や口に見える、青の英語の色には、コミュニケーションの道具としての英語への意識と愛着も見られます。L君の母親がこれを見た時、「日本語、こんなに描いてるんだ」「ベルギーとエジプトも入ってる」とびっくりしていました。母親から見ると、オランダ語が優勢なので、もっとオランダ語を中心に描くと予想していたそうです。このように、子どもが描く言語ポートレートを見て、保護者や教師が驚くことは少なくありません。

　図2のR君の言語ポートレートは、考える言語としてオランダ語を強く意識していることがわかります。頭の部分の赤（オランダ語）は、特に力を入れて色を塗っています。手や足については、何か作業をする時や、行った先のどこかで使うのもオランダ語が多いということで、こちらも赤が目立ちます。右手の日本語の緑は、ひらがなを書いたり、折り紙をしたりと、日本語関係では、手先を使うことが多いからだそうです。目は赤、すなわち目にするのが多いのはオランダ語で、話す言語を表す口の半分もオランダ語ですが、口には日本語の緑、旅行先で使う英語の青やドイツ語のオレンジも見られます。母親いわく「そんなに英語とドイツ語は話せないはずなんですが」とのことでしたが、R君にとっては、英語もドイツ語も自分の言葉なのだということがわかります。ハートの部分はオランダ語の赤の面積が広い一方で、日本語の緑は力強い緑で塗られていて、日本語への思いも伝わります。そして、胃袋はやはり、日本語の緑が優勢です。

　いかがでしょうか。一見して同じような環境で育っていて、ともすれば同じ日本語教室で隣の席になっていてもおかしくない二人ですが、それでも、二人の言語ポートレートはこれだけ違うのです。一人ひとりの子どもが豊かで多様な複言語を持っていること、日本語はあくまで一部に過ぎないことを、言語ポートレートは教えてくれます。

3 国語教材を使う難しさと対応策

　「そうは言っても日本語の教材なんて幼児向けの**国語教材**[1]で十分じゃない

1　ここでは「日本国内の日本語母語話者の子どもを対象とした日本語教材」を「国語教材」とする。

の？」と思われる方もいるかもしれません。小学校の国語科で用いられる教科書やドリル以外にも、日本国内には、ひらがなやカタカナのプリント、言葉のドリルなど幼児や低学年児童向けの国語教材も充実しています。最近では、無料で利用できるインターネット上の教材もたくさんあります。こうした国語教材を使って授業をすることもできますし、実際に使用している教室も多いことと思います。しかし、継承語としての日本語を教える際に国語教材を使うことには困難もあります。ここでは対応策と合わせて紹介します。

　もともと国語教材というのは、複言語環境で成長する子どものために作られているわけではありません。日本国内で存分に日本語に触れつつ、ほぼ日本語のみで生活し、日本文化の中で過ごすことが前提の教材です。語彙の選び方も文章の長さや問題の出し方も、その前提が基準ですから海外在住の子どもには難し過ぎても、その子ができないわけでは決してなく、教材が対象とする児童が異なるだけの話なのです。そして、日本国内では、多くの場合、**国語**は勉強して当たり前という環境ですから、たとえ勉強を単調で窮屈に感じたとしても続ける理由があります。しかし、海外での継承日本語教育にはそれがありません。中島（2003b）も述べているように、日本語の勉強はあくまで課外活動の一つで、社会的にも価値として認められにくいものです。

　国語教材が前提としている文化的背景も、海外の子どもたちには合わないことが多いです。例えば、ひらがなの練習には「ラムネ」「こけし」など日本国外では目にする機会の少ないものが入っていることが、しばしばあります。ただでさえ大変な文字学習に謎の言葉まで付随すれば、子どもにとってしんどさは何倍にもなります。「給食」や「学級会」などの日本の学校文化特有の言葉もおもしろいと興味を持つ子もいますが、多くの子にとっては実際に体験したことがない以上「よくわからない話」で終わってしまいます。

　よって、国語教材を使用する場合は、問題の量と質、両方の調整が必要です。まず、難易度や問題の種類は子どもに合っているという場合は、授業や宿題として扱う問題を絞ります。子どもが集中できる時間は、幼児は年齢と同分程度、つまり3歳なら3分、5歳なら5分ですし（Ruff & Lawson, 1990）、小学校低学年は15分程度だと言われていますので、その時間を目安に、問題数を減らします。国語教材の説明文など、難易度に問題がある場合には、文章の内容はそのままに、よりわかりやすい表現に書き直すこともできます。日本国内の外国人児童

向けの**リライト教材**（光元・岡本, 2016 など）は参考になります。気をつけるべきポイントは、子どもの年齢と興味に合わせた教材を使うことです。例えば、日本語能力が低いと判断し、8 歳の子どもに 4 歳向けの国語教材を使ってしまっては、内容が幼稚過ぎて退屈だと感じたり、時にはプライドを傷つけてしまうこともあります。8 歳には 8 歳の知的レベルに合った教材を使うべきです。

4 教材作成のポイント：教科書『おひさま』を例に

　国語教材ではなく、複言語環境で成長する子ども向けの**教材作成**のポイントについて、教科書『おひさま』（山本・上野・米良, 2018）を例に紹介します[2]。『おひさま』は、複言語・複文化環境で成長する子どもたちのための日本語教科書で、対象年齢は 3、4 歳から小学校低学年の子どもたちです。私を含めた 3 人の教師による共著で、もともとはオランダの日本語教室の授業で実際に使用した教材をまとめたものでした。

　『おひさま』作成のきっかけとなったのは「ちょうどいい教材がどこにもない」という切実な悩みでした。日本国内の外国人の子ども向け教材は、日本の学校生活に馴染むことが大きな目標となっており、海外在住の子どものニーズや興味対象とは異なります。また Kondo-Brown（2005）も指摘しているように、継承語話者には日本語の読み・書きに比べ、話す・聞く能力は優れているという特徴があります。これはつまり、聞いてわかる言葉や話せる言葉はたくさんあるということなのですが、外国人向けの日本語教材ではその強みをうまく生かせません。そして他の子ども向けの継承日本語の教材は一般の書籍としてほとんど販売されていないため入手が難しい場合が多く、手に入ったものの中に私たちが実際に教室で使いたいと思えるものは残念ながらありませんでした。

　私たちが求めていたのは、第一に、複言語話者である子どもの特性や興味が生かせる教材です。『おひさま』に「ほかの　くにの　ことばで　いってみましょう」など日本語以外の言語を使うことも促したり、住んだことのある国や行ったことがある国の国旗を描いたり、いろいろな国の食べ物の味について話したりといった問題が多数入っているのには、そのような理由があります。第二に、多様

---

[2]　本章における『おひさま』の紙面紹介については、共同著者の許可を得ている。

性のある社会で成長する子どもたちに相応しい教材です。『おひさま』の挿絵にはさまざまな国籍や体型の人々、いろいろな形の家族が登場します。性別にも配慮し、ピンク色の服を着た男の子、男性の幼稚園教諭、女性の医師なども出てきます。社会の多様性を伝えるためには、挿絵の工夫も必要だと考えました。第三に、教える側にとっても楽しく使いやすい教材です。いろいろな分野の専門家の協力を得て、『おひさま』には子どもも大人も楽しめるようなページがたくさんあります。また各ページに「おうちの方へ」という教え方の説明も入れて、誰にでも教えられる教材を目指しました。

4.1 教材作成のポイント（1）話題別の学習にする

教科書『おひさま』では、食べ物、生活、季節・天気など生活に必要な話題から世界の国、動物、植物、環境、宇宙など、子どもの知的好奇心を刺激して、思考や内面を豊かにするものを各章の話題として選びました。「だい1ぽ」から「だい26ぽ」まで全部で26課あります（表1参照）。

表1：教材例『おひさま』の26の話題

1課：ぼく・わたし	2課：かぞく	3課：せかいのくに
4課：にほん	5課：ごはん・おやつ	6課：やさい・くだもの
7課：おこのみやき	8課：たんじょうび	9課：おしょうがつ
10課：いろいろなぎょうじ	11課：どうぶつ	12課：きょうりゅう
13課：はな・き	14課：せいかつ	15課：ふく
16課：きせつ・てんき	17課：ことばあそび	18課：むかしばなし
19課：せかいのおはなし	20課：スポーツ	21課：おんがく
22課：おでかけ	23課：まち	24課：かんきょう
25課：うちゅう	26課：みらいのぼく・わたし	

話題別にするメリットは、たくさんあります。一つ目は、幅広い分野の語彙が学べることです。複言語環境で育つ子どもは、そうでない子どもに比べて、各言語の語彙が弱いとも言われます（Oller, Pearson, & Cobo-Lewis, 2007）。家庭内で日本語を使っていても、日常生活だけでは使う語彙には当然限りが出てきます。しかし、いろいろな話題を扱う教材にすることで、語彙の幅が広がります。

二つ目は、一人ひとりのニーズや能力に合わせた課題が出しやすいことです。

奥村（2010）がドイツの補習授業校の幼児部について報告しているのと同様に、日本語教室では同じクラスに年齢や日本語力が異なる子どもたちが在籍することがよくあります。そのような場合にも同じ話題で難易度の違う練習を与えることが可能です。『おひさま』では、難易度を星マークで表示して、同じ話題で難易度を分けた設問を出題しています。

　三つ目は、現地の幼稚園・学校で得られる知識とつながりやすいことです。話題別に学ぶことで、日本語を使いつつ、例えば「恐竜」や「音楽」についても知識を深められます。そして、**ジム・カミンズ**（2011）の**二言語相互依存仮説**でも述べられているように、一つの言語で学んだことは、他の言語による学習にも役立ちます（1章2.2節参照）。日本語教室で勉強したことが、現地語で読んだ絵本や、現地校で扱う理科や社会でも登場することがよくありますし、反対もまた然りです。それは言語のプラスの転移を生みます（中島編, 2010）。「せっかくの週末に、どうして自分は日本語を勉強しなきゃいけないんだろう」というのは、小学生の低学年くらいになると、はっきり言葉にはしなくても感じ始める子たちがたくさんいるようです。そんな時にも「日本語教室で学んだことが現地校でも生かせる」という実感はモチベーションになり得るのです。

　四つ目は、子どもの自信を育てやすいことです。純粋な言語力を問う課題ばかりが続くと、日本語力の弱い子が自信を喪失してしまったり、子どもたちの間で「できる子・できない子」のヒエラルキーが生まれやすくなります。いろいろなテーマがあれば、よく知っているもの、得意なものが一つは出てきます。「これ知ってる！　これはね……」と一人ひとりが発言し、クラスでスポットライトが当たる瞬間を作ることは大切です。

　五つ目は、授業に一貫性を持たせつつ、多様な活動を盛り込みやすいことです。前述したように子どもの集中できる時間は短いので、1回の授業の中に、複数の活動を入れる必要があります。活動についてはこの後、詳しく説明します。

4.2　教材作成のポイント（2）いろいろな活動を入れる

　幼児・児童向けの英語授業実践について、小玉（2005）は繰り返しの練習は子どもにとって苦痛になりやすいので、それぞれの活動は1、2分程度で切り上げて決して飽きるまではしないこと、テンポよく進めることの大切さを論じていますが、これは日本語教室にも当てはまります。そこで、教材にもさまざまな活動

を入れておくことが鍵となります。

図3:『おひさま』1課「おはなし」（p.2）　　図4:『おひさま』1課「ことば」「うたってみよう」（p.5）

　教科書『おひさま』の一課の基本構成は、「おはなし」「ことば」「あそび」「うたってみよう」「みてみよう」です。上の図3、4と、次ページの図5、6が示すように、まず「おはなし」で始めます[3]。例えば「ぼく・わたし」がテーマなら、「名前を教えてください」「何歳ですか」「好きな食べ物は何ですか」などの質問に答えてもらいます。導入の役割もありますが、子どもたちが自分の経験や知識を生かして話すことが目的です。子どもは、場面の中で、他者とのやりとりを通して言葉を育てる（例：岡本, 1985; 池上, 2002; 川上, 2006）ので、どの活動においても対話はとても重要です。話す活動を入れる際は、発話が苦手な子も参加しやすくしておくのがコツです。イラストや写真があれば、指を指すだけでも意思表示ができます。「ことば」は、語彙・表現・文法を学ぶ活動で、「あそび」は工作、お絵かき、料理、ゲームなどの活動、「うたってみよう」は歌を歌う活動です。そして、「みてみよう」は、各課に関連した情報を、図鑑を眺めるように楽

---

[3] 図4から図8も含めた紙面のサンプルページはくろしお出版のWebサイトで閲覧できる：〈http://www.9640.jp/ohisama/〉（2018年11月23日）

しみながら話せるページです。

　特に授業の最初と最後は、楽しい活動になるよう、教材の構成も工夫しましょう。「なんだかおもしろそう」と思えるような活動で子どもの心をつかんで、「日本語教室楽しかった！」という気持ちで帰ってもらうことが、日本語学習の継続にもつながるからです。

図5：『おひさま』1課「あそび」(p.6)　　図6：『おひさま』1課「みてみよう」(p.7)

4.3　教材作成のポイント（3）使えるものは、すべて使う

　ところで、「言語の授業」と聞いて思い浮かべるのは、何でしょうか。「先生が説明をして、生徒はきちんと座って、プリントの問題を解いて…」などのイメージをお持ちの方も多いかもしれません。このようなイメージ、すなわち言語を教えるとは何か、学ぶとは何かなど、一人の学習者もしくは教師が持っている考え方を**ビリーフ**と呼びます（Horwitz, 1987）。ビリーフはそれまでの自身の経験によって作られます。教材作成も、いつの間にか教師のビリーフに縛られてしまうことがあります。

限られた時間、限られた空間しかない日本語教室だからこそ、活用できるものは、すべて活用しましょう。まずは五感です。例えば、『おひさま』の「やさい・くだもの」の課の活動には「やさいボックス」が登場します。箱の中に野菜を入れた「やさいボックス」を作り、手で触った触感だけで何の野菜か答える、あるいは触感について説明させながら、語彙や表現の練習ができます。「おしょうがつ」の課に出てくる、福笑いのゲームも、目隠しをしている子どもは触感でパーツの形を考えますし、クラスメイトに「もっと上！　左！」と教える場面もよく見られます（下の図7参照）。また、「ごはん・おやつ」の課のように、味についての表現を学ぶ時は、食べ物も教材にして、一緒に食べながら授業もできます。五感を生かした継承日本語クラスでの授業実践は、中野（2017: 43）も報告しており、「体感活動はマルチレベルの児童に共通理解を起こし、一人ひとりのことばを豊かにする」としています。

図7：『おひさま』9課「あそび」（p. 58）

　教室の空間も、机と椅子だけ使うのでは、あまりにもったいないです。
　例えば、教師も生徒も机の下に潜って、そこで絵本も読めます。壁にテープなどで絵カードを貼って、壁も利用した「絵カードかるた」もできます。幼児向け・低学年向けの授業では、机上の勉強だけでなく、時には体を動かしたり、教

師を囲んで円になって座りつつ話したりと、活動別に移動することで、一つひとつの活動がスムーズになることがあります。教材の延長線にある資源として教室空間を使うことを意識すると、教材のバリエーションも増え、活動ごとのメリハリもつけやすくなります。

4.4 教材作成のポイント（4）複言語・複文化を前提にする

　それから、子どもたちの複言語・複文化を、133ページでお伝えしたように「Can-Do思考」で捉え、「オンリーワン」のものとして大切にすることを前提に教材を作りましょう。「日本語の授業なのだから、日本語だけでしないと」というビリーフを持つ教師も多いのですが、せっかく豊かな複言語・複文化を持った子どもたちです。教師が一人ひとりの複言語・複文化を尊重し、活用できる場面を作りましょう。例えば、『おひさま』の「おしょうがつ」の課では、「みてみよう」に「せかいの　おおみそか・おしょうがつ」の紹介があります（図8参照）。

図8：『おひさま』9課「みてみよう」(p. 59)

　言葉の意味を説明する際にも、「この言葉は、英語でなんて言うのか、誰か

知っていますか?」などと子どもたちの誰かに助け舟を求め、答えてもらうだけで、日本語では説明がわからなかった子には補足になりますし、答えられた子の自信にもつながります。また、現地の年中行事やニュース、オリンピックやワールドカップなど、日本文化に限らず、子どもが関心を持っている文化については、複文化も積極的に使うと、子どもにとっても身近で興味が持ちやすくなります。

4.5 教材作成のポイント(5)好きなことにつなげる

日本語教室の授業の時間は、多くても週に数時間程度です。それだけの時間では、なかなか言語能力を効果的に伸ばすことはできません。重要なのは、教室の外で、いかに日本語に触れる機会を作れるかです。そのためには、子ども自身が楽しい、やりたいと思うことが重要です。

一番効果的な方法は、子どもが好きなことにつなげることです。例えば、ポケモンが好きな子なら、モンスターの名前を使ってカタカナの練習ができます。好きなキャラクターを登場させた絵本作りもいいでしょう。野球が好きなら、野球が出てくるマンガやアニメも使えますし、『おひさま』の「おこのみやき」の課のように好きな食べ物を一緒に作りながら、材料や作り方に関わる表現も学べます。「ひらがなを勉強させたい。だから、あ行から順番に」と、勉強させたい内容を中心にするのではなく「この子は、これが好きだ。じゃあ、ここから何が勉強できるかな」と好きなことを中心にするだけで、楽しく効果的な教材作りに、ぐっと近づけることができます。

好きなこととつなげるということは、目の前の教材作り、授業作りだけでなく、子どもが成長してからの日本語学習の飛躍にも役立ちます。例えば、小学校高学年になってから「日本のファッション誌が読みたい」という理由で日本語の勉強に力が入ることもあります。

5 もっと詳しく調査・研究したい人のために

本章では、幼児や低学年の児童を対象にした日本語教室で使用する継承日本語教材の作成のポイントについてまとめましたが、ここではさらに教材について知りたい人のための情報を記します。

教材について掘り下げて調査、研究してみたい人は、ぜひ教材、教師、学習者の関係性から考えてみてください。例えば、Crawford（1995）は、教室における教材の役割には、教材が教師と学習者の両方をサポートし、**スキャフォールディング／足場作り**（3章および11章参照）をする意見と、逆に発達を支えるべき「松葉づえ」を弱らせる存在だとする意見があり、両方の意見を引用しながら、教材の可能性や効果的な教材の条件について述べています。

　教育の世界ではよく「教科書を教える」のではなく「教科書で教える」のだと言われますが、「教科書で教える」場合にも、教科書が学びの過程においてどのような機能を果たすのか、常に考察を重ねていくことが必要です。日本語教育においてはどうでしょうか。本田（2016: 227）は「現在、日本語教育学の中で最も遅れている分野は、教科書・教材に関する研究ではないだろうか」とし、「殊にこの十数年間、教材研究は、あまり行われてこなかった」とも述べています。そのような状況下、「日本語教材を多角的な視点から捉え、総合的に研究した入門的な文献」（吉岡, 2016: i）として、『日本語教材研究の視点―新しい教材研究論の確立を目指して―』（吉岡・本田編, 2016）は必読書と言えます。合わせて「日本語教材目録データベース」もWeb公開されています[4]。日本語教育における教材研究は、今後、より盛んになる必要があるかと思います。

　教材開発については、スリーエーネットワークの『教科書を作る（日本語教育叢書「つくる」）』を始めとする「つくる」シリーズがあります。教科書や教材作成のプロセスやノウハウ、そのために必要な知見、気をつけるべきことを、実際の経験談も踏まえて編まれていて、「読解教材」「作文教材」「テスト」など種類別に一冊ずつまとまっているのも魅力的です。もう少し幅広く、他の言語教育も含めた世界の教材開発に関してはTomlinson（2003）が参考になることでしょう。また、Tomlinson（2011）には教材開発に関わる用語集もついていますので、入門書としてもお薦めできます。

　そして、継承日本語教育の実践報告はもちろんですが、子どもを対象にした言語教育（日本国内の外国人児童向け、子ども向け外国語教材など）の教材を研究することも勉強になります。例えば、日本国内の外国人児童向けの教材には、『こどものにほんご1』（ひょうご日本語教師連絡会議　子どもの日本語研究会,

---

4　くろしお出版のWebサイト内にある。〈http://www.9640.jp/books_716/〉

2002）や『ひろこさんのたのしいにほんご』（根元・屋代, 2001）などがあります。どちらも学校場面に沿ってはいますが、文法項目ごとにまとめてある文型積み上げ式の教科書です。このようなタイプの教科書は、前述したように継承語話者の子どもたちのニーズには合わないので、そのまま使うことは難しいと思われます。しかし、特に外国語としての日本語教育に携わったことのない人にとっては、どのような場面でどんな語彙を教えることが可能なのか、同じ内容をより簡潔な表現に置き換える方法など、得られるヒントはたくさんあります。子ども向けの外国語教材も、楽しく学ばせるための工夫が満載ですので授業や教材作りに役立ちます。日本の書籍は手に入れにくいという海外在住の方でも、ぜひ現地の子ども向け外国語教材を書店で探してください。「これは日本語教育にも応用ができるかもしれない」というポイントが見つかるはずです。また、成長とともに変化していく子どもに合った教材作りのためには、子どもの発達に関する知識（言語発達、認知機能の発達、発達心理学、学習と発達についてなど）もあると役に立ちます。

6 まとめ

「日本語教室の教材、どうしよう」と考えていると、つい日本語だけに目が向きがちですが、日本語のみに捉われないことは、とても大切です。そして、常に目の前にいる子どもたち一人ひとりの複言語・複文化を理解しようと努めましょう。本章で紹介した言語ポートレートは、ぜひ教師や保護者も一緒にやってみてください。定期的に実施すると、変化も見られ、新たな発見もあるかと思います。

教材作りのポイントとして、果物・野菜、環境などの話題別にすると、語彙の幅も広げやすく、いろいろな活動を組み合わせやすくなります。五感や教室空間など、使えるものはすべて活用すること、子どもの複言語・複文化を前提として教材を作ること、子どもの好きなことにつなげることも重要です。本章では、教材の例として『おひさま』を紹介しました。

最後に、複言語・複文化環境で成長した大学生（山本杏奈さん）が、海外で子

育て中の保護者たちへ書いたメッセージを紹介します[5]。メッセージのタイトルは「「好き」を育てること」でした。

> 「好き」という力は、ものすごいエネルギーを持っています。（中略）私は、今に至るまで「日本語」を好きになることができませんでした。親に日本語を馬鹿にされた記憶や、補習校時代からずっと劣等感を抱き続けたせいで国語がとにかく苦痛でした。幼少期に芽生えていた劣等感を、20年も経った今でも克服できていないままです。（中略）このようなネガティブな感情を一度持ってしまうと、なかなかことばの力を伸ばすことができません。だからこそ、「好きだ」「面白い」というポジティブな感情を抱けるような環境を作ることが一番大切だと思うのです。ですから、子どもが自分の好きなものを見失わないように、どんな興味であっても、それを規制するのではなく、見守ってあげることが大切だと私は思います。

このメッセージは教材開発においても、私たちに重要な示唆を与えてくれるのではないでしょうか。子どものことを一番よく見ていて「好き」が何かをわかっているのは親です。好きなことは、しばしば得意なことや伸ばしやすい能力にもつながります。家庭で日本語を教える場合には、その「好き」を最大限に生かせる教材を工夫すればいいですし、日本語教室などに通わせる場合には、子どもが「好き」なことを、家庭での様子も含めて教師に話しておくのがいいと思います。そして、教師が教材を作る場合、クラス全員の「好き」に一致させることは難しくても、授業中に少なくとも一度は、皆がワクワクする気持ちを抱ける、そんな教材を目指しましょう。子どもの「好き」とつながるような、あるいは「好き」を育てながら教材を作っていくことが、私たちには求められているのです。それが結果的には、複言語・複文化環境に育つ子どもが楽しく効果的に日本語を学べる教材になると思います。

---

[5] 山本さんは子ども時代をスコットランドとドイツで過ごした後、日本の大学に進学したそうだ。私が出会った当時、彼女はオランダの大学に留学中だった。そして、私を含む『おひさま』著者3名がオランダの日本人幼稚園で教育セミナーを開催した際、山本さんにはゲストとして参加し、自身の複言語体験を語っていただいた。その時執筆をお願いしたメッセージを本人の承諾を得て引用した。

第3部10章

北米の日本語学校における学習者のニーズの多様化

リー季里・ドーア根理子

・・・・・・・・・・・・・・・・・・・・・ 問 い ・・・・・・・・・・・・・・・・・・・・・

　北米の日本語学校[1]では、日本への帰国を前提にした日本人の子どもだけでなく、帰国の予定のない日本人永住者の子どもの割合が増加しているようです。現地の日本語学校はこのような学習者のニーズの多様化にどう対応しているのでしょうか。

・・・・・・・・・・・・・・・・・・・・・ 回 答 ・・・・・・・・・・・・・・・・・・・・・

　北米の日本国籍を持つ日本人を親に持つ子どもの言語背景の多様化は経済社会のグローバル化に伴って、ますます顕著になってきています。こういった子どもが現地校に通いながら日本語を学習する機関は、北米全体ではほとんど補習授業校に限られています。比較的大きな補習校では、国語教育と継承語教育を並列して提供したり、あるいは本来の目的のいわゆる文科省の定める学習指導要領にのっとった国語教育だけに専念したりというような対応をとっています。しかし小規模の補習校では、各学校が苦労しているのが現状です。それに対抗して、継承語教育をメインとして教える日本語学校も現れ始めました。

---

[1] 北米での「日本語学校」は、一般的に日本語を外国語として教える学校ではなく、日本語を「国語」あるいは「継承語」として教える学校のことを指す。

1 はじめに

1958年にワシントンに最初の**補習授業校**[2]（以下、補習校）が設立されて以来、補習校はあくまでも日本に帰国する児童・生徒を対象とした教育を提供してきました。文部科学省（2003）では、補習校設置の目的は以下のように記されています（8章2.1節参照）。

> 補習授業校は、
> ・現地校に通学する児童生徒が、【対象】
> ・再び日本国内の学校に編入した際にスムーズに適応できるよう、【目標】
> ・基幹教科の基本的知識・技能および日本の学校文化を、【内容】
> ・日本語によって学習する【方法】

しかしながら、経済社会のグローバル化の進展に伴い、1990年代の後半から、北米の補習校では児童・生徒の言語環境が多様化・複雑化し、それらの変化への対応が大きな課題となっています。とりわけ帰国を予定しない、または帰国時期未定の長期滞在の家庭から補習校に通う小学校高学年から中学にかけての児童・生徒にとって、日本国内で行われている日本語を第一言語とする子どもを対象とした補習校での国語教育の限界は顕著になってきました。平日は現地校で英語による教育を受け、週末に日本語を勉強する子どもたちにとっての教育は、滞在期間が長くなればなるほど「国語教育」では教育的効果が現れないのは必然です。私たちが関わってきたニュージャージー州中部の補習校でも、親の一人だけが日本語を第一言語とする児童・生徒は2018年時点で60%以上に達しています。本章では、主に補習校が児童・生徒の日本語学習の目的の多様化に対してどのように対応しているか、そして、それに対する文部科学省（以下、文科省）の対応についても述べていきたいと思います。また近年ニューヨーク近郊で設立されてき

---

2 米国の日本語学校には私立の学校法人が経営しているものと並んで、現地の日本人会や商工会などが中心となってコミュニティが設立し、各州でNPOとして認可されている学校もある。さらに、文部科学省から補習校と認定されている学校とそうでない学校がある。また補習校と認定されていても、学校名に「補習校」を取り入れていない学校もある。例えば、ニュージャージー州にあるプリンストン日本語学校は、補習校と認定されているが、正式名称には「補習校」を取り入れていない。

リー季里・ドーア根理子

ている違った形の日本語学校についても、言及したいと思います。

2 多様な日本語教育へのニーズ

　米国では、1990年代後半から、2000年にかけて、主にスペイン語を話す移民の子どもたちへのスペイン語教育を発端に、研究者の間で、**親からの継承語**としての言語教育を**継承語教育**と位置付け、新しい研究分野として発展してきました。これは、奇しくも、米国で国語あるいは継承語として日本語を学習する子どもたちの言語背景の多様化が顕著になり始めた時期と重なります[3]。

　2016年の外務省のデータでは、北米に在留する日本国籍を持つ[4]小中学生約2万5000人のうち、補習校の在籍者は約1万3000人（50%以上）です[5]。そしてこれらの補習校に通う児童・生徒の実態について、岡村（2018）は、2017年9月から10月までの間、米国の補習校49校で小学部5年生から高等部3年生までの5,417人を対象に「学習状況調査」を実施し、その結果を報告しています。それによると、日本以外の国で生まれた児童・生徒は48%、日本での居住経験が全くない児童・生徒は35%、さらに、日本への帰国予定がない、またはわからない、と答えた児童・生徒は56%となっています。これをもとに岡村は、もともとは日本に帰国する児童・生徒の教育を目的として設立された補習校が、在籍者の多様化により教育内容や方法に工夫を迫られている現状が見て取れると指摘しています。

　また、帰国予定の有無、と言いますが、渋谷（2018）も言及しているように、帰国か永住かが不明または未定の家庭が多いことに留意が必要です。長期滞在者の中には初めは帰国を予定していても、滞在が長引き、米国での進学を視野に入れる生徒も出てきます。それに従って、現地校での勉学や部活動により重きをお

---

[3] 同じ米国でも、日本からの移民の歴史の違いから、西海岸やハワイと北東部の日本語教育の事情は異なっている。序章に従い、この章での「継承語」も、「親からの継承語」としての日本語とする。

[4] 外務省の実施する海外在留邦人数調査では、統計に「日本国籍を有しない日系人は含まれないが、日本国籍を有する重国籍者は含まれる」とある。URL：〈https://www.mofa.go.jp/mofaj/toko/page22_000044.html#section2〉（2018年8月21日）

[5] URL：〈https://www.mofa.go.jp〉（2018年7月12日）

かなければならなくなり、必然的に日本語学習に費やす時間が減るという状況も起こっています。

　しかし現状は、日本からの移民の歴史が長く、補習校と私立の日本語学校が数多くあり、日本語学習の選択幅が広い西海岸に比べて、その他の地域では、日本語を日常的に話す子どもの日本語学習は圧倒的に補習校に頼らざるを得ない状況です。例えば、在ニューヨーク日本国総領事館[6]の管轄にある四つの州（ニューヨーク州、ニュージャージー州、ペンシルバニア州、ウエストバージニア州）では、土日に授業を行う文科省認定補習校は10校のみです。その他の私立の日本語学校・学園は数校ありますが、日本人人口の多いニューヨーク市周辺やニュージャージーの北部に集中しています。

　海外に滞在する子どもたちの日本語学習がどの時点で「国語教育」から「継承語教育」に移行した方が効果的なのかは、判断しにくいところですが、既に述べたように、補習校に通う児童・生徒のうちの半分以上が、補習校に「継承語教育」を求めて通っているというのが実態です。

　こういった海外に住む日本国籍を持つ児童・生徒の言語背景の多様化に関して、文科省も表面上は対応をとってきました。例えば、1987年に文部省（当時）の出した「国際化への対応のための改革」で「帰国子女・海外子女教育への対応と国際的に開かれた学校」に関しての記述に言及し、佐藤（1997）は、国民教育という基本路線に変化は見られないが、グローバルな視野で思考し、行動できる日本人の育成を目標とするようになってきた、と一定の評価はしていますが、一方で、以下のような批判もしています。

> …ただその施策をみると、海外・帰国子女教育は常に国民教育として位置づけられており、「良き日本人の形成」というナショナリズムを志向するという基本路線には変化は見られない。（佐藤, 1997: 69）

　補習校は文科省から認定を受けているというものの、現地のコミュニティが基盤となって設立されている学校です。文科省があくまでも帰国予定の子どもへの教育と補習校を位置付けている一方、現地の補習校では帰国予定の子どもとそう

6　URL：〈http://www.ny.us.emb-japan.go.jp/jp/f/01.html〉（2018年7月12日）

でない子どもを同じカリキュラムで教えることに限界が出てきて、早急の対応が迫られました。

3 補習校の対応

　帰国予定児童・生徒に向けた**カリキュラム**は、文科省の指導要領に基づいた義務教育の内容（主に**国語**）をこなすというものです。多くの補習校では、文科省検定済の国語の教科書を、国内では1年かける内容を、1年に40日ほどの週末1回の授業日に全部カバーします。このこと自体、帰国予定の子どもにとってもかなりの詰め込みを意味しますが、多様な言語背景を持った帰国予定のない子どもたちの多くは消化不良を起こし、授業中の発言が少なくなり、時には「日本語ができない」というレッテルを貼られてやる気を失ったり、フラストレーションから、授業中の態度に問題を起こす子どもも出てきました（Doerr & Lee, 2012）。

　この状況を受けて、多くの補習校は、大きく分けて三つの方法で対応してきました。一つ目は、補習校の**国語教育**の範囲で対応するやり方です。生徒数も多く、一学年に複数学級のある大規模補習校の中には、帰国予定者とそうでないものを分け、「ゆっくり」コースなどを作って、帰国予定者がカバーする教材より少ない量を学習するというような対応を試みている学校もあります[7]。しかしながら「ゆっくり」コースは、「落ちこぼれ」のためのコースという校内の偏見を生み出し、定着が難しいことも多く、期待する成果よりも差別感を生むことの弊害により日本語力でのクラス分けをやめた補習校もあります。また、個人差への対応として希望者には取り出し指導ができる体制をとっている学校もあります（近田, 2017）。

　二つ目は、補習校の本来の目的は日本に帰国予定の児童・生徒に日本の義務教育を提供するものとして、帰国予定のない児童・生徒を受け入れないというスタンスです。これはやはり生徒数の多い大規模補習校ができる対応で、これに対抗して、永住予定者や帰国未定者のための日本語教育を提供する学校を作ろうという動きも出てきました。2004年には、「日本帰国予定はないけれども、日本語と日本文化を学びたい、学ばせたい、より長く続けさせたい」という理念に基づい

7　ワシントン日本語学校では、2014年より小学校3年から5年まで国語科にコース制を導入。Aコースは学習言語としての日本語が不十分な子どもたちがゆっくり学ぶコース（岡村, 2017）。

て、「ワシントン継承語センター」が設立されました。設立当初は、35人でしたが、現在は100人を超える子どもたちがここで日本語を学んでいます[8]。

同じ頃、2006年にはコロラド州のデンバーにも継承語教育を提供する「ロッキーズ日本語アカデミー」が創立されています。ホームページには以下のように記されています[9]。

> ロッキーズ日本語アカデミーは日英バイリンガル教育を支援する日本語教室です。アメリカに住む子どもたちを対象に、継承語（＊）としての日本語維持と発展を目的としており、従来の日本の学校教育のスタイルにとらわれない、コミュニケーションを重視した語学のトレーニングをご提供します。（中略）。コロラドにおける継承語教育をリードしています。
> ＊継承語とは、その国では外国語である言語を親や兄弟などから引き継がれ、家庭で頻繁に使われる言語を意味します。

三つ目の対応方法は、補習校を**日本語学校**という大きな枠組みの中の一部と位置付け、同じ日本語学校の中で、「国語教育」（補習校）と「継承語教育」を並行して、提供しようとする試みです。これは、「継承語教育」を「国語教育」とは異なるものととらえ、継承語学習者にふさわしい教授法で日本語を教えようという試みです。その一例として、ニュージャージー州のプリンストン日本語学校の取り組みを紹介します[10]。

プリンストン日本語学校では、1995年に、まず高等部のカリキュラムを改編し、日本での大学進学希望者と米国での大学進学希望者とのクラスを分けてそれぞれに適したカリキュラムを提供し始めました。前者は「教科書に基づいた国語教育」、後者は「継承語教育」という分類になります。

その後、2000年前後に日本帰国が未定の家庭が小学校低学年で増え、2002年には小学校低学年と中学年を対象とした、国語の補助クラス、また2003年には中学生を対象に時事問題を通して日本語力を強化する補助クラスが開講されまし

8　URL：〈http://www.keisho.org/〉（2018年7月12日）

9　URL：〈http://www.japaneseacademyoftherockies.org/〉（2018年7月23日）

10　URL：〈http://www.pcjls.org/〉（2018年7月31日）

た。しかしながら補助クラスではなく、学校全体としてこういった児童・生徒の言語環境の実情にあったカリキュラムを提供するコース設立の要望がますます高まりました。それを受け、2004年に小学校低学年の児童を対象に、いわゆる継承語学習者のためのクラスを一クラス立ち上げました。もともと設立当時から、文科省の指導要領を基本とする補習校と並列して、日本語を外国語として学ぶコースもありましたが、新たに作られたコースは、日本語を継承語として学ぶコースで、一つの学校の中で、国語、継承語、外国語として日本語を学べるというのは、先駆的なものでした。2004年に小学2・3年生が一つのクラスで学ぶ複式一クラスで立ち上げたコースでしたが、年々増加する永住や帰国未定の家族の要望と協力を得て、2018年現在、小学1年生から高校3年生までが日本語を継承語として学習しています。

フィラデルフィア日本語補習授業校でも、**継承日本語コース**として、年齢に応じた4クラスを提供しています[11]。このコースは、日本語話者を親や祖父母に持ち、それぞれのペースで、着実に継承語としての日本語を学んでいくことを目標とする子どものためのもので、教材は**外国語としての日本語**の教科書を中心に国語の教科書や生教材を取り入れているようです。12歳以上のクラスでは、日本語能力試験のN3・N4合格を目標に掲げていることから、「外国語としての日本語」教育を軸とした継承語教育と位置付けられます。

ここでは、補習校でとられている一般的な三つの対応を紹介しましたが、これはある程度生徒数の多い、大規模ならびに中規模の補習校でこそ可能なことと言えます。生徒数が少ない小規模の補習校では、一学年一クラスを維持するのも大変なところも多い中、帰国予定のない子どものために別のクラスを作るのは財政的にも人員的にも大変困難です。同じクラスの中で、教師の裁量で個々に多様化に対応しているのが、実情と言えます。

補習校と並列して継承語コースを立ち上げるにしても、独立した継承語の日本語学校を設立するにしても、最大の課題はカリキュラムです。帰国を予定しない子どもの中でも、日本に住む日本語を第一言語とする子どもとほぼ同等の言語能力を持っている者から、外国語として日本語を学習するのと変わらない者まで、その日本語能力には大変幅があります。どの言語レベルに焦点を当てるかによっ

---

11 2015年に「日本語コース」から「継承語コース」に名称変更。URL：〈https://jlsp.us/〉（2018年7月12日）

てカリキュラムの作成も変わってきます。一般的には生活言語の定着のレベルを目安にしている傾向があると思います。一例としてプリンストン日本語学校では、初年度の児童募集では、「小学校一年生程度の学習言語及び生活言語としての日本語を習得している児童・生徒をターゲットにする」とあり、これによって、日本語が全く生活言語として定着していない子どもや小学校１年の国語力（読む、書く、話す、聞く）を持たない子どもは対象にならないという基準を明確に示しました。これは「外国語としての日本語教育」を提供するプログラムがあるからこそ可能なことです。実際、プリンストン日本語学校では、親の一人が日本語が第一言語で日本語の単語や簡単な文章は発話できるけれども学校のターゲットとする「継承語教育」のカリキュラムでは効果的な学習が期待できない子どもは、「外国語としての日本語」プログラムで学習しています[12]。

教材作成においても、工夫を要します。文科省検定済の教科書は、どの学年でどの程度の日本語力（国語力）の習得を目指しているのかがはっきりわかりますが、日本に住む日本語を第一言語とする子どもが対象だけに、知的には理解できる内容であっても、語彙や文法、日本特有のトピックなどは継承語教育には適当でないこともあります。国語教育では必要のない語彙や文法構造の確認も必要で、またトピックも日本で生活をしていない子どもにもわかりやすいものを選ぶことが大切です。ここで一番気をつけなくてはならないことは、子どもの精神・知的年齢を必ず考慮することです。大人が外国語を習う時には大人向けに作られた教科書を使用するのと同様、継承語教育でもその子どもの知的年齢にあったトピックを選ぶことが大切です。言葉がわからないことと知的レベルは全く別の問題であることを常に認識することが必要です。また、日本で生活している子どもたちに比べて日常生活で日本語に触れることが少ないので、国語の教科書の物語や説明文の他に、理科や社会（生活）からも簡単な実験や調べ学習がしやすいトピックを教材として選び、五感を使って学習することも重要です（9章3節、4節参照）。

多くの「継承語」コースのクラス編成は、日本語習熟度と年齢を考慮して、2、3年にまたがった子どもたちを一つのクラス、つまり**複式クラス**で行っています。児童・生徒は少なくとも2年は同じクラスで学習しますが、1年目には下

---

12 Kondo-Brown（2005）で言及する継承日本語堪能グループと継承日本語アイデンティティ・グループの区別および日本語教育の違いの必要性参照。

級生だった子どもが、2年目には上級生となり、下級生をリードするというような成長も見られ、学年の違う子どもたちが同じクラスで勉強することの意義も多く見られます（例：Douglas, 2008a）。

4 日本政府（文科省・外務省）の対応

冒頭でも述べましたが、補習校は帰国予定の子どもたちのためのものです。佐藤（1997）によると、1960年代の初めから現在に至るまで、海外子女に対する日本政府の方針は一貫して変わっていません。しかしながら、海外に長期滞在する義務教育段階の子どもの数が増加する中、海外で生活しつつ日常的に日本語を話す子どもたちの日本語の力の多様化は、文科省の以下の文書にも言及されています。

> 文部省　審議会答申等　（21世紀を展望した我が国の教育の在り方について（第一次答申））（平成8年7月19日）[13]
> 例えば、近年、子供一人一人の適性にかかわりなく現地校を選択したため、日本語、現地語ともに年齢相当の言語力に達しない状況に陥ったり、現地校において不適応等を起こすなどの問題が生じていることが指摘されている。

また、2005年には、「初等中等教育における国際教育推進検討会報告―国際社会を生きる人材を育成するために―」という報告書で[14]、帰国を前提としない子どもたちを受け入れている補習校にも触れています。

> また、補習授業校について、現地校へ通う子どもたちが増加する中、週一日国語や算数・数学を中心とした教育を提供する場として貴重なものである。しかし、それだけでなく、永住権を取得している日本人の子どもや現地

13　URL：〈http://www.mext.go.jp/b_menu/shingi/old_chukyo/old_chukyo_index/toushin/attach/1309613.htm〉（2018年7月23日）

14　URL：〈http://www.mext.go.jp/b_menu/shingi/chousa/shotou/026/houkoku/attach/__icsFiles/afieldfile/2018/01/19/1400589_001.pdf〉（2018年7月27日）

市民の子どもなど帰国を前提としない子どもを受け入れている学校もある。また、補習授業校は現地との教育・文化交流の一翼を担っている面もある。これらの点を踏まえた、補習授業校における教育の充実方策についての検討が必要である。

また、国が掲げた「日本再興戦略2016」では、「海外の子供達が質の高い教育を受けられるよう在外教育施設における教育環境機能の一層の強化」を打ち出しており、2017年には、文科省からの委託を受け、海外子女教育振興財団が、「平成29年度在外教育施設の高度グローバル人材育成拠点事業」[15]を立ち上げています（AG5プロジェクト）。事業の趣旨には以下のような課題が述べられ、「効果ある日本語教育プログラムの開発」を実施していくとされています。

- 第一に「海外に在住する子供達に高度なグローバル人材としての基礎力を育成すること」、
- 第二に「国際結婚家庭や永住者の子供の増加に伴う日本語能力向上ための教育を提供すること」、
- そして第三に「日本文化の発信の拠点としての役割を果たすこと」。

ここでは初めて公的な文書に、「国際結婚家庭や永住者の子供」が在外教育施設の対象者として掲げてあります。しかしながら、ホームページに掲載してある研究発表などの資料を見る限り、補習校に通う子どもたちの日本語力アップへのサポートというスタンスで、「継承語教育」としての位置付けは見当たりません。

補習校で、国語教育から独立した継承語教育を実施するには、文科省派遣教員の職務内容も考慮しなければなりません。例えば、プリンストン日本語学校は、文科省認可の補習校であり、また生徒数も百人を超えることから、1989年より文科省から校長の派遣を受けています。しかしながらこの校長（派遣教員）の職務範囲はあくまでも日本へ帰国を予定している児童・生徒への国語教育であり、継承語教育はその範囲外となります。そのため、2004年に継承語コースを立ち上げた際、いわゆる従来の補習校の義務教育の教育課程のみを派遣教員の管轄と

15　URL：〈https://ag-5.jp/about〉（2018年7月28日）

し、その他の部分を司る責任者を擁立して新たな教育のユニットを作り、継承語コースの他、義務教育ではない幼稚園と高校を含めて補習校から独立させました。このため、外務省や文科省からの補助金が文科省指導要領に沿った補習校のカリキュラムで行うクラスのみ対象になっており、同じ日本国籍を持つ子どもでも、日本語を「継承語」や「外国語」として学習する児童・生徒は補助の対象にはならないという矛盾も見られます。

5 もっと詳しく調査・研究したい人のために

　言語能力は連続的なスペクトラムの上にあるもので、かつ分野によっても求められる能力が異なるため（例えば生活言語はマスターしていても学習言語の能力がない、あるいはその逆など）「日本語ができる」「日本語ができない」とはっきり区別できるものではありません。特に、二つ以上の言語環境を行き来する人の言語能力は、**ネイティブスピーカー**、**継承語話者**、そして外国語話者の区別が流動的になり、本人や親の自覚やアイデンティティの問題とも深く関わってきます（Hornberger & Wang, 2008）（コラム1参照）。そのため、教育方法としての「国語教育」「継承語教育」「外国語としての日本語教育」という区別をつけることはできますが、学習者の属性自体を外からカテゴリー化するのには問題が伴います。海外で多様化する日本語学習者へのより効果的な日本語教育をサポートするためには、そのようなアイデンティティの問題に敏感になり、学習意欲を高める工夫なども必要です（Doerr & Lee, 2013）。

　また、言語能力、国籍、人種は必ずしも一致しないので、そのあたりの考慮も必要です。例えば全員中国国籍の家族が日本で十年間生活して中国語と日本語のバイリンガルとなり、アメリカに移住し、そのあとも子どもの日本語能力を支えていきたいという理由で日本語学校に通わせる人もいます。継承語教育はあくまでも学習者の言語的背景や目的に合わせた言語教育の方法であり、国民形成を目的に始まった国語教育とは異なるものです。先住民の言語復興を目的とする教育などの場合は、言語と民族の繋がりを重視し、言語能力とは関係なく継承語教育と呼ぶ場合もありますが、日本語の場合は、継承語教育は、生活言語力を土台に学習言語力を習得するという言語力を中心とした定義で使われることが多いのが

現状です[16]（序章参照）。

　継承語教育は言語だけの問題ではなく、学習者の人間としての全体像を視野に入れて包括的に考えていく必要のある分野です（He, 2006）。日本語以外に使っている言語との関係、現地校での日本語話者としての位置、本人の将来への展望や家族関係の中で日本語を勉強することの意義などを考慮に入れて、教育者、親、学習者がチームとなって柔軟性を持って作り上げていく必要があります。

6 まとめに代えて：新しいタイプの日本語学校の出現

　本章では、多様化する日本語教育のニーズについて、補習校とそこで近年行われ始めた継承語教育を中心にその対応を見てきました。最後に、補習校に頼らずに自分たちのコミュニティで子どもたちの日本文化や日本語の継承の教育を支えていこうという最近の動向を紹介します。ニューヨーク地域では、日本人の子どもたちの日本語教育のニーズが多様化する中、補習校に頼らない、地域に密接した日本語学校が数校立ち上げられています。

　2012年から活動していた土曜日日本語プログラム「ブルックリンシュタイナー日本語学校」は、ブルックリンの日本人コミュニティのサポートの活動を幅広く行うため、2015年より「ブルックリン虹のかけ橋日本語文化センター（日本語学校）」という非営利団体を設立し、その一環として、継承語教育や大人向けのワークショップを中心に活動しています。入学に際しての条件として、ホームページ[17]に明記されていることは、家庭で積極的に日本語の環境を作る努力をしている、クラスの中での日本語による指示をある程度把握できる、また子ども自身が日本語で話すことに興味を示している、とあります。

　また、2011年には非営利団体「ブルックリン日系人家族会（BJAFA）」が、継承語としての日本語が学べる場として、「ブルックリン日本語学園」を開設しました[18]。この日本語学校は「継承語教育」を掲げているのにもかかわらず、2017年に文科省より「補習校」として認定されています。幼稚園児の募集要項

16　この二つの定義の詳細については、Valdés（2001）を参照。
17　URL：〈http://www.bnjcc.org/〉（2018年7月31日）
18　URL：〈http://bjafa.org/nihongogakuen/about/〉（2018年7月31日）

には、日本語での日常会話と指示内容が問題なく理解できること、親の一人が日本語を第一言語とし、毎日必ず家庭内にて学園の宿題や課題を子どもと一緒に楽しみながら取り組み、日本語習熟に必要な学習サポートがしっかりと行えること、親の協力が必要なクラス・アクティビティや学園の運営上のサポート、また年間を通じたBJAFAのコミュニティ・イベントに対し積極的なボランティア参加ができること、などが明記されており、学習者に「生活言語」の定着が見られることと親が子どもの日本語学習とコミュニティ活動に積極的に参加することが必須となっています。

　さらに、2012年に開園された日本語で幼児教育を行う「あおぞら学園」は、地域に住む永住家庭の子どもたちのためのフルタイムの幼稚園です。多文化共生の視点のカリキュラムをもとに、国際感覚を養う保育をモットーに掲げています[19]。

　北米の北東部のように比較的日本語話者の人口の多い地域では、コミュニティのニーズに合った日本語教育を提供する日本語教育機関が少しずつ出てきています。移民の歴史の長いハワイや西海岸と同じように、北東部でも国際結婚や仕事の関係で永住する家族が増えており、従来の補習校の帰国予定者のための「国語教育」は目的に合わず、補習校に頼らない「継承語教育」が求められています。しかし日本語話者の人口の少ない地域では、補習校が唯一の日本語学校である場合がほとんどで、多様化への対応は各学校に任せられているのが現状です。日本政府の対応も少しずつ変化をしてきてはいますが、補習校に通う子どもたちの半数以上が帰国未定であることを踏まえ、この子どもたちが将来グローバルに活躍することを見据えて、海外での「国語教育」とともに「継承語教育」への支援を増やしていくことが重要と考えます。

19　URL：〈http://aozoragakuen.com/index.html〉（2018年7月31日）

第 3 部 11 章

外国語学習者と継承語学習者の混合日本語クラスでの指導

ダグラス昌子

問 い

　海外の大学で日本語を教えていますが、継承日本語学習者も少なくありません。外国語学習者と継承語学習者の混合した日本語クラスで、日本語レベルや日本語習得背景の違いに対応しながら、大学で日本語を効果的に指導する方法について教えてください。

回 答

　混合クラスは、カリキュラムの適応性と柔軟性が鍵になります。教科書を使って同じ内容を同じペースで学ぶカリキュラムではなく、学習成果、学習内容、学習活動を学習者のニーズに適応させる学習者中心のアプローチと、内容と言語を統合的に教えるアプローチが必要になります。このアプローチを枠組みにして、学習者のニーズに応じて学習活動を区別化し、また一時的な学習支援（＝スキャフォールディング）を柔軟に組み込む必要があります。また、クラスという形態ではなく、テクノロジーを利用した個別学習も選択肢の一つになります。

1 混合クラスの現状

　本章では、**外国語学習者**と**継承語学習者**の**混合クラス**の場合、どのようにカリキュラムをデザインすると効果があるのかという問題を考えていきます。外国語学習者と継承語学習者は、言語習得の背景、発音や文法などの言語力、学習動機に違いがあるため、混合クラスで教えるよりも、別々に教えたほうが効果があると提唱されています（Beaudrie, 2012; Beaudrie, Ducar, & Potowski, 2014; Carreira, 2016; Kagan & Dillon, 2001; Kondo-Brown, 2010）。けれども、別々のクラスを開講する予算がない、開講しても継承語のコースに登録する学生の数が少ないためコースがキャンセルされるという理由で、別々のクラスが開講できないのが現状です（Beaudrie, 2012; Carreira, 2017; Yu, 2008; Zhang & Davis, 2008）。

　このような現状で、米国の大学では継承語学習者数の増加にともない、混合クラスで教えるという形態が主流となっています（Bowles, 2011; Carreira, 2017; Wu, 2008）。しかし、外国語プログラムによっては、継承語学習者の数が少ないので、継承語学習者のニーズは特に考えず、外国語を教えるアプローチと外国語学習者用の教科書を使っているところも少なくありません（Carreira, 2016）。また、外国語を教えるトレーニングを受けた教師にとっては、外国語学習者を教えながら、同時に継承語学習者のニーズを満たし、効果的なアプローチを考え、実践しなければいけないということが非常に負担になります（Beaudrie, Ducar, & Potowski, 2014）。

　このような問題を解決していくためにも、混合クラスの教授法の確立が必要ですが、現在のところ学習活動の例は提案されていても（Carreira, 2016）、カリキュラム全体の体系的なデザインと、そのカリキュラムの効果を測る実証研究はまだまだ十分とは言えません。本章では、このギャップを埋める第一歩として、混合クラスのカリキュラムデザインの原則をまとめた上で、その原則をもとにデザインされたカリキュラムの効果を調べた実証研究の一例を紹介します。

2 混合クラスのカリキュラムデザイン

　混合クラスのカリキュラムデザインは、ニーズの異なる学習者に**カリキュラム**がどのぐらい柔軟に対応できるかが鍵になります（Heritage Language Focus

Group, n.d.; Wu, 2008)。外国語のコースでは、教科書を使って、語から単文、複文、そして段落へ積み上げていく、いわゆる**ボトムアップ式**で、同じ内容を同じペースで学ぶという方法がとられています。けれども、この教え方は、カリキュラムの適応性（adaptability）や柔軟性が非常に低く、外国語学習者の言語学習には適していても、すでに日常のコミュニケーションがある程度できる継承語学習者がその言語力を土台に学習を進めることはむずかしくなります。

このボトムアップ式に対して継承語教育の研究では、まず学習内容の全体像をとらえて、その後必要に応じて細かいところを補っていく**トップダウン式**が提唱されています（Carreira, 2017; Kagan & Dillon, 2001; Wu & Chang, 2010）。トップダウン式では、トピックや教科の内容を学習しながら言語の学習も統合して入れていくアプローチを使います。このアプローチには、「内容重視の**言語教育**」（本章 2.1.1 節参照）や「プロジェクト型言語学習」（本章 3 節参照）があります。さらに、学習者の個々のニーズを見ながらカリキュラムを調整する**学習者中心**のアプローチが必要になります（Beaudrie & Ducar, 2005; Douglas, 2005, 2008b; Wu, 2008）。

2.1　大学の混合クラスのカリキュラムデザイン

大学の混合クラスで上記のトップダウン式のアプローチを使った場合、外国語学習者と継承語学習者の両グループに教育効果があるのでしょうか。Kondo-Brown（2010）は、カリキュラムの教育効果の実証研究は今後の研究が必要な分野だと指摘していますが、現在も研究の数は非常に限られています。次の節では、この問題への取り組みとして、学習者のニーズに適応し、柔軟性があるカリキュラムのデザインと、その教育効果を調べた実証研究の一例を紹介します。

2.1.1　大学の上級レベルのカリキュラム

この事例は、私が教える大学の上級コースの「日本の歴史」という**内容重視の言語教育**（Content-Based Language Instruction［CBLI］）のコースで教育効果を検証したものです（Douglas, 2017, 2018）。CBLI というのは、文法や語彙などの言語学習を直接の目標として学ぶのではなく、トピックや教科の内容を学ぶことを目標とし、そのために必要な道具として言語を使う中でその習得を目指すというアプローチです（Brinton, Snow, & Wesche, 2008; Coyle, Hood, & Marsh,

2010)[1]。「日本の歴史」のコースには、初級から常にいい成績で上がってきた学習者と、パスぎりぎりの成績で上がってきた学習者がいます。この二つのグループの日本語力の差は著しく、外国語としての日本語の学習者だけでも混合クラスとなっています。ここに継承語学習者が加わり、日本語力で分けると、4年生レベル、3年生レベル、2年生レベルの三つのグループになりました[2]。

Douglas（2017）では、学期初めと学期末に学習者が書いた意見文[3]を比較した結果、どのグループも日本語力の差にかかわらず、日本の歴史に関する知識[4]、エッセイの質（読みやすさ）、意見を書くという言語の機能の向上が見られました。一方、日本語力別のグループ間の比較では、日本語力の向上と意見文の質に

1 　内容と言語を統合して教えるアプローチは**内容重視の教育**（Content-Based Instruction［CBI］）と一般的には呼ばれている（Crandall & Tucker, 1990; Dalton-Puffer, 2011; Snow & Brinton, 1997; Wesche, Krueger, & Ryan, 1993）（5章2節参照）。CBIにはいろいろなタイプがあり、米国の小学校の外国語教育で取り入れられているイマージョン教育、英語が第二言語のため学校教育に必要な英語力が十分ではない児童・生徒・学生のためのシェルターアプローチやアジャンクトモデル、テーマを決めて外国語を学習するアプローチなどがある（Met, 1999）。これらのアプローチは、教える内容の専門知識がある教師が教えるのか、言語の教師が教えるのか、または両方が協力して教えるのかという点で、違いもある。「日本の歴史」のコースは、内容は歴史というアカデミックなものだが、教えるのは言語教師（私）だけということで、本書ではCBLI（Content-Based Language Instruction）というようにLanguageという語を入れて他のCBIアプローチと区別している。

2 　日本語力は、筑波大学で作られたSimple Performance-Oriented Test（SPOT）（フォード丹羽・小林・山元, 1994）と漢字テスト、および継承語学習者にはさらにエッセイテストを課して測定した。

3 　意見文を書くために、このコースのエッセンシャル・クエスチョンを課題として出した。エッセンシャル・クエスチョンとは、その答えを探すために、何をどう学んだらいいかという方向性を学習の前と学習中に学習者に与えるものである。カリキュラムをデザインするときもこれが指針となる。

　　例）「日本がその歴史を通して、意図的、積極的かつ選択的に外国の文化の借用、改作、日本化を繰り返してきたことは顕著である。したがって日本にはオリジナリティがない。」という意見があります。この意見に賛成ですか、反対ですか。日本の歴史の中の出来事の例を挙げて、賛成か反対かあなたの意見を書いてください。（原文は英語）

4 　内容の知識の測定は、英語で書かれたエッセイを分析した。CBLIの評価では、内容の理解度を測るのに、学習者の一番強い言語を使うか、または学習している言語を使うかという問題にはいまだに明白な答えが出されていない。内容を理解していても、学習している言語の力に制限がある場合、理解したことを十分に表現できないという問題があるため（Brinton, Kagan, & Bauckus, 2008）、この研究では学習者の一番強い言語である英語を使って書いたエッセイの分析を行った。

顕著な差がありました。日本語力が最も低いグループは、語彙の発達とエッセイの構成が顕著によくなり、他の二つのグループは、節レベルの発達と読み手に最後まで読もうという動機をおこさせる書き方に進歩が見られました。これに加えて、最も日本語力の高いグループは複数の段落を使って筋の通った話を書く能力の向上が顕著でした。

　また、**漢字力**を旧日本語能力試験の級別で比べると、全体的に学期末のエッセイに使われた**漢字**は、学期初めより、級が高くなっていましたが、日本語力が最も高いグループは、特に学期末に3級の漢字が減り、2級の漢字が顕著に増えていました。教材に使った歴史の読み物の中の漢字は、日本語能力試験の2級から1級に入っているものが多く、このレベルが歴史という学科で使われる**アカデミック語彙**のレベルとなります。したがって、日本語力の最も高いグループは、CBLIでの学習を通して、アカデミック語彙を習得したと言えます。

　Douglas（2018）は、上記の学習者の中の継承日本語学習者を取り出して、分析したものです。この研究では継承語学習者は5名でしたので、この分析結果を一般化することはできませんが、予備研究と見ていただけるといいと思います。継承語学習者の学期初めのエッセイを見ると、話し言葉で使われる語彙の使用が目立つ、エッセイスタイルが使われていない、意見文としての構成がはっきりしない、段落が一つしかないなどの特徴がありました。ところが学期末のエッセイを分析すると、Douglas（2017）の研究の中の日本語力が最も高いグループの特徴が、継承語学習者にも見られました。たとえば、アカデミック語彙（2級の漢字語彙）の増加、エッセイスタイルの使用、意見文としての質の向上、複数の段落の使用などです。

　以上の実証研究は、今後データを増やし、同じ結果が得られるかを検証していく必要があり、結論をここで出すことはできませんが、混合クラスでも日本語力の違う学習者に内容を理解させ、日本語力のレベルに応じてそれなりに言語力や書く力を伸ばすことができる可能性を示していると言えます。次の節では、上記のCBLIのアプローチを使ったカリキュラムが、混合クラスでの学習者のニーズに柔軟に適応できるようにするために、どのようにデザインされたかということを検討します。特に、学習活動をデザインする際の方策として取り入れた学習の区別化とスキャフォールディングについて説明をします。

2.1.2　学習活動デザインの方策

　この節では、学習活動をデザインするための方策として、学習の区別化とスキャフォールディングについて検討します。学習の**区別化**（differentiation）というのは、クラスでの指導法で、学習者の学習へのレディネス、興味、学習者のプロフィールの違いに教師が適切に対処したときに、学習効果が上がるという教育理念をもとにしています（Tomlinson, 2001）。学習の区別化は、多様な学習者に違った内容を教えるのではなく、同じ目標に到達するのに違った学習のルートを辿るということです。Tomlinson（2014）は、区別化をするところとして、「学習内容」、「学習のプロセス」、「学習のプロダクト」、「学習環境」の四つを挙げています。

　「学習内容」というのは、学習者が学習する内容と、学習中に習得して使えるようになるスキルのことです。学習内容を区別化する一例としては、学習する情報の量を変えるという方法があります。「日本の歴史」のコースでは、外国語として日本語を学ぶ学習者は、資料の中で主要な情報がある段落だけを読み、継承語学習者は、主要部分に加えて、詳細な情報を含む段落も読むという区別化をしました。

　「学習のプロセス」というのは、全体学習やペアワークなどの学習の組み立て方と、学習活動のタイプです。「日本の歴史」コースの学習活動の区別化の一例には、書く練習として出した宿題にジャンルが異なる課題を与え（例：遣隋使として聖徳太子に手紙を書く、あるいは歴史新聞の記事を書く）、学習者がどちらかを選んで書くというものがありました。

　「学習のプロダクト」というのは、学習した知識やスキルを統合して作った作品や、発表につなげる活動です。「日本の歴史」では、意見文や内容のまとめを書くときに言語力の最も高いグループは複数の段落を使って書くことを常に課題としたのに対して、他の二つのグループは一つの段落で書くという量的な区別化をしました。また、産出する語彙もレベルが一番高いグループはアカデミック語彙を、他の二つのグループは日常使う語彙を使うという区別化もしました。そして、歴史新聞を作成するときに、言語力に応じて文字主体の新聞にするか、ビジュアル主体のインフォグラフィック（情報、データ、知識を効果的に視覚化したもの）にするかという区別化をしました。

　「学習環境」というのは、一人で学ぶ、ペアで学ぶ、クラス全体で学ぶなどの

プロセスのための学習環境作りをさします。「日本の歴史」のコースでは、歴史新聞をペアで作るプロジェクトを達成するために、コンピューターラボを教室として使用して、資料探し、新聞作りの方法、新聞に入れる内容の吟味などで学習者の必要に応じて、コンピューターにアクセスして個人学習、またはペア学習などの学びの区別化ができる環境を用意しました。

　学習者のニーズを把握して、学習の区別化を実践するためには、継続的に評価を実施し、その結果を見ながら区別化の調整をすることが必要になります。評価にはいろいろなタイプがあり、学習が始まる前に実施する事前評価、学習の進み具合を評価する形成的評価、学習の達成度を評価する総括的評価があります。**事前評価**とは、学習者のレディネス、興味、プロフィールを調べる、いわば診断のための評価です。この評価によって、学習の内容、プロセス、プロダクト、学習環境を学習者に合うようにデザインをします（Tomlinson, 2014）。**形成的評価**では、学習の進行状況とカリキュラムの効果を調べ、必要に応じてカリキュラムの調整を行います。そして**総括的評価**では、学習の達成度を評価します。

　学習の区別化により、学習内容、プロセス、プロダクトが異なりますので、形成的評価と総括的評価の内容と方法も変わってきます。区別化学習に慣れていない学習者には、学期の初めに診断テストの結果を知らせ、クラスの初日に区別化をする理由と、どう評価をするのが全員にとって公平であるかという説明と話し合いが必要になります。同時に評価に使うテストの形式や、形成評価のツール、プロダクトを評価する際に使うパフォーマンス評価用のルーブリックも学習者に説明しておきます。

　次にスキャフォールディングについて検討します。**スキャフォールディング**というのは、建築用語から来た言葉で建物を建てるときの一時的な補助の役割をする足場のことです。教育現場でのスキャフォールディングとは、学習者が一人で課題を達成できるようになるまでに教師または他の学習者から得る一時的な支援のことです（Douglas & Kataoka, 2008）（4章1.2節参照）。この節では読みの指導で使うスキャフォールディングを例として紹介します。CBLIやPBLLでは日本語母語話者のための読み物を教材として使いますが、日本語学習者にとってこれらの読み物は、内容と日本語ともに難度が高いので、内容を理解するためにはスキャフォールディングが必要になります。

　読みの指導ではスキャフォールディングを次の四つの領域に入れます。概念

(内容、文化)、言語スキル(主要語彙、文法、段落)、言語以外のスキル(スクリプト[5]の知識、グラフや表を読むスキル)、仮説を立てたり、評価をしたりするという高いレベルの認知力(考える力)です。そして、読みのプロセス全体を前作業、本作業、後作業の3段階に分け、各段階で必要に応じて上記の四つの領域のスキャフォールディングを学習者のニーズを見ながら入れていきます。表1にスキャフォールディングの例をまとめました。表の中の個々の項目のスキャフォールディングの実例は Douglas & Kataoka (2008) をご参照ください。以下では、Douglas & Kataoka にない例を補足しながら説明します。

表1：スキャフォールディングが必要なところ

読みのプロセス	スキャフォールディングが必要なところ
前作業	・背景知識(スキーマ)の活性化 ・知識の橋渡し(これから読む内容の予測) ・主要語彙の学習
本作業	・読みのストラテジー(スキミング・スキャニング、大意を掴むための読み・詳しい読み) ・内容の理解チェック ・語彙と文法
後作業	・学習した内容の復習と情報の再構築 ・学習した内容の応用

前作業のスキャフォールディングは、読み物の内容の理解を助ける背景知識を作ることが目的です。背景知識を作る方法としては、スキーマというすでに学習者が持っている知識を活性化する方法と、これから読む内容への知識の橋渡しをする方法があります。スキーマの活性化は読みの内容とは直接関係していないけれども、その読み物のトピックに関係している背景知識を引き出す活動です。一方、知識の橋渡しは、読みの内容と直接関係する情報をあらかじめ学習者に知らせるための活動です。

前作業には、主要語彙に慣れるための学習活動も入ります。これは、従来の読

---

[5] スクリプトというのは、手続き的な知識と呼ばれるものである。ある特定の場面を指定すると、そこでどのようなことが行われるかという手順が共通の知識として認識される。たとえば、「飛行機に乗る」と言われると、空港でカウンターに行ってチェックインして、保安検査場で一連の手順をふみ、搭乗口に向かうというのが共通に思い浮かべられるスクリプトとなる。

みの指導で見られるような、単語リストを与えるというものとは異なり、絵やイラストなどのビジュアルを多く使い、主要語彙の意味の理解を促進したり、語彙とその意味のマッチングをしたり、文の中に入れる練習をしたりと、いろいろな形で導入して練習することで、語彙に慣れていくという学習活動です。このような前作業の学習活動を通して、学習者が読み教材の内容理解の準備をするようにします。

　本作業は、読み教材を実際に読みながら、まずは大意を掴むための読みができるように、スキミングやスキャニング[6]のためのスキャフォールディングを入れ、その次に詳細な情報を得るための読みができるようにスキャフォールディングを入れます。このスキャフォールディングは、学習者が第二言語で読みの活動をするときに、ともすれば読み物の初めから一語一語辞書を使って翻訳していくという読み方を避ける目的もあります。

　本作業には、理解した読みの内容を整理するためのスキャフォールディングも入ります。たとえば、内容をグラフィック・オーガナイザー（graphic organizer）[7]を使って整理するというスキャフォールディングがあります（授業で使ったプリントの例は本章の資料1を参照）。また、理解した内容を覚えるためのスキャフォールディングとして、視覚に頼るインフォグラフィック（ダグラス, 2017）を使うと、文字だけでまとめたものを覚えるよりも記憶効果があります（Douglas & Kataoka, 2017）。本作業の最後には、内容を理解した後に、主要語彙と文法の学習のためのスキャフォールディングも入ります（授業で使ったプリントの例は本章の資料2を参照）。

　後作業では、本作業で学習したことを復習したり、今まで学習したことと、この読み物で学んだことを統合して、知識の再構築をします。後作業は、読み物ごとに必ず入るというものではなく、いくつかの読み物を読んだ後で内容から得た知識を統合するとき、または一つのレッスンの終わりに総まとめとして学習の成果物を作成するときに入れます。たとえば、学習者の意見をブログに載せるとか、歴史新聞を作成するという学習活動のためのスキャフォールディングとなり

6　スキミングというのは、文章にさっと目を通して、大まかに内容を理解する読み方をさす。スキャニングというのは、特定の情報を探すための読み方をさす。

7　グラフィック・オーガナイザーは Content-Based Language Teaching with Technology［CoBaLTT］（CARLA, 2018）に多数の実例がある。

ます。

2.1.3　大学の外国語の初級・中級の混合クラス

　大学の上級コースになっても外国語学習者と継承語学習者の言語力には違いがあるため（Kondo-Brown, 2010）、学習のニーズも異なります。とは言うものの、外国語学習者であっても初級、中級で言語のスキルを獲得して上級に上がってくると、2.1.1の事例にあるように区別化とスキャフォールディングを組み込んだトップダウン式のカリキュラムを使って、内容の理解と言語の発達が可能となります。では、基礎的な言語スキルと文化の知識を獲得することが目標の初級、中級ではどうでしょうか。米国で継承語研究の歴史が最も長いスペイン語でも、初級、中級の混合クラスの実践とその有効性を調べた実証研究はほとんどありません。Bowles（2011）によると、継承語話者と外国語話者がペアで話しているときの会話分析の研究が自身の研究も含めて二つしかないと言われています。Bowlesの研究では、タスクの内容を変えることで、混合クラスのペアワークに効果が期待できるという報告があります。

　この研究結果を受けて、Carreira（2016）は、初級、中級の混合クラスでは、ペアの組み方と学習活動を工夫したり、この二つのグループを同じコースの中で別々に教えたりするとよいという提案をしています。一方、Kagan & Dillon（2001）は、初歩的な発音と文法と語彙を習う外国語のコースでは継承語学習者は足踏み状態になり進歩が期待できないと述べています。初級の混合クラスでは、上記のペアワークや他の学習活動をどのように体系的に入れていけばいいか、どのような学習の区別化とスキャフォールディングを組み込むのかなどの問題がカリキュラムデザインの今後の課題となります。また、デザインしたカリキュラムの教育効果を調べる実証研究も必要となります。

　継承語教育では、以上述べたようにクラスで学ぶ形態の他に、自習学習（independent study）、インターンシップ、大学院生のアシスタントによる個人指導の教育もよく行われています（Carreira, 2017）。この個人指導については、テクノロジーを使った**個別学習**（individual learning）という指導も選択肢の一つとなります。テクノロジーの利点は、学習者がいつでも、どこからでも学習教材にアクセスができ、自分のペースで学習ができること、つまり個別学習が可能になることです。学習者のニーズの違いが顕著で、クラスで教える形態だと個々のニーズに対応できない、また学習者数を確保できずコースがキャンセルされると

いう悩みを持つ継承語教育へのテクノロジーの利用が今後期待されます（Henshaw, 2016）。特に、口頭の力と、読み書きの力の差が大きい継承語学習者には、自分のペースで学習ができる個別学習の効果が期待されます。Douglas（2008b）は、口頭の言語力が強い反面、漢字の読み書きの力が弱く、かつ漢字力に著しい個人差がある継承語学習者には、テクノロジーを利用した個別学習が効果があると報告しています。

　継承語教育へのテクノロジーの利用は今のところ非常に限られていますが、Henshaw（2016）は、第二言語教育へのテクノロジー利用の研究からの知見をもとに、継承語教育にテクノロジーを利用することを提唱し、その際に考慮すべき点をいくつか挙げています。その一つは、学習者の自律性を尊重するということです。たとえば、学習教材の選択を学習者に任せることにより、学習動機が高くなるとしています。次に、テクノロジーは、本来の目的と同じ目的で使うということです。つまり、クラスの中に限って言語学習のためだけにテクノロジーを使うのではなく、実社会でテクノロジーを使うのと同じ目的で利用するということです。さらに読み書きの力を伸ばす必要のある継承語学習者には、ブログやテキストチャットなど書く学習活動が主体のカリキュラムを提唱しています。

　上記の条件に加えて、継承日本語の**漢字教育**に関しては、トップダウンのアプローチを使うことと、漢字の知識と**漢字学習**のための手続き的な知識の両方が習得できるカリキュラムデザインが必要になります。トップダウンのアプローチは、2節で述べた継承語教育全体のアプローチと共通するものです。漢字を一つずつ覚えてから読み物を読んだり書いたりするのではなく、実生活で行っている読み、書きのタスクをする中で漢字を学ぶという順になります。そして、漢字学習では、漢字を学ぶことに加えて、漢字をどのように学ぶか（漢字学習のストラテジー）という手続き的知識も、漢字力をつけるために必要です（Douglas, 2008b）。

　また、漢字学習用アプリの普及で漢字情報の検索機能（例：Jisho.org）や、クイズやフラッシュカードの作成機能（例：Anki や Quizlet）を使って個別の漢字学習が可能になり、Web 2.0 の普及でブログやテキストチャットを使うことでクラス外の母語話者との双方向の交流も容易になりました。これらのツールを上記のテクノロジー利用の条件をもとにデザインされた個別学習に組み込み、自分のペースで漢字が学習できるカリキュラムのデザインの方法と実践報告、そしてそ

の効果の検証が待たれます。

3 もっと詳しく調査・研究したい人のために

　本章では米国の大学の継承語教育の主な形態である混合クラスのカリキュラムデザインとその効果の検証事例、そしてテクノロジーを利用した個別学習について検討しました。継承語学習者用のトップダウン式のカリキュラムデザインには、次のオンラインサイトが参考になります。CBLI は、Center for Advanced Research on Language Acquisition [CARLA] (2018) の *CoBaLTT Instructional Modules* を利用すると、CBLI の説明、教育効果についての既存の研究、カリキュラムデザイン、学習活動の組み立てなどが学べます。

　また、プロジェクト型のカリキュラムデザインについては、High Quality Project Based Learning [HQPBL] (2018) がプロジェクト型のカリキュラムの原則をまとめています。「プロジェクト」という言葉はいろいろな意味で使われていますが、単に体験して学ぶとか、楽しく学ぶという学習活動と区別するための**プロジェクト型学習**（Project-Based Learning [PBL]）の原則があります。PBL はいろいろな学科の内容の学習と認知力の発達を目標としていますが、**プロジェクト型言語学習**（Project-Based Language Learning [PBLL] のほうは、これに加えて、言語の知識と運用力、文化の知識の習得を学習目標としています。PBL の詳細に関しては、Buck Institute of Education (2018) のオンラインサイトに詳しい説明があります。ただ、このサイトは外国語教育に特定したものではないので、これを参考に言語の知識とスキル、文化の習得を学習目標に組み込んだ言語教育用のカリキュラムをデザインする必要があります。

　カリキュラムデザインと並行して、その教育効果を検証する実証研究も必要になります。継承語教育ではこの分野の先行研究が数少ないので、本章で述べたアプローチと学習活動について、教育効果を上げる要因をまず探し、そこから研究の方向付けをするという研究手順が考えられます。そのために、質的研究の方法に従って特定の学習環境や学習者の学習のプロセスを深く理解することが研究目的となります。この質的研究の例としては、アクションリサーチがあります。アクションリサーチとは、特定の学習環境に関する情報を体系的に収集して分析をし、その教育効果を調べたり仮説を立てたり、理論を構築したり、問題を解決し

たりすることを目的とする研究方法（横溝, 2000; Turner, 2014）のことです。

継承語のアクションリサーチでは Zhang & Davis（2008）が参考になります。この研究は、継承中国語学習者4人に絞ったケーススタディーで、オンラインのチャットの効果について調べたものです。研究ではチャットの内容、学習者が書いたジャーナル、学習者へのインタビュー、学習者のオブザベーションの記録など合計7種類のデータを多角的に集めて詳しく分析しています。この分析からは、オンラインチャットが継承語学習に有効であり、特に学習者が互いに交流できるというチャットの要素を今後の研究で調べていく必要があるという一つの方向性が提示されています。

アクションリサーチも含めて、質的研究は上記の例のように個々の学習環境について深く理解をすることに役に立ちますが、その反面、制限もあります。この種の研究はクラス単位で行われることが多く、一度に大量のデータを集めることができません。そのため、一つの研究の結果を一般化することができません。研究の結果を一般化するためには、言語力の違う学習者、異なる学習環境、異なる継承語の学習者に同じ研究方法を使って研究を行い、その結果を蓄積していくという方法が考えられます。

4 まとめ

本章では、大学の上級日本語の混合クラスでのトップダウンアプローチと、学習の区別化とスキャフォールディングを取り入れたカリキュラムを紹介し、そのカリキュラムの効果を測定した事例を紹介しました。上級レベルでも今後、実証研究を増やすことで研究結果の一般化をする必要があります。また初級、中級の混合クラスでは、現在提案されている学習活動の効果を検証する実証研究が必要であり、またその結果に基づいて、学習活動を体系的に組み込んだカリキュラム作り、さらにそのカリキュラムの効果を調べる研究が必要になります。また、混合クラスという形態ではなく、テクノロジーを利用した個別学習の可能性も検討しました。この個別学習も、カリキュラムデザインとその効果の検証の研究が待たれるというのが、現在の米国の大学レベルの継承日本語教育の現状です。

資料1　グラフィック・オーガナイザーを使ったスキャフォールディングの例

日本と西ヨーロッパ（西欧）の封建制度

　ライシャワーの読み物の 75 と 76 ページを読んで、この図の空いているところを埋めてください。

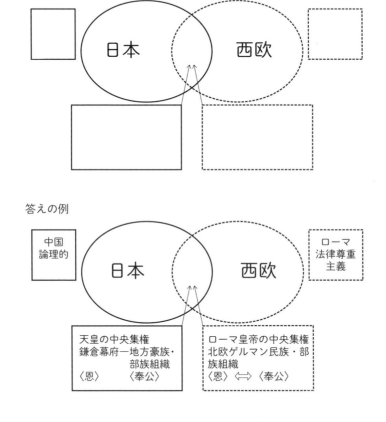

資料2　文法学習のためのスキャフォールディングの例

1. Simple structure

☐　が・は_____　　［verb / adjective / noun］

2. Main structure and subordinate structure

☐　は　［___が___verb / adjective / noun］　［modified noun］　［verb / adjective / noun］

練習

読み物を読んで、☐に入るところを探して、書いてください。

①地方豪族は、☐という事実（じじつ）に甘（あま）んじてきた。

地方豪族は、☐ということを信じてきた（と思ってきた）。

＊どう思ってきたのですか。☐の中に書いてください。

②ジャパンというのは☐呼び名である。

＊どんな呼び名ですか。☐の中に書いてください。

ダグラス昌子

第3部12章

欧州における継承日本語教育と欧州言語共通参照枠(CEFR)

奥村三菜子

・・・・・・・・・・・・・・・・・・・・・・・ 問 い ・・・・・・・・・・・・・・・・・・・・・・・

　欧州言語共通参照枠（Common European Framework of Reference for Languages [CEFR]）は、欧州をはじめ世界各地における言語教育に大きな影響力を持つと聞きます。複言語主義（plurilingualism）や行動中心アプローチ（action-oriented approach）など、CEFRで強調されている理念やアプローチは、欧州における継承日本語教育にも応用できるのでしょうか。

・・・・・・・・・・・・・・・・・・・・・・・ 回 答 ・・・・・・・・・・・・・・・・・・・・・・・

　はい、十分に応用できます。CEFRは、各国の公用語、方言・地域語、移民の母語・継承語、手話など、欧州社会で使用されているあらゆることばの教育を対象としています。ですから、外国語教育はもちろん、国語教育、継承語教育、異文化理解教育など、ことばと文化の教育に幅広く応用できます。CEFRの理念である複言語・複文化主義では、人間一人ひとりが持つことばや文化の能力を重視しますので、個人差が大きいと言われる継承日本語教育にはむしろ大変適した参照枠だと言えます。

1 欧州言語共通参照枠（CEFR）とは？

1.1 CEFR の特徴

欧州言語共通参照枠（Common European Framework of Reference for Languages [**CEFR**]）は、欧州におけるさまざまなことばの学び、指導、評価について記した参照枠です（Council of Europe, 2001; 欧州評議会, 2004）[1]。あくまでも参照するための枠組み（Framework of Reference）ですから、「単一の均一的システムを押し付けること」を意図したものではありません（欧州評議会, 2004: 7）。周知のとおり、欧州には複数の国と地域があり、歴史・文化・価値観もそれぞれ異なりますから、たった一つの教育システムや評価基準を規定することは容易ではありません。また、標準化された教育や評価を目指そうとすると、多様性を認めない教育や社会を生み出すことにもなりかねません。ですから、CEFR は教育や評価の一元化・標準化を目指すのではなく、反対に、柔軟（flexible）で非教条的（non-dogmatic）という性格を持った大変ゆるやかな参照枠となっています（欧州評議会, 2004: 7-8）。

CEFR は欧州評議会（Council of Europe）[2]によって作成され、2001 年に公開されました。現時点（2018 年 9 月現在）では 40 言語に翻訳されていて、その中にはアラビア語、中国語、日本語など欧州の公用語ではない言語や、バスク語、カタルニア語などの地域語も含まれており、CEFR が対象とする言語範囲の広さが表れています。CEFR は、欧州各国の公用語・国語だけでなく、各地の方言・地域語、移民や難民の母語・継承語、手話など、欧州社会で使用されているあらゆることばの教育を対象としています。また、CEFR は欧州に暮らす子どもから大人まで全ての市民を対象とし、外国語教育はもちろん、国語教育、継承語教育、母語保持教育、異文化理解教育など、欧州におけることばと文化の教育で幅広く参照されています。欧州には日本人や日本にルーツを持つ人々もたくさん暮らしていますから、当然日本語や日本文化もその対象に含まれています。

---

1 欧州評議会（2004）は、Council of Europe（2001）の日本語訳版である。本章では、CEFR からの引用は全て欧州評議会（2004）の日本語訳を用いている。

2 欧州評議会の本部はフランスのストラスブールにあり、現在の加盟国は 47 ヵ国。(2018 年 9 月現在)。日本も 1996 年にオブザーバー国となっている。

1.2 CEFRが生まれた背景

　CEFRを作成した欧州評議会は、第二次世界大戦直後の1949年に、人権・民主主義・法の支配の保護という目的を持って設立され、この設立目的は現在にも引き継がれています。欧州地域に平和で民主的な文化圏を築こうとする欧州評議会では、言語学習を「平和教育の重要な手段」と位置づけています。このことは、ことばの教育とは市民一人ひとりの幸せのために、ひいては幸せな社会のために行われるものと言い換えることもでき、こうした考え方がCEFRには色濃く反映されています。欧州評議会は、欧州の言語政策について、次のように記しています。

> 　財と人の自由な循環を言語面で保証するためだけならば、ひとつあるいは複数の特定の共通言語（リンガフランカ）を公的に導入することで足りるだろうが、それは、ヨーロッパ人の間での文化的連帯には、あまり大きな影響を与えることはないだろう。ヨーロッパが必要としているのは、共通言語というよりも、言語に関する共通方針なのだ。(Council of Europe, Language Policy Division, 2007: 31; 欧州評議会言語政策局, 2016: 49)[3]

　要するに、複数の言語が渦巻く欧州で、互いのことばや文化を尊重しながら人々が共に暮らしていくためには、例えば英語のような一つの共通言語を共有するのではなく、ことばというものに対する共通の価値観を共有することが大切だということです。欧州評議会はあらゆることばや文化に同等の価値と意義を認め、市民一人ひとりが自らのことばや文化に誇りを持ち、互いのアイデンティティを尊重し合える社会を築こうとしています。そうした社会を、言語教育を通して実現するためにCEFRは誕生しました。

2 複言語・複文化主義と継承日本語教育

2.1 「複言語・複文化主義」と「複言語・複文化能力」

　欧州市民一人ひとりの**アイデンティティ**を尊重するという姿勢から生まれたの

---

[3] 欧州評議会言語政策局（2016）は、Council of Europe, Language Policy Division（2007）の日本語訳版である。

が**複言語・複文化主義**（plurilingualism/pluriculturalism）という考え方で、これがCEFRの基本理念となっています。これは多言語・多文化主義（multilingualism/multiculturalism）とは異なります。多言語・多文化主義とは、複数のことばや文化が社会の中で対等に共存する状態を表す考え方で、街中の標識が複数の言語で記されていたり、学校で「英語」「中国語」「フランス語」など複数の外国語科目が提供されていたりすることが例として挙げられます。これを個人の言語能力として表すなら、図1左（多言語能力）のようになります。複数の言語がそれぞれ独立して存在している様子が示されています。ですが、果たして私たち個人はこのようにくっきりと明確にことばを分けて用いているでしょうか。

図1：多言語能力（左）と複言語能力（右）（奥村他編、2016: 13より抜粋）

　この疑問に応えるのが複言語・複文化主義の考え方です。私たちは生まれてから母語、方言、集団語、外国語などさまざまなことばやそれに伴う文化に接しながら、自分独自のことばと文化を培っていきます。そうして培われたものは「わたし語・わたし文化」とも言うことができ、生涯にわたり絶え間なく変化し続けていきます。親子であっても、全く同じ体験をする者はいませんから、「わたし語・わたし文化」は唯一無二のものです。小さな子どもであっても、幼稚園や学校、砂場や乗り物の中などで多種多様なことばや文化に触れています。ことばや文化というのは、家庭や学校だけで学ばれるものではありません。日々のさまざまな体験を通して独自に吸収していく中で、その子のアイデンティティも徐々に

育まれていきます。

このように個人のアイデンティティを支える「わたし語・わたし文化」に着目するのが複言語・複文化主義です。そして、その一人ひとりが持つことばと文化の能力のことを、CEFRでは「**複言語・複文化能力**（plurilingual/pluricultural competence）」と呼び、「別々の能力を重ね合わせたり、横に並べたりしたものではなく、複雑で複合的」(欧州評議会, 2004: 182) なものであると説明しています。この様子を表したのが図1右（複言語能力）です。私たちが人生の中で出会い獲得してきたことばや文化は「個人の中でバラバラに存在するのではなく、相互に関係を築き作用し合いながら存在し」(奥村・櫻井・鈴木編, 2016: 12)、新たに出会ったことばや文化をさらに融合させながら「わたし語・わたし文化」を変化させていきます。こうした一人ひとりの学びのプロセスについて、CEFRは次のように説明しています。

> 言語学習の過程は持続的であり、かつ個人差がある（中略）。どんな言語の話し手でも、母語話者であろうと外国語を話す場合であろうと、二人として完全に同じ能力を持った者はいないし、同じ学習の道を辿った者はいない。(欧州評議会, 2004: 17)

CEFRは、母語も外国語も継承語も区別せず、一人ひとりが蓄積してきたあらゆることばの能力を包括的・総体的に捉え、その人・その子の個性を尊重するという考え方を終始貫いています。

2.2　複言語・複文化能力をつくり上げる「部分的能力」

個人の中にある複言語・複文化能力はどれもバランスよく備わっているとは限りません。例えば、海外に暮らす日本語バイリンガルの子どもの中には、日本語での日常会話にはほとんど支障がないけれども、読み書きは極めて苦手というケースは多く見られます。**継承語教育**では、こうした能力の不均衡が問題点としてよく指摘されますが、同じようなアンバランスはモノリンガルの子どもにも見られます。そもそもことばや文化の能力とは、誰しもアンバランスなものです。

こうしたアンバランスな凸凹状態を、CEFRでは否定的に捉えず、一つひとつの能力を「わたし語・わたし文化」をつくり上げる大切な要素として肯定的に捉

え、**部分的能力**（partial competence）と呼んでいます。「街中で日本語が聞こえてきたときに、それが日本語だとわかる」「食事の前に『いただきます』と言える」「自分の名前をひらがなで書ける」など、どんなに些細に思える能力であっても、CEFRではそれら一つひとつをかけがえのない部分的能力と捉えます。そして、この部分的能力の集合体が複言語・複文化能力となります。

2.3　部分的能力は転移する

　部分的能力の中には、語彙や文字などの言語知識の他にもさまざまなものがあります。CEFRは、ことばを使って生きていくためには「コミュニケーション言語能力（communicative language competences）」と「一般的能力（general competences）」の二つが必要だと示しています（表1）。

表1：CEFRが示す言語能力（CEFR第5章参照）[4]

コミュニケーション言語能力
・**言語構造的能力**：言語の知識・技能（語彙、文字、文法、音声等）
・**社会言語能力**：ある言語社会のルールを理解しそれに則って活動できる能力
・**言語運用能力**：柔軟かつ効果的にことばを用いることができる能力
一般的能力
・**叙述的知識**：体験や勉強で得た知識や意識
・**技能とノウ・ハウ**：意識しなくてもできるよう体得している技能（スキル）
・**実存的能力**：個人の持つ態度・価値観・信条・性格等
・**学習能力**：新しいこと・異なることを発見したり取り入れたりできる能力

　「コミュニケーション言語能力」には、適切な単語を選んだり、正確な文字を使ったり、文法の間違いを直したりできる「言語構造的能力」、適切な挨拶をしたり、先生に敬語で話しかけたり、メールで書きことばを工夫したりできる「社会言語能力」、心地よく会話を進めたり、わかりやすいレポートを書いたりできる「言語運用能力」の三つが含まれます。一方、「一般的能力」とは、ことばを使った活動を支える能力です。例えば、間違いだらけの日本語でスピーチをしているのに、聞いていて感銘を受けたり、その話しぶりについ引き込まれたりする

---

[4]　詳細は、Council of Europe（2001）のChapter 5および欧州評議会（2004）の第5章を参照。表の中の文言および表記は欧州評議会（2004）から引用。

のは「叙述的知識」（新情報）や「技能とノウ・ハウ」（テクニック）があるからでしょう。「実存的能力」とは、ことばを使った活動の際ににじみ出てくるその人の性格や価値観や態度のことで、個性やオリジナリティとも言い換えられるでしょう。先天的なものもありますが、経験や環境によって変化していくものでもあります。「学習能力」とは、新しく出会ったものをつかみとり、自分の中に取り込んでいくことができる力です。失敗から学んだり、学び方を工夫したりできる人はこの能力を持っています。

　こうした一つひとつの知識・スキル・能力は、ある一種類の言語を使用するときにだけ役立つのではなく、他の言語を学習したり使用したりするときにも大いに活用・応用することができます。日本語の**漢字**の知識が中国語のメニューの推測に役立ったり、外国語の授業で行ったディベートの体験が母語で行う議論に生かされたりするようなことがその一例です。CEFR では、知識や技能というのは「言語別のものではなく、複数の言語間の横断、転移が可能なのである」と述べています（欧州評議会, 2004: 183）。これはバイリンガル研究で言われている、異なる第一言語と第二言語であっても根底にある共有部分（**共有基底言語能力**）によって二つの言語が互いに影響し合うという**二言語相互依存仮説**（カミンズ, 2011）とも共通する考え方です（1 章 2.1 節参照）。CEFR では「一つの目標の遂行が（中略）特に意図せずに、またねらっていなかった他の結果にも結びつく」（欧州評議会, 2004: 151）ことがあると述べ、どんなに些細な部分的能力も複言語・複文化能力を育んでいくためには侮れないものであると強調しています。

3 CEFR が目指す教育の特徴

3.1 「できること」に注目

　CEFR が目指す教育には、大きく三つの特徴が挙げられます。一つ目は「できること」に注目するという点です。「語彙数が少ない」「漢字が書けない」「敬語が使えない」など、日本語バイリンガルの子どもに対する不安や焦りの声はよく聞かれます。ですが、CEFR はこのような状態を「趣味に関する単語はよく知っている」「自分と家族の名前なら漢字で書ける」「挨拶はちゃんとできる」など、「できること」に着目し、それらを大切な部分的能力として肯定的に捉えます。ですから、評価も「～ができる」という表現を用いて行われます。これがいわゆ

る **Can Do 記述文**（Can Do descriptor）[5]と呼ばれるものです。

　CEFR は言語レベルを A1～C2 の六つ[6]に分け、それぞれの「できること」の例を提供しています。一般的に、低いレベルの能力を表す際には、例えば「当人に向かって、丁寧にゆっくりと話されないと、指示が理解できない」といった否定的表現が多く用いられがちですが、CEFR では「当人に向かって、丁寧にゆっくりと話された指示なら理解できる」（欧州評議会, 2004: 71）というふうに、できるための条件をつけて肯定的に示します。親や教師が子どもたちの「できること」に目を配り、その一つひとつを子どもと共に確認することができれば、子どもたちの自己肯定感も、新しいことに挑戦する気持ちも高まっていくことでしょう。

3.2 「理想的母語話者」を目標としない

　二つ目の特徴は、「理想的母語話者」を目標としないという点です。「ネイティブ・スピーカーのように上手になりたい」と願う言語学習者は多いと思われます。ですが、ネイティブ・スピーカーとは一体どのような人を指しているのでしょうか。CEFR は、たとえ母語であっても、その「言語に関する知識は常に部分的かつ不完全なもの」であり、完璧な理想的母語話者というのは仮想上のものであると言っています（欧州評議会, 2004: 183）。確かに、日本語母語話者の中にも、話すのは得意だけれども書くのは苦手という人もいますし、おしゃべりな人が必ずしも人前でのスピーチが得意というわけではありません。一方で、日本語の発音や文法が不正確な外国人であっても、日本語でのディスカッション能力が高い人もいれば、日本文学の行間を読みこなす人もいます。こうした例からも母語話者＝理想的という考え方は必ずしも成り立たないことがわかります。

　そこで、CEFR は「理想的母語話者」を目標とせず、「わたし語・わたし文化」を育んでいくことを目標としています。個々人が今持っている一つひとつの部分的能力をさらに増強・拡大しながら、その人・その子の複言語・複文化能力をよ

---

[5] CEFR の中では「Can Do 記述文（Can Do descriptor/statement）」という用語ではなく「例示的能力記述文（Illustrative descriptor）」という用語が用いられている。CEFR は参照するもの（Reference）であるため、この記述文もあくまで例示的なものと捉えることが重要である。

[6] CEFR では、A1・A2（基礎段階の言語使用者）、B1・B2（自立した言語使用者）、C1・C2（熟達した言語使用者）の六つに言語レベルが示されている。

りいっそう高めていこうという考え方です。CEFR は、仮想上の理想的母語話者を目指すのではなく、今ここにいる実在の「わたし」の複言語・複文化能力を豊かにしていくことによって、その人・その子のアイデンティティを育てようとしているのです。

3.3 生涯にわたり学び続ける力

　三つ目の特徴は、生涯にわたる学びを意識し、自律的に学ぶ[7]力を育成するという点です。CEFR では、複言語・複文化能力は「就学前から発達し始めるだろうし、学校での発達と並行して学外での学習を通じても発達し続ける」、また、人の学びというのは「教育機関の指導があろうとなかろうと、(中略) 生涯にわたる学習の過程の中で継続していくもの」であると述べています (欧州評議会, 2004: 187)。つまり、複言語・複文化能力というのは、その人・その子を取り巻くあらゆる環境、経験、人や情報との出会いを通して生涯発達し続けるということです。

　そこで必要となるのが、自分で学び続けることができる力です。CEFR では、社会で行動する全ての人々のことを、大人も子どもも分け隔てなく**ソーシャル・エージェント**（social agent）と呼んでいます。ソーシャル・エージェントとは、ただ社会に存在するだけでなく、社会とのつながりの中で自ら責任を持って行動できる人のことを指します。ことばの学びについても、何を・どのように・どのぐらい学ぶかということを、他の誰かではなく、「わたし」が自分で決定し、責任を持って実行していくことが期待されます。ですから、CEFR では「わたし」の現状を自ら振り返ることのできる内省力や、自らの問題・課題を自分で解決していくことのできる問題解決能力や自律学習能力を育むことが大切だと言っています。

　こうした能力は、親や教師から与えられた課題をこなすだけでは身につきません。まずは、「わたし」の興味・関心に目を向け、好奇心を持ってそれらを探求していく態度を身につける必要があります。その上で、そこで生じた疑問や課題

---

7 「自立」と「自律」は区別する必要がある。「自立」は他者に援助を求めず独り立ちした状態を表すことばであるが、「自律的に学ぶ」というのは自分で目標を設定し、自らの学びを管理しながら学びを進めていくことである。必要に応じて他者に援助を求めたり、協働作業を行ったりすることも含まれる。

を、仲間の協力や社会的なリソースなども活用しながら、解決していくプロセスを体験することが大切です。こうした体験の積み重ねがなければ、問題解決能力や自律学習能力はなかなか身につきません。ですから、親や教師は、子どもや若者が自ら課題を発見し、自らその課題に取り組む体験ができるきっかけづくりや機会の提供を心がける必要があります。

継承語として日本語を学ぶ場は、日本語補習授業校などの学校や教室だけにとどまりません。日本にルーツを持つ家族の多様化に伴い、子どもたちが継承語として日本語を学ぶ目的も多様になってきました。「わたし」と「わたしの家族」の意思決定の中で、日本語の学び方を選択・修正しながら生涯にわたって学び続けていく力がますます求められています。

4 CEFR が目指す教育と評価

4.1 どのような教育を行うか

ソーシャル・エージェントを育てるために、CEFR では**行動中心アプローチ**（action-oriented approach）に基づく教育が提言されています。これは、私たちが日常的に行っている**言語行動**をそのまま**言語教育**に反映させようとする考え方です。従来の言語教育では、まず文字や単語を覚え、次に文法を習い、その上で会話や読解の練習を行うといったボトムアップの方法が多く用いられてきました。これを日本語バイリンガルの高校生が日本へ旅行に出かけた設定に置き換えると、次のようになります。朝ホテルで目覚め、「私は曜日の漢字なら自信がある」し、「時間と場所を表す助詞や、希望を表す文型を知っている」から、今日は「コンサートに出かけよう」と。この高校生は果たしてこんなふうに旅行先での活動を決定しているでしょうか。実際には、旅行の前から「コンサートに行きたい」という願いがあり、それをかなえるために、コンサートスケジュールのチェックやチケットの購入方法について、少々苦手な日本語と向き合いながら、なんとか対処していこうとするものです。

まず行動目的があり、その達成に必要な言語知識やスキルを自分の中から掘り起こし、それらを駆使して目的達成へ近づこうとするのが人間本来の行動プロセスです。ですから、例えば学年配当漢字に基づいて、5年生だからこれぐらいの漢字を覚えなければならないというふうに予め用意された漢字を学ぶのではな

く、「わたし」が達成したい／しなければならない行動に必要な漢字を選択し、身につけていくというのが行動中心アプローチの学び方です。行動目的がはっきりしていると、人はその達成に向けて自分の部分的能力を総動員させたり、足りない知識やスキルを身につけたりしようとします。夢や目標を達成するには、さまざまな課題を乗り越えていかなければなりません。社会で幸せに生きていくための問題解決能力が身につくような学びと教育を、行動中心アプローチは提言しています。

4.2　何をどのように評価するか

　CEFR は、ことばを使った目的行動を「コミュニケーション言語活動（communicative language activities）」と呼び、「産出活動（productive activities）」「受容活動（receptive activities）」「相互行為活動（interactive activities）」「仲介活動（mediating activities）」の四つに分類して示しています（表 2）。CEFR では、これら一つひとつの活動の達成度について、A1〜C2 の Can Do 記述文が例示されていて、評価もそれぞれの活動ごとに行うことができるようになっています。

表 2：CEFR が示すコミュニケーション言語活動（CEFR 第 4 章参照）[8]

産出活動	・話す（説明、スピーチ、朗読等） ・書く（ノートテイク、レポート、アンケート等）
受容活動	・聞く（公共アナウンス、ラジオ、講演会等） ・読む（看板、説明書、読書等）
相互行為活動	・口頭のやり取り（会話、議論、インタビュー等） ・書かれたことばでのやり取り（メール、伝言等）
仲介活動	・テキストの仲介 ・コンセプト（概念）の仲介 ・コミュニケーションの仲介

　また、CEFR では、A1 から A2 へ、A2 から B1 へとレベルアップしていく縦の進歩だけでなく、横の進歩にも注目します。例えば「駅の表示が読める」も「レストランの表示が読める」も A2 レベルの活動ですが、駅とレストランでは

---

[8]　詳細は、Council of Europe（2001）の Chapter 4 および欧州評議会（2004）の第 4 章を参照。表の中の文言および表記は欧州評議会（2004）から引用。

表示に使用される語彙や文字が異なります。ですから、駅の表示しか理解できなかったものが、レストランの表示も理解できるようになった場合、これを横の進歩と捉えます。「誕生日おめでとう」と口頭で言える子どもが、それをカードに書けるようになった場合も同様です。同じレベル内の活動であっても、トピックやスキルが広がることを横の進歩と捉えます。これについて、CEFR は「進歩は必ずしも垂直方向にだけ上がってゆくのではない。（中略）横方向に、隣り合うカテゴリーの領域へと進み、行動の幅を広げるといった進歩を遂げることもある」（欧州評議会, 2004: 17）と説明しています。縦横に少しずつ変化していく「わたしのことば」に寄り添った評価の視点を CEFR は大切にしています。

4.3　仲介活動

　CEFR が示すコミュニケーション言語活動（表2）のうち、特徴的なものとして、**仲介活動**[9] が挙げられます。仲介活動というのは、自分が言いたいことを表現するのではなく、言語行動を「取り持つ」活動です。自動翻訳機のように言語 X を言語 Y へと単に訳せばよいわけではありません。複数の文化や場の状況などを理解した上で、言語活動が円滑に進むように、さまざまな知識・スキル・ストラテジーなどを用いる必要があります。ドイツに暮らす日本語バイリンガルの子どもの実話を例に挙げてみます。日本から遊びにきた祖父母が、レストランで水を頼んだところ、ウェイターが「ガス入り？　ガスなし？」とドイツ語で尋ねました。同席していた子どもは祖父母のためにドイツ語を日本語に訳してあげましたが、そもそも炭酸水というものを知らなかった祖父母には意味がわかりませんでした。そこで、その子は「ドイツにはコーラみたいに炭酸が入った水もあるんだよ」と、コーラのたとえを出して説明を加えました。この子どもは、ドイツ語と日本語の知識、祖父母の文化への気づき、例を挙げて説明するストラテジーを用いて、ウェイターと祖父母の間を仲介したわけです。他にも、「日本の親戚

9　「仲介活動」について、CEFR は「オリジナルのテクストが受け手に理解できない場合にそれを同じ言語で要約したり言い換えたりすることをも含む」（欧州評議会, 2004: 91）と説明している。これは他人と他人を仲介する場合だけでなく、オリジナルテクストと自分を仲介する場合も含んでいる。例えば、講演を聞きながらメモを取るような場合、話し手の発話をそのまま口述筆記するわけではなく、受け手である自分にとってわかりやすい文言でメモするものである。これを CEFR では「わたしのための仲介」と捉え、あらゆる言語活動の基盤となるものとしている（Council of Europe, 2018: 103-129）。

にフランスの大みそかについて説明できる」というのは、「話す」活動であると同時に、日本の親戚とフランス文化をつなぐ「仲介活動」でもあります。

　日本語バイリンガルの子どものように、日常的に複数のことばや文化に囲まれて暮らしている場合、こうした仲介活動の機会は非常に多く、その能力も高いと言われています。ですが、これまでは、話す・書く・聞く・読むという四つの側面から評価されることが多く、この仲介活動の能力はあまり注目されませんでした。CEFR が「仲介活動」というカテゴリーを示したことにより、これまで評価の対象外だった能力にも光が当たるようになりました。このことは大変喜ばしいことであると同時に、親や教師に子どもたちの能力を新たに見つめ直すきっかけも与えてくれました。

5 もっと詳しく調査・研究したい人のために

5.1　複言語・複文化主義についてさらに知りたいのなら

　複言語・複文化主義をめぐる研究には、大きく二つのアプローチが見られます。一つは、理念やそれに伴う言説を追求する研究です。CEFR の生まれた背景には欧州の言語法やそれに基づく政策が大きく関わっています。これらをひもとくことによって、なぜ欧州評議会が欧州市民性という視点から複言語・複文化主義を掲げるようになったのか、その背景がより理解しやすくなるでしょう（渋谷編, 2005; 欧州評議会言語政策局, 2016; 大谷他編, 2010）。

　もう一つは、複言語・複文化主義を教育に反映させていくための、いわゆる「文脈化」に向けた実践研究です。複言語・複文化主義を実際の教育にどのように反映させることができるか、また、その教育実践からどのような成果や意義が見いだせるかについて、具体的な報告や考察がなされています（細川・西山編, 2010; 福島, 2011a, 2011b）。2018 年には CEFR の姉妹編（Council of Europe, 2018）が公開され、複言語・複文化主義を反映した教育実践に向けて「仲介活動」および「複言語・複文化能力」に関する Can Do 記述文が加筆・修正されました。こうした新たな動向にも引き続き目を向けつつ、理念と実践の両面から調査・研究し続けていくことによって、複言語・複文化主義の議論は今後ますます深まっていくものと思われます。

5.2　日本語の教育への CEFR の応用についてさらに知りたいのなら

　CEFR は日本語の教育にもさまざまな形で反映され始めています。先陣を切った欧州各国の調査、研究、実践は大変参考になります（ヨーロッパ日本語教師会・国際交流基金, 2005; 国際交流基金パリ日本文化会館編, 2011; ヨーロッパ日本語教師会, 2016）。継承日本語教育に関するものとしては、日本・日本語にルーツを持つ子どもや若者の現状等を複言語・複文化主義の視点から調査・報告した冊子（糸永・勝部・札谷編, 2014）や、子ども向けの Can Do 記述文の例示および親子が家庭で取り組める Can Do ポートフォリオの開発に向けたプロジェクト（三輪・奥村・札谷・松尾, 2016; 勝部・札谷・松尾・三輪, 2017）などがあります。

　また、CEFR に範を求めて開発された「JF 日本語教育スタンダード」（国際交流基金, 2010）にも国内外の日本語教育関係者から関心が寄せられています。「JF 日本語教育スタンダード」に基づいてオンライン上に開設された「みんなの Can-do サイト」[10] には、具体的な Can Do 記述文がレベル別・種類別に大量にデータベース化されています。継承日本語教育に特化されたものではありませんが、子どもや若者が日本語を使って「できること」を具体的に考えるための参考になるでしょう。CEFR を参照した継承日本語教育の研究や実践は始まったばかりです。上記のような各種情報を参考に、関係者一人ひとりが身近な教育への応用の仕方を検討し、取り組み、発信していくことが期待されています。

6　まとめ

　CEFR が生まれた欧州は、古くから人々の移動や交流が盛んで、さまざまなことばや文化が混ざり合う中で歴史を重ねてきました。そのような中から、国家・国民・国語といった国の枠を超えて広く欧州に暮らす人々を欧州市民と捉え、そして、市民一人ひとりのアイデンティティを尊重する複言語・複文化主義という考え方が生まれてきたのは自然な流れとも言えます。その欧州と同じように、世界も今、国境を超えたグローバル化がどんどん進み、同じ地球に暮らす地球市民という視点が必要になってきています。現在の世界はまさに大きな欧州ともい

10　「みんなの Can-do サイト」〈https://jfstandard.jp/cando/〉（2018 年 11 月 1 日）

え、それゆえにCEFRは世界から注目されているのだと思われます。

　親から子へ、子から孫へと継承される継承語は、ことばだけでなく、思いや願いも継承される大変パーソナルなものです。その人・その子に注目する複言語・複文化主義という考え方や、それに基づくCEFRの教育理念は、継承語教育に関わる人々に大きなヒントと心の豊かさを与えてくれることでしょう。

第3部 13章

海外における継承日本語学習者のための評価

近藤ブラウン妃美

・・・・・・・・・・・・・・・・・・・・・ 問 い ・・・・・・・・・・・・・・・・・・・・・

　海外で継承日本語を教えていますが、評価に関しては研修を受ける機会も少なく、主に自分の経験や判断に基づいて行っています。しかし、ほかの教員や保護者と評価についての考え方の違いもあり、評価は難しいと感じます。現場で何をどう評価すればいいのかを教えてください。

・・・・・・・・・・・・・・・・・・・・・ 回 答 ・・・・・・・・・・・・・・・・・・・・・

　評価と授業は相互関係にあり、ほかの教師と評価に対する考え方が違う場合は、継承日本語の指導法に対する考え方も違うことが多く、確かに難しい問題です。しかし、自分のできる範囲で評価を改善していけば、学習者の学びをもっと支援することができます。海外の継承日本語学習者のニーズや学習環境は実に多様で、どの状況にも当てはまるベストの評価法というのはありません。現場の教師は、与えられた環境下で、学習者の背中を押せる評価というものを常に考えながら指導をしなくてはなりません。簡単なことではありませんが、良い評価は学習者の成長を助け、次の目標に向かって前進できる力を育てることができます。

1 はじめに

　相田みつをの言葉に「他人の物指し　自分のものさし　それぞれ寸法がちがうんだな」というのがあります。人の考え方や価値観は違う。自分の価値観で物事を判断したり、他者を見たりしていないかと問いかける言葉です。教育現場での評価[1]が難しいのは、組織の方針や教師の価値観に基づいて他者（＝学習者）の学習過程や成果について何らかの判断をすることだからです。ましてや、海外で継承日本語を教える場合、限られた時間、人手、そして予算で日本語指導と評価に取り組まなくてはならず、現場の多くが試行錯誤を重ねています。

　このような状況下で、現場の教師やその他の関係者は、**継承日本語学習者**の役に立つ評価をどう捉えているのでしょうか。語彙・文法テストや訳読テストなど、伝統的なテスト評価方法が最も現実的で効果的だと考える人。いや、学習者が日本語で何ができるかを測定するタスク型テストのようなパフォーマンス・テスト（近藤ブラウン, 2013）も積極的に導入すべきだという人。さらには、自己評価を利用して、学習者にもっと主体性を持たせる方法で評価している人など、人によって、評価の捉え方はかなり違うように思われます。

　第二言語教授法で言う「折衷主義（eclecticism）」とは、一つの教授法に固執しないで、授業の目的に応じて適切と思える教授法を選んで指導することです（Mellow, 2002）。この考えは、実は評価にも当てはまります。教師は学習者のニーズや評価目的に応じて、与えられた状況下で良いと思われる評価方法を選ばなくてはなりません。そして「良い評価」とは、学習者がその評価に向けて勉強をすることや評価活動そのものが、日本語能力の向上につながるような評価のことです。もちろん、このような評価を実行するのは容易ではありませんが、評価は教えることの大切な一部です。以下、継承日本語評価の目的から話を進めます。

1　日本語で言う「評価」という言葉には、欧米の教育評価で言う**アセスメント**（assessment）と**エバリュエーション**（evaluation）の両方の意味が含まれている。欧米の教育文献では、一般に「アセスメント」は、学習に関する情報（何がどこまでできるのかなど）の収集および解釈を行うことであり、アセスメントの結果やそのほかの情報（出席状況や宿題提出など）を考慮しながら、学習に関する何らかの判断や決定を行うことが「エバリュエーション」であると理解されている（詳しくは、近藤ブラウン, 2012: 13-16 参照）。

2 現場での継承日本語評価の目的

継承日本語教育現場における評価活動は、その目的を明確にすることから始まります。誰が何を評価するのか。そして、その評価結果を誰が何の目的で使用するのか。教育現場で行われる評価の目的は、一言で言うと、学習者の学びを支援することですが、大きく分けて、事前評価、形成的評価、そして総括的評価の三種類があります。

事前評価（もしくは診断的評価）は、家庭やコミュニティで日本語を習得した継承日本語学習者が、補習授業校（以下、補習校）、現地の小中学校および高校（以下、現地校）、そして大学などで日本語学習を始めるにあたり、どの程度の準備ができているのかを診断するために行います。海外の補習校では入学テスト、また現地校や大学では、**プレースメント・テスト**（placement test）が通常行われます。日本語を使用する家庭で育った継承日本語学習者の場合、彼らの日本語背景を考慮に入れながら、日本語で何ができるかをできるだけ的確に診断し、その結果に基づいてクラス配置を行うことは特に大切です。継承日本語学習者の中には、日本語の聴解力や文法知識があって、流暢に話せても、読み書きがあまり得意でないという学習者が少なくありません（Kondo-Brown, 2010）。私の勤務する大学では、継承日本語学習者も含め、ある程度の日本語知識のある日本語学習希望者は、プレースメント・テストを受けます。そして、テスト結果に準じてクラスに配置されますが、それが適切にされているかどうかを確認するために、自己評価、言語背景アンケート、面接などを行う場合もあります。

事前評価に、インターネット、もしくはタブレット使用の日本語熟達度テストを利用することも一つの方法です。例えば、**J-CAT**（Japanese Computerized Adaptive Test）（今井, 2015）は、年間約２万人の利用者がいるという大規模テストで、インターネット上で国内外の高校生や大学生のプレースメント・テストや診断テストとして利用できます[2]。また、６歳から１５歳までのバイリンガル年少者向けの**バイリンガル会話テスト**（Oral Proficiency Assessment for Bilingual Children [OBC]）（カナダ日本語教育振興会, 2000）という面接式の日本語口頭

---

[2] J-CATには、聴解・語彙・文法・読解のセクションがある。なお2020年３月以降は、オンラインではなくタブレット利用のテストとなる予定のようだ。詳細は、同テストのホームページを参照：⟨http://www.j-cat.org/⟩（2018年11月23日）

能力テストなども、診断的目的やそれ以外の目的で使用することができます。

形成的評価（formative assessment）は、継承日本語学習者の学習の進歩状況を把握し、学習者にフィードバックを与えることを主な目的とします。また漢字テストなら漢字、会話テストなら会話というように、学習者は評価の対象となるものを勉強するので、評価は学習動機づけにもなります。評価活動を通じて何ができるようになったかを自分で確認できれば、学習者は続けて頑張ろうという気になるでしょうし、できなかった場合も教師が励みになる言葉を与えれば、次は頑張れるかもしれません。このように、形成的評価は継承日本語学習者を支援する上でとても大切です。

本書の16章で紹介されている**外国人児童生徒のためのJSL対話型アセスメントDLA**は、主に日本在住の外国にルーツを持つ子どもの日本語教育支援を目指したテストで、学習者と教師の対話を基本とします。このような意図で作成された同テストは、海外の継承日本語学習者の診断的および形成的評価としても使用できます（16章2.1節参照）。また、効果的な形成的評価を行うために、自己評価やポートフォリオ評価など、テスト以外の評価ツールを使用することもできます（本章3.3節参照）。例えば、倉田（2012）は、継承日本語学習者を対象に開発した大学コースで、期末テスト以外に小テストやプロジェクト活動[3]をどのように利用したかを解説し、それらの形成的評価としての役割を強調しています。

総括的評価（summative assessment）は、日本語学習に関する総括的な情報を収集・分析することにより、継承日本語学習者の学習成果や言語能力などについて、何らかの判断を行うことを目的とします。学期末テストや学期末に提出する小論文などは、典型的な総括的評価ツールです。形成的評価で使用された小テストや自己評価の結果の長期的記録が、コースの終了時に総括的評価として使われることもあります。現地校や大学では、各学科やコースの総合的評価の結果は通常コースの成績という形で示されます。現地校や大学における成績判定に関しては、本章5節でその留意点を述べます。

補習校における総括的評価に関しては、文部科学省（2003）は「補習授業校教師のためのワンポイントアドバイス集」を公表し、**通知表**のあり方についてアド

---

3 「プロジェクト」が中心となるクラスでは、学習者主体型の学習が重視される。教室内外で目的を持って日本語を使用させ、その過程において言語を習得することを主なねらいとする（近藤ブラウン, 2012: 170-172 参照）。

バイスしています。しかし、各補習校で実際に何をどのように評価し、そして評価結果を保護者や学習者にどう伝えるかに関しては、補習校によってかなり違うようです。また、有効な総括的評価の改善のために通知表の内容の改定を試みた補習校の報告などはありますが（例：山田, 2014）、補習校における評価に関する情報は、総じて非常に限られているようです。

3 継承日本語評価の評価データの集め方

3.1 評価の流れ

　教育評価活動は、原則として図1に示すように、評価目的の明確化、評価データの収集と解釈、そして、意図した評価結果の使用という順番で行われます。したがって、評価の目的が明確化したら、次に誰がどのような評価データをどのような方法で収集し、そして解釈するかを決定します。言語評価の目的で収集するデータは、多ければ多いほど、より妥当性や信頼性の高い評価結果が得られます（Brown, 1996; ブラウン, 1999）。このような評価の原則は、**継承語話者のための評価**にも当てはまります。

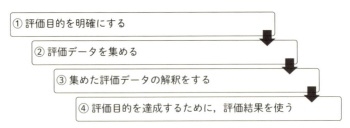

図1：教育現場における評価の流れ

3.2 テストを使用する評価

　日本語の評価データの集め方はいろいろありますが、テストを使って日本語で何がどこまでできるかを測定するという方法が、継承日本語教育の現場でも最も一般的な評価方法でしょう。例えば、市川・藤山（2016: 125）は、世界各地の補習校を対象にしたアンケート調査（50校から回収）を行った結果、「約6割の補習校で単元別または学期末にテストが行われており、これらの結果を通知表の評

価・評定の基礎的資料として扱っている」と報告しています。

　言語教育現場で使用するテストには、大きく分けて「到達度テスト」と「熟達度テスト」の二種類があります。これらのテストは、その目的、開発方法、そして得点の解釈の仕方が根本的に異なります。**到達度テスト**（achievement test）の目的は、ある特定のクラスやプログラムで定められた学習目標を、学習者がどの程度達成しているのかを知ることです。つまり、到達度テストの得点は、学習目標の達成度の目安として解釈されます（＝**絶対評価**）。当然ながら、このような到達度テストは、クラスやプログラムの学習目標や実際に授業で教わった内容に準じて作成されるべきです。到達度テストが、**目標基準準拠テスト**（criterion-referenced test）と呼ばれる理由です（Brown & Hudson, 2012）。

　海外の継承日本語教師の中には、クラスに日本語能力の異なる学習者がいて、同一の達成レベルで目標を設定するのが難しいと感じている人がいるかもしれません。例えば、片岡・ダグラス（2016: 159）は、米国の土曜日本語学校は、生徒の日本語力の上下差が非常に大きいために、到達目標やカリキュラムの設定に奮闘していると報告しています。このような場合は、テスト内容や採点法が一部の学習者にとって不公平な評価にならないように配慮する必要があります。例えば、次節で述べるポートフォリオ評価などを利用するのも、一対策法です（村上, 2013）。また、本書の11章でも、区別化学習において、学習者のニーズに応じながら評価を行う方法が提案されています。

　一方の**熟達度テスト**（proficiency test）は、専門用語で**集団基準準拠テスト**（norm-referenced test）と呼ばれます。なぜなら、熟達度テストでは、どうしても個人の能力を大規模な受験者集団における相対的な位置から解釈することになるからです（＝**相対評価**）。熟達度テストの設問の難易度は広範囲にわたるもので、内容も特定のクラスやプログラムの目標に制限されたものでありません。したがって、熟達度テストは言語能力判定には適切ですが、ある特定のクラスで定められた学習目標の到達度を測定する目的で作成されたものではありません。

　例えば、日本国内外の日本語学習者に最も頻繁に使用されている**日本語能力試験**（Japanese Language Proficiency Test [JLPT]）や、先に述べたJ-CATは、日本語熟達度テストの例です。また、米国のカレッジ・ボード（College Board）が管理している大学単位認定試験の一つである**日本語AP試験**（Japanese Advanced Placement［AP］Exam）も、熟達度テストです[4]（8章3節参照）。同テストは、2017年現在では2400名以上の高校生が受験し、継承日本語学習者も数多く受験しています。AP試験の判定結果は5段階（1～5）の得点で示されますが、3点以上であれば、各大学の定めに準じて単位を取得できます。それだけでなく、ハワイ州のように、公立高校が**バイリテラシー証印**（The Seal of Biliteracy）入りの卒業証書やメダルを授与している州もあります（ハワイ州もその一つです）（5章2.6節参照）[5]。AP試験は日本語以外にも多くの言語で受験できますが、米国の外国語学習者や継承学習者に英語以外の言葉を話せることに誇りをもたせるものです。同テストの形式、内容、そしてテスト結果分布の詳細は、College Board（n.d.）のホームページから入手できます。

3.3　テスト以外の評価方法

　日本語学習目標の到達度や日本語熟達度を判断するのに、自己評価やポートフォリオ評価のような代替的評価（alternative assessment）を使用するという方法もあります（Brown & Hudson, 1998; Nunan, 1988）。このような代替的評価は、**学習者主導型評価**（learner-centered assessment）であり、学習者が主体となって評価を行うことにより、学習者としての責任感や自律心を育成することを意図しています（詳しくは、近藤ブラウン, 2012: 64-69 参照）。もし可能であれば、現場で学習者主導型の評価活動を取り入れてみてはいかがでしょうか。

　ポートフォリオ評価では、学習者は日本語学習の過程や成果を長期的に記録し、そして自分の学習進度を内省します。その過程で、学習者に日本語で何がどの程度できるようになったかを自覚させます[6]。例えば、文化庁の文化審議会国語

---

[4] 日本語AP試験は2007年に始まり、正式には「Japanese Language and Culture Exam」と呼ばれる。「カレッジ・ボード（College Board）」は、1900年に設立された非営利団体で、大学単位認定試験以外にSATなどの大学進学適性試験も管理。同団体のホームページのURL：〈https://www.collegeboard.org/〉（2018年8月26日）

[5] 米国では、公立高校がAP試験やその他の言語テストに基づいて、バイリテラシー証印入りの卒業証書やメダルを発行することを許可する州が広がっている。同印章は、特別のプログラムを修了した高校生に授与されるのではなく、二言語で基準の言語能力に達したと評価された高校卒業生に授与される。詳細は、Seal of Biliteracyのホームページを参照：〈https://sealofbiliteracy.org/〉（2018年11月23日）

[6] ポートフォリオ評価は、その目的によって、形式や内容が大きく異なる。代表的なものに、教科ポートフォリオ、第二言語学習ポートフォリオ、ティーチング・ポートフォリオなどがある。

分科会（2012）が日本における「生活者としての外国人」の日本語評価におけるポートフォリオ評価の利用を薦めています[7]。また、山内（2017）は生涯学習という視点から見たポートフォリオ評価の利点を強調しています。ポートフォリオ評価以外に、作文評価や教師・学習者間のコミュニケーションの目的で、ジャーナルを日本語で書かせるという方法もあります（河野, 2000; 倉田, 2012）。

なお、自己評価やポートフォリオ評価は「学習者主導型」評価とはいえ、学習者は教師からの定期的なフィードバックを期待しています。つまり、学習者任せの評価を行うことではありません（トムソン木下, 2008）。学習者主導型の評価を効果的に導入するためには、学習に関する教師からのフィードバックや学習者との対話は必須です。

4 評価データの解釈について

本章3.2節でも述べたように、継承日本語クラスも含め、学校や大学で到達度テストなどを使って成績判定をする場合は、その解釈は絶対評価の理念に基づいて行うべきでしょう。しかし、さまざまな理由や制約で、到達度テストの結果を相対的に解釈している教師も少なくないようです。私の勤務する大学でも、クラスで絶対に相対評価をしてはいけないという決まりがないので、クラス内のランキングに基づく方法（つまり相対評価）で、成績判定を行っている教授もいます。しかし、クラス内評価に使用する到達度テストは、運転免許テストと同じで、絶対評価がされるべきです。学習目標レベルに達しているのに、他の学生がそれ以上によくできたからという理由で不合格にしたり、成績を下げたりするのは、学生に対して不公平です。

ところが以前、このような話をアジアや米国の大学で日本語を教えている先生方にしたところ、「クラスでの成績判定を絶対評価で行うべきだという考えには

例えば、川上（2016）は第二言語としての日本語アカデミック・ライティングの指導に、ライティング・ポートフォリオ評価を活用し、近藤ブラウン（2012: 146-162）は、日本語教員養成の目的でティーチング・ポートフォリオ評価の具体例を示しているが、その形式や内容は大きく違う。

7　文化庁の日本語教育に関するホームページから、日本語以外の言語のポートフォリオのテンプレートが入手できる。URL：〈http://www.bunka.go.jp/seisaku/kokugo_nihongo/kyoiku/nihongo_curriculum/index_4.html〉（2018年8月26日）

賛同できる。しかし、大学や学部のポリシーとして、相対評価をせざるを得ないのだ」と述べる方もいました。相対評価を採用している大学では、学生の競争心を高めることができ、それが学習動機につながるということ、また相対評価であると、どのクラスも成績判定分布が均等になるので、採点の甘い・厳しい教師による偏った成績判定の問題が解決できるということなどが、その理由のようです。このように到達度テストの解釈に関しては、大学の方針も絡んでくるので、難しい問題です。しかし、そのような難しさの中でも、学生にとって何が公平かということも考えながら、評価を行っていく必要があります。

5 漢字テストとその波及効果

　漢字テストは、海外の補習校、日本語教室、また大学の日本語コースなどで最もよく使用されているテストの一つです。したがって、ここで漢字テストが継承日本語学習に与える影響について述べたいと思います。テストが学習や指導に与える影響は**波及効果**（washback もしくは backwash effect）と呼ばれ、テスト評価において大切な概念の一つです（Hughes, 2003; ヒューズ, 2003）。漢字テストは、クラスの学習目標としての漢字力の達成度を測る「到達度テスト」として使用される場合もあれば、年齢相応の漢字力がどの程度あるのかなどを測定する「熟達度テスト」として使用されることもあります。

　海外で**漢字**を学ぶのはたやすいことではなく、特に欧州や欧米などの非漢字圏にいる継承日本語学習者の場合は、日常で漢字を必要としない環境にいるので、彼らが漢字学習を継続するには、本人の強い意志と努力が必要です。海外の大学における日本語学習においても漢字学習は非常に大切ですが、外国語としての日本語学習者、そして継承日本語学習者のいずれにおいても、漢字習得レベルの個人差はかなり大きいです（Kondo-Brown, 2006b）。

　現場の教師は、当然ながら継承日本語学習者の役に立つ漢字テストを使用したいと思っています。しかし漢字テストは、その内容や形式によっては、学習者の学習意欲を低下させる可能性もあります（山口, 2013）。大学の継承日本語学習者で漢字の勉強が嫌で、日本語学習を止めたという学生もいました（Kondo, 1999）。したがって、漢字テストを定期的に使用しているのであれば、その影響力に対する配慮が必要です。

随分昔の話ですが、継息子が日本語を学んでいた時に、漢字クイズを私に見せながら「毎日こんなテストのために勉強しても、何の役にも立たない」と言い放ったことがありました。一体どんなテストかと見てみると、その一つは「Yesterday I borrowed three books from the university library」という英文を、既習漢字を使って和訳せよという設問でした。そして、彼の言い分は「この文を日本語でパーフェクトに書けるようになっても、現実の世界で僕がそれを書くことが必要になる日は絶対に来ないから、意味がない」でした。

　日本語学習者としての彼の言い分にはうなずけましたが、同時に、赤ペンで丁寧に間違いが訂正された漢字テストを見ながら、担任の教師は学習者に善かれと思ってそのテストを使っていたのだろうと理解できました。授業で定期的に漢字テストを行うとそれだけ手間と時間もかかるために、そんな面倒な小テストは一切しないという教師もいるでしょう。そういう教員に比べると、漢字テストを定期的に行っていたこの担任は、かなり熱心で責任感のある方だとも見受けられました。漢字テストを定期的に行うことによって、学習者のモチベーションを高め、また授業や指導のフィードバックとして使っていたのだと思います。そして、連日の小テストのおかげで、漢字を効率よく学べたという学生もいただろうと思います。

　このように、テスト評価の波及効果には個人や学習環境に関するさまざまな要因が絡んでくるため、一つのテストが学習者にどのような影響をもたらすのかを予測するのはたやすいことではありません。たとえ学習者に善かれと思って作成したテストでも、予期しない結果を招くこともあります。したがって、漢字テストを定期的に行う場合は、意図したプラスの波及効果が少しでも多くなるような工夫をしていくことが大切です。

6 クラス内評価でのルーブリックの活用

　継承語学習者を対象にした評価を含め、いろいろな評価活動に、私は**ルーブリック**（rubric）を何度も使ってきました。ルーブリックは評定尺度表とも呼ばれ、クラス内評価に使用する場合は、学習目標の達成度の目安を何段階かに分けて記述します。図2に示すように、ルーブリックは教師主導型および学習者主導型のさまざまなクラス内評価活動に使用できます。ルーブリックを作成すると、

学習者のできることやできないことを一定の基準で評価できるので、より信頼性のある評定結果が得られます（Davis & Kondo-Brown, 2012）。

ルーブリックに使用する評価尺度には、大きく分けて、包括的尺度（holistic scale）と分析的尺度（analytic scale）の二種類があります。包括的尺度では、到達度レベルごと（優・良・可・不可など）のパフォーマンスの特徴が、総括的に説明されています。分析的尺度では、各到達レベルのパフォーマンスの特徴が、いくつかの評価項目に分けて説明されています（例えば、タスク完成度、質問の理解度、流暢さ、正確さなど）。包括的尺度と分析的尺度では、その目的や特徴が違うので、それぞれの長所・短所を理解した上で、評価の目的に応じて使い分けます（近藤ブラウン, 2012: 52-57 参照）。

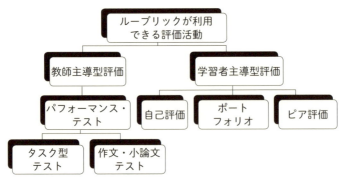

図2：ルーブリックが利用できるクラス内評価活動

例えば、私は授業で分析的尺度のルーブリックをより頻繁に使いましたが、その理由は、学習者の長所や短所を分析しやすいこと、そして、上で述べたように評価項目別に評価できるので、学習者に意味のあるフィードバックを与えることができたからです。しかし、ルーブリックは、一から作り始めるとかなり時間がかかります。今後、継承日本語のクラスでルーブリックを使用したいと考えているのであれば、次節にリストしている文献やリンクを参考にしてください。また、英語もしくはスペイン語で書かれたルーブリックでいいのであれば、「RubiStar」というオンラインの無料ルーブリック作成ツールもあります[8]。

---

[8] RubiStar の URL：〈http://rubistar.4teachers.org/index.php〉（2018 年 8 月 26 日）

7 もっと詳しく調査・研究したい人のために

　言語の評価法は、時代の風潮や傾向の強い影響を受けながら、言語習得理論や言語教授法理論の進展と共に進化しています。しかし、継承語学習者のための評価に関しては、世界各地で関心が高まっているとはいえ、まだまだ未開拓の分野です（Malone, Peyton, & Kim, 2014; Son, 2017）。したがって、海外で継承日本語学習者を対象にした日本語評価について、もっと詳しく学びたい、また具体的なサンプル評価ツールを入手したいという方は、まずは日本語評価一般について書かれた文献が参考になると思います。これらの文献に示されている評価の方法や手順は、継承日本語学習者の評価に応用できるものもあります。

　例えば、『日本語教師のためのテスト作成マニュアル』（伊東, 2008）は、言語知識・技能別（文法、語彙、文字、作文、会話、読解、聴解）の章に分かれ、各章で具体的な到達度テストの作成の仕方が分かりやすく解説されています。『テストを作る（日本語教育叢書「つくる」）』（関・平高編, 2013）は、到達度テストの作成のための手順や方法が、四技能（話す・書く・聞く・読む）に分けて説明されています。本章で触れた代替的評価ツールの実例も記載されています。『日本語教師のための評価入門』（近藤ブラウン, 2012）は、第二言語評価に関する専門的入門書で、評価に興味のある教師や院生の**評価リテラシー**を高めることを目的にしています。日本語教育現場で使用できるさまざまなテスト、代替的評価ツール例、そしてルーブリックのサンプルも記載しています。

　オンラインで入手できる日本語評価文献に『大学の日本語クラスで使える実践的評価ツール』（Kondo-Brown, Brown, & Tominaga, 2013）があります。同文献には、海外の大学生の日本語学習者を対象にした評価ツールを記載しています。「話す能力の評価」「書く能力の評価」「読む能力、および翻訳能力の評価」「プロジェクトや文化的知識の評価」「学習スキルや学習者の自律性を促進するための評価」という五つのカテゴリーに分けて、数々のテスト、自己評価、ルーブリックなどのサンプルが掲載されています。

　また、数年前に国際交流基金（Japan Foundation [JF]）が**JF日本語教育スタンダード2010**を開発し、世界共通の日本語運用能力基準を提唱しました。同スタンダードは、**欧州言語共通参照枠**（Common European Framework of Reference for Languages［CEFR］）に基づいており（12章参照）、Can do 記述文（「私は〜ことができる」という形式の記述）を使って、各熟達度レベルにおける「言語能力」と「言語活動」の目安を例示的に記述しています（国際交流基金, 2017）。JF日本語教育スタンダード準拠ロールプレイテストは、「口頭での課題遂行能力」の測定を意図したもので、オンラインで入手できます（国際交流基金, 2018）。同ホームページからテスター用のマニュアルも入手でき、実際にロールプレイを行っている様子も動画で見られます。テストに使用するロールカードは、いろいろな言語で作成されています。

継承語評価研究一般に興味があるという方で、先行研究について情報を集めたいのであれば、ジョージタウン大学の**言語評価研究センター**（Assessment & Evaluation Language Resource Center［AELRC］）からアクセスできる「Heritage Language Evaluation & Assessment」の文献リストが参考になります（Son, n.d.）。そこでは、1989年以降に出版された研究論文が解説されています。また、2020年に刊行予定のKondo-Brown（forthcoming）では、継承語評価開発や研究の最近の傾向や今後の課題がまとめられています。さらに、特に年少の継承日本語話者を対象にした日本語テスト研究に興味のある方は、Hasegawa（2008）が参考になります。同論文では、本章2節で述べた「バイリンガル会話テスト［OBC］」（カナダ日本語教育振興会, 2000）を含む数々の日本語能力試験の妥当性、信頼性、有用性などを分析しています。子どもの言語能力測定における心理的な考慮点なども検討されています。

8 まとめ

　継承日本語の指導をするにあたって、「何をどう教えるか」について考えることは、言い換えれば「どう評価すれば、学習者の役に立つのか」を同時に考えることです。継承日本語を教える時にさまざまなアプローチがあるように、評価方法もいろいろです。単一の評価方法に頼るのではなく、学習目標、学習者のニーズ、そして評価目的に応じて、語彙・文法テスト、パフォーマンス・テスト、自己評価など、複数の評価ツールを使って評価を行うと、より効果的な評価を行うことができます。

　本書の序文でも述べたように、日本にルーツを持つ子どもや若者が、海外の現

地校や大学に通いながら、年齢相応の日本語を維持していくことは、並大抵の努力でできることではありません。どの継承日本語学習者も、自分の背中を押してくれるような評価を必要としています。評価の改善というのは、往々にして、今現在行われている評価のあり方に疑問を持ったり、矛盾点や問題点に気づくことから始まります。本章が読者の「評価を見る目」を養い、また継承日本語教育現場での評価活動を改良していく上でのヒントになることを願っています。

COLUMN 3

海外で育つ子どもの実態

坂本光代

　カナダで育った私は「家では日本語」というスタイルで育てられました。親との会話は全て日本語で、両親も積極的に日本から本や雑誌を取り寄せてくれました。また、毎週土曜日は補習校にも通いました。補習校がなければ日本語の読み書き能力は伸ばせなかったと思います。大量の宿題が毎週課され、漢字テストなども毎週あり、漢字のように覚えるしかないものはテスト勉強を介して身につけるほかなかったように思います。また、算数は現地校よりも進むのが早く、それが現地校の成績にも反映され、中高の数学の成績も常に良かったというおまけもありました。ただ、金曜日の夜は遊ぶ暇もなく、宿題やテスト勉強の辛い思い出しかありません。

　日本語の勉強は大変ではありましたが、同時に補習校での日々は日本的なものに触れられる貴重な時間でした。日本で流行っている音楽や漫画など、日本の同世代の子どもたちに関する情報を収集し、学芸会などの日本的な催し物にも携わり、自分が「日本人」として「日本人の集団」の中で過ごす大切な「居場所」でもあったのです。結果、補習校には小学校から高校3年の卒業時まで自主的に継続して通いました。子どもながらに補習校の必要性を感じ、納得していたのだと思います。

　バイリンガルになるには子ども本人も大変ですが、何よりも親の忍耐力が試されるかと思います。会話が成立し、日常的には家庭で問題がない場合、それ以上に読み書きも続けさせるのはかなりのモチベーションが必要です。また、現地校での成績なども考慮すると、プラスアルファである継承語教育は疎かになりがちです。ただ、言語能力は一度喪失すると挽回するのにかなりの時間・労力・お金が掛かります。また、認知面でも、言語能力は子どもの考える力や物の見方に多大な影響を与えます。そして、何よりも文化の喪失に繋がります。国際化が進む中、柔軟性を持った思考力・理解力は今後生きていく上で不可欠となるでしょ

う。保護者の方には短期的ではなく、長期的スパンで考えて、母語保持・継承語教育に取り組んで欲しいと思います。

第 4 部

日本における外国にルーツを持つ
子どもの継承語教育

第4部14章

日本の公立学校における日本語を母語としない子どもへの言語教育

西川朋美

問い

　日本の公立学校に通う日本語を母語としない子どもが増えていて、特に中国語やポルトガル語を母語とする子どもが多いようです。日本の公立学校において、日本語を母語としない子どもに対する日本語教育および継承語教育はどのような現状なのでしょうか。今後の課題について教えてください。

回答

　公立学校に在籍する日本語を母語としない子どもの数の増加と共に、その受け入れ体制（日本語教育）は少しずつ整えられてきました。とは言え、実際の取り組みについては、地域や学校によって、かなりの差があると思われます。また、公立学校における継承語教育については、一部の先進的な取り組みを除いて、ほとんど行われていないと言っても良いでしょう。公立学校における継承語教育については、まずはその重要性が認識されるところからスタートする必要があると言って良いほど、課題は山積みです。

1 日本の公立学校に通う日本語を母語としない子ども

1.1 子どもの母語背景・国籍別人数

　1990年の「出入国管理及び難民認定法（入国管理法）」の改正施行を受けて、日本に長期滞在する外国人（南米日系人など）が増加しました。家族と共に来日する子どもの数も同時に増加したことを受けて、文部科学省は1991年度から「日本語指導が必要な（外国人）児童生徒の受入状況等に関する調査」を継続的に実施しています。最新（2016年度）の調査結果によると、公立小学校・中学校・高等学校などに在籍する日本語指導が必要な児童生徒数は、3万4,335人（外国籍のみ）となっています（文部科学省, 2017a）。日本国籍を持ちながら、さまざまな理由で日本語指導を必要とする児童生徒も9,612人いますので、外国籍・日本国籍を合わせると約4万4000人が日本語指導を必要としていることになります。その数は、1991年の調査開始時点（当時は外国籍のみ）で約5000人、その10年後の2001年に約2万人ですので、この四半世紀の間に大きく増えたことは間違いありません。2016年度の調査結果のうち外国籍の児童生徒の母語別内訳を見てみると、最も多いのがポルトガル語（8,779人）です。そして、中国語（8,204人）、フィリピノ語（6,283人）、スペイン語（3,600人）が続きます。この母語別内訳は、日本国籍を持つ児童生徒では少し傾向が変わり、最も多いのがフィリピノ語（3,042人）、次に中国語（2,065人）となります。外国籍・日本国籍を合わせて考えると、日本語指導が必要な児童生徒のうち最も数が多いのは中国語を母語とする児童生徒（合計1万269人、全体の約23％）で、次に、ポルトガル語とフィリピノ語を母語とする児童生徒がほぼ同数（それぞれ9,331人、9,325人、どちらも全体の約21％）です。スペイン語、英語、ベトナム語、日本語、韓国・朝鮮語などが続きます。

　文部科学省の調査が報告する数値としては上の通りですが、その内容について3点、補足をしておきたいと思います。まず、この調査は子どもの母語別内訳を報告しており、子どもの国籍や出身国・ルーツを持つ国が報告されているわけではないということです。ポルトガル語とスペイン語については、大多数の子どもは、ヨーロッパのポルトガル・スペインではなく、南米諸国にルーツを持つ子どもであると考えられます。なぜなら、1990年の入国管理法の改正施行以降、来日・定住の数が大幅に増えたのが、南米日系人だからです。なお、法務省が報告

する**在留外国人数**[1]（2017年6月末）によると、18歳以下の国籍別の在留外国人数（総数27万8,472人）の国籍別内訳上位10ヵ国は、中国（9万950名）、ブラジル（4万440名）、韓国（3万3,346名）、フィリピン（3万1,047名）、ベトナム（1万5,048名）で、ペルー、ネパール、インド、米国、パキスタンと続きます。こちらは公立学校に在籍する子どものみに限定したわけではないので、私立学校や**外国人学校**に通っている子ども、また、小学校入学前の子どもも数に含まれています。また、日本語を十分に身に付けた（つまり、日本語指導が必要な子どもとはされない）子ども、さらには両親や祖父母の代から日本に在住している2世や3世の子どもなども含まれます（そのような子どもの場合、母語は日本語であることもあるでしょう）。日本（の公立学校）における**継承語教育**を考える際には、これらの国の言語についても念頭に置いておくと良いのではないでしょうか[2]。

次に、日本で生まれた2世や3世の子どもでも外国籍であるのは、日本の国籍法は血統主義であり、米国のように米国内で生まれた子どもには米国籍を与える国、つまり出生地主義を取っている国とは異なるからです。子が日本国籍を得るには父または母が日本国民であるなどの条件があり、日本国内で生まれた子どもに自動的に日本国籍が与えられるわけではありません（荒牧他編, 2017: 175）。

最後は、「日本語指導を必要としている」ということの意味です。上述の文部科学省の調査において「日本語指導が必要」の基準は、日常会話に支障が出るような状態だけではなく、日常会話は問題なくこなせるのに日本語での**教科学習**についていくのが困難であることも含みます（1章4節参照）。つまり、「日本語指導が必要」とされる子どもが全てたどたどしい日本語を話しているというわけではありません。とは言え、日本語での教科学習についていくのが困難であることについて、明確な基準が確立されているとは言いがたいのが現状です。

1　政府統計の総合窓口HP　URL：〈https://www.e-stat.go.jp/stat-search/files?page=1&layout=datalist&lid=000001196143〉

2　本書の定義に沿うと「母語」よりも「継承語」がふさわしいと思われる場合にも、引用資料が「母語」と表現しているケースがある。そのため本章では、引用文献・資料引用の際にはもとの資料に倣って「継承語」も含んだ意味で「母語」を用いることもある。

1.2　継承語教育と外国人学校

外国から子どもが来日した際、あるいは、日本に在住する外国人の親のもとに子どもが生まれた場合、その子どもが通う学校の選択肢は大きく二つに分けられます。一つは、外国人学校（インターナショナルスクールや民族学校）、もう一つは日本の一般的な学校（公立・私立）です。前者の場合、授業も含めて学校生活は日本語以外の言語が主となるでしょう。この場合、もし「学校の言語＝子どもの母語」であるのなら、母語・継承語の育成・保持は大きな問題とはならず、日本語をどの程度身に付けるのかは、本人あるいは環境次第ということになると思います。外国人学校については、本書17章2.2節で中華学校が紹介されていますし、志水・中島・鍛冶編（2014）が参考になると思います。

本章では日本の子どもが通う学校、特に**公立学校**について考えてみたいと思います。私立学校（国立も）の場合、小中学校でも入学者の選抜を行う点が公立学校と異なりますが、日本語を母語としない子どもの対応に関しては共通する課題は多いと思います。なお、先述の文部科学省の「日本語指導が必要な児童生徒の受入状況等に関する調査」も公立学校を対象とした調査です。

2　公立学校における日本語教育

本書の中心的トピックである日本国内の公立学校に通う子どもを対象とした継承語教育を考えるにあたって、まず、公立学校における日本語教育について、その概要を示したいと思います。日本社会の主要言語であり、学校での教授言語である日本語を子どもが身に付けるために、日本語教育がどのように位置づけられているのかを考えます。

なお、日本語指導が必要な子どもへの日本語教育の全てを学校が担っているわけではなく、多くの子どもが地域の支援教室などでも指導を受けていると考えられますが[3]、本章では紙面の都合上、日本語教育に関しては公立学校における取り組みに絞って紹介します。

---

[3] 正確な数は把握できていないが、営利を目的とした塾などよりも、無料あるいは最低限の必要経費での運営を行っているところが多いのではないかと考える。

2.1　公立学校での日本語教育に関する制度と実態

　公立学校における現状と言っても、その実態はさまざまです。文部科学省（2017a）によると、日本語指導が必要な（外国籍の）児童生徒全体数の大多数（約 75％）は、そのような子どもの在籍が少ない（4 名以下）の学校に在籍しています。学校に日本語指導のための**加配教員**が置かれる基準は一律ではありませんが、私の知っている中では 5 名以上の子どもの在籍が基準となっているケースが多いです。4 名以下の場合、これもまた自治体や学校によって対応はさまざまですが、非常勤や巡回指導の先生が定期的に指導に来てくれるということもあります。また、近隣に日本語指導の拠点校がある場合、子どもは在籍校から拠点校に日本語指導を受けに行くという方式もあります。ただし、その指導時間も数十時間などの上限が設けられている場合もありますし、また「日本語指導が必要」だと認定されていながらも、指導を受けていない子どもが全体の 2 割程度いることが文部科学省の調査からも分かります。一方で、私が学生時代から関わっていた小学校などでは、学外からのボランティア（日本語教育の有資格者含む）を積極的に受け入れ、一人ひとりの子どもに対しての指導を充実させていました。つまり、同じように「日本語指導が必要」と判断されている子どもであっても、住んでいる自治体や通っている学校によって、その対応はかなり違っていると考えても良いでしょう。地域差や学校差は、教育全般について言えることだとは思いますが、日本語指導に関しては、その差がより大きいのではないかと思います。

　学校教育の中では「日本語」は、国語科や社会科のような教科としては位置づけられていませんが、2014 年度より**特別の教育課程**による日本語指導を行うことが可能となっています[4]。これは、学校教育法施行規則の改正により、日本語指導を学校教育の中に正式に位置づけるものですので、非常に大きな改革だと言えます。ただし、上述の文部科学省の「日本語指導が必要な児童生徒の受入状況等に関する調査」によると、日本語指導が必要な児童生徒のうち、特別の教育課程による指導を受けている子どもは全体の半数以下です。その後、2016 年には「学校における外国人児童生徒等に対する教育支援の充実方策について（報告）」が

4　文部科学省 HP　URL：〈http://www.mext.go.jp/a_menu/shotou/clarinet/003/1341926.htm〉、〈http://www.mext.go.jp/a_menu/shotou/clarinet/kaigi/__icsFiles/afieldfile/2013/03/04/1330284_1.pdf〉（2018 年 9 月 7 日）

提出されています[5]。この報告には、日本語指導の拠点校を中心とした指導体制の整備や、指導を担当する教員の養成や研修など、具体的な提言が数多く含まれています。なお、この報告からは、日本語の能力だけでなく母語の能力にも目が向けられていることが読み取れますが、ここでの母語支援というのは「母語による通訳や学習支援などを行う」ことを指しており、**母語による支援**であって**母語への支援**ではありません[6]。つまり、日本語力がまだ十分ではない子どもに対して、子どもの母語ができる支援員を付けて、教科学習や初期日本語指導を行おうというものであり、子どもの母語そのものの習得や保持を支援しようとするものではなさそうです。公立学校における日本語教育の制度面の充実については、今後の推移を見守りたいと思います。

2.2　教員養成・研修と教材

次に、誰が公立学校での日本語教育を担うのかという点ですが、日本の学校の教員となるためには、基本的に日本の教育職員免許(**教員免許**)が必要です[7]。中学校・高等学校だと国語や英語などの教科別の免許があり、また、特別支援教育に関する免許もあります。しかし、上述の通り、「日本語」はいわゆる教科としての扱いではなく、日本の学校教育制度の中に「(第二言語としての)日本語」という教員免許はありません。例えば、英語の教員免許を得ようとしたら、英語という言語について学び、英語教育法についても学ぶと思います。つまり、教員免許を得た時点で、教育実習も含め、英語を教えるための最低限の知識やスキルは身に付いていると考えられます。日本語教育の場合、教員免許がないということは、(何らかの教員免許を持っていれば)誰でも教えられるということになり

5　文部科学省 HP　URL：〈http://www.mext.go.jp/b_menu/houdou/28/06/__icsFiles/afieldfile/2016/06/28/1373387_02.pdf〉、同報告の概要は、URL：〈http://www.mext.go.jp/b_menu/houdou/28/06/__icsFiles/afieldfile/2016/06/28/1373387_01.pdf〉(2018年9月7日)

6　中島編 (2010: 173) では、学校現場での母語の使用を次の五つに分類している：(1) 保護者との連絡を目的としたもの、(2) 日本語や教科学習を補助するためのもの、(3) 週1時間程度であっても、学校で行うことで母語保持・伸長を価値付けるもの、(4) カリキュラムに沿って行われる母語教育プログラム、(5) 中学・高校での外国語の授業を生徒の母語・継承語の学習の場として位置付け、単位認定をするもの。最初の二つが「母語による支援」、残り三つは「母語への支援」と言える。

7　珍しい事例だと思うが、外国の教職員免許を認めている自治体もあるようだ (池上・末永, 2009: 19)。

ます。とは言え、日本人であれば日本語は話せるし、読み書きもできるから、誰でも簡単に教えられるかと言えば、そうではありません。現在、日本語教育学会が文部科学省委託事業として教員養成のための研修モデルを提案していますが（日本語教育学会, 2018）、今後、どのような形で実現していくのかを見守っていきたいと思います。

また、日本の学校では、国語や社会など各教科の教科書は、文部科学省の検定を受けたものを用いることになっています。教科として扱われていない日本語に関しては、いわゆる検定教科書はありません。文部省（当時）が関わったものとして『にほんごをまなぼう』（1992年発行）という初級日本語教材があります（『日本語を学ぼう2、3』と続編も出ています）。その他にも、文部科学省が開発に関わったものとして、**JSLカリキュラム**（小学校編[8]、中学校編[9]）や、**外国人児童生徒のためのJSL対話型アセスメントDLA**（詳しくは、16章参照）などの評価ツールが代表的です。

その他にも、近年、**第二言語としての日本語**（Japanese as a Second Language［JSL］）を話す子どもを対象とした日本語教材などが少しずつ市販されるようになりました。中には日本語の語彙教材でありながら、母語を併記することで、来日直後の子どもにとっては母語の力の活用を可能とし、滞日歴の長い子どもにとっては母語の力を保持・伸長させることをねらう『JSL中学高校生のための教科につなげる学習語彙・漢字ドリル［中国語版］』（樋口編, 2010）のような教材もあります[10]。また、教材検索のためには、文部科学省初等中等教育局国際教育課が運営する「かすたねっと」と呼ばれるサイトがあります[11]。子ども用の教材以外にも、日本語を母語としない子どもを受け入れる教師用ガイドブックなども出版されており（臼井編, 2009; 臼井, 2014; 河原・山本・野山編, 2010; 齋藤編, 2011）、受け入れる学校・教員側の意識も少しずつは高まってきているように感じます。

8 　文部科学省HP　URL：〈http://www.mext.go.jp/a_menu/shotou/clarinet/003/001/008.htm〉（2018年9月7日）

9 　文部科学省HP　URL：〈http://www.mext.go.jp/a_menu/shotou/clarinet/003/001/011.htm〉（2018年9月7日）

10　ポルトガル語版、スペイン語版、英語版もある。

11　かすたねっと　URL：〈http://www.casta-net.jp〉（2018年12月3日）

2.3 公立学校における日本語教育と母語・継承語

　日本の学校で学ぶために子どもが日本語力を身に付ける必要があることは、議論するまでもありませんし、その主眼が継承語教育よりも日本語教育に置かれていることも当然のことと考えられます。しかし、その中で、子どもが継承する言語・文化を大切にしようという姿勢は、各所に見られることには注目したいと思います。上述の日本語教育学会 (2018) の研修モデルの内容構成案にも「母語・継承語」が取り上げられていますし (p. 74, p. 226)、上に紹介した教師用ガイドブックにも母語・継承語の重要性を取り上げているものが複数あります。母語の育成や保持は、成人対象の日本語教育で問題になることはほとんどないと思いますが、低年齢から第二言語である日本語を習得することで母語保持が難しくなる子どもを対象とした日本語教育では、忘れてはならない視点です (西川, 2012)。そのことが「子どもの日本語教育」の一環として、専門家の間では認識されていることは高く評価しつつ、その考えを各学校や教員一人ひとりにまで浸透させることが今後の課題ではないでしょうか。

3 公立学校における継承語教育

　日本語教育が学校内において教科としては位置づけられてはいないものの、制度の整備や教材・評価法の開発がある程度なされているのに対し、公立学校における継承語教育については、ほぼ手つかずの状態であると言っても過言ではないでしょう。なお、なぜ継承語教育が重要なのかという点については、本書の序章をはじめ他章で十分に議論されており、言語や国によって変わるものではないので、本章では日本国内の実状について、その全体像を述べることに主眼を置きたいと思います。

　以下では、公立学校に通う子どもを対象とした継承語教育の実践例として、学校内と学校外の例に分けて紹介します。高橋 (2015) によると、公立学校内での母語教育は、大阪府・兵庫県におけるものが中心で、国内の多くの教室はボランティアによるものが多いとのことです。石井 (1999) は、（調査当時の）神奈川県内の**母語教室**について、外国人学校 12 校、公立学校 8 校、ボランティア教室

21箇所、商業ベース1箇所という具体的な数を示しています[12]。母語・継承語教育の大半がボランティア主体の教室に委ねられているという構図は、日本全国で共通する構図のようです。

3.1 公立学校での継承語教育の例

　制度としては手つかずの状態であっても、公立学校内での母語・継承語教育が全く実施されていないわけではありません。「学校で行われている」母語・継承語教育には、実施母体が学校である場合もあれば、空間的には公立学校の校舎内で実施されていても、学校は教室を提供するだけで運営は学外ボランティアが担っている場合など、さまざまなケースがあると思われます。たとえ教室を提供しているだけであっても、学校が母語・継承語教育に賛同しての協力であること、また、母語・継承語教室に通う子どもの目線からは、学校内に存在しているとの認識があると考え、ここでは全てを含めて公立学校での母語・継承語教育と考えたいと思います。以下では、文献引用の形で公立学校での母語・継承語教育を紹介します[13]。

　神道（2004）や大倉（2010）では、大阪府下の中国語母語話者が多数在籍する公立高校において、正規カリキュラムの中で、母語・継承語としての在籍生徒の母語（中国語やその他言語）を教える授業が行われている例が報告されています。初級レベルから母国の高校レベルの授業までの例が紹介されており、これらは日本国内の公立学校としては、非常に恵まれたケースではないかと思います。高橋（2009）では、公立小学校の授業時間内に開催されている中国語教室の様子が書かれています。中国語教室の参加者は、中国で生まれ、ある程度母語としての中国語を身に付けた子どもだけでなく、日本生まれで主に日本語で育ってきた中国ルーツの子どももいます。田・櫻井（2017）も同様に、公立小学校での中国語教室の例であり、年間カリキュラムの作成や実践の様子、子どもたちの中国語能力調査の結果が報告されています（公立学校内の中国語教室の実践例について

12　現在の神奈川県内の情報としては、かながわ国際交流財団HPに情報がある：〈http://www.kifjp.org/classroom/native-list/〉（2018年9月7日）

13　論文の主たるテーマは、実践紹介にとどまらないものもあるが、ここでは各文献から読み取れる教室実践を紹介する。これらの教室は、各稿執筆当時、あるいはそれ以前のものであり、現在も存続しているかどうかの確認は取れていない。

は、17章2.1節も参照）。北山（2012）やタン（2017）は、公立小学校でのベトナム語教室の様子を報告していますが、いずれもベトナム人集住地域にある小学校です。それに対し、近藤（2017）のように当該小学校の国際教室において他は全て中国系の児童である中、たった一人のためにベトナム語学習の時間が設けられている例もあることは注目に値します。櫻井（2010）に紹介されているスペイン語教室は、NPO団体により運営されていたものが、県の母語教育支援事業開始後は、公立小学校が教室提供だけでなく運営にも関わるようになったということです。その他、中島編（2010: 174-179）にも日本各地での各国語の母語・継承語教育の例が紹介されています。これらの報告によると、小学校段階でもある程度の読み書きの指導は実施されているようですが、当然参加する子どもの母語力・読み書き能力には個人差があると思われます。

　また、直接的に継承語を教える言語教育ではないかもしれませんが、**多文化共生**を目指す学校（愛知県東浦町立石浜西小学校編, 2009; 山脇・横浜市立いちょう小学校編, 2005）において、自身がつながる国の文化を教員や友達にも認めてもらえる子どもは、そうではない子どもよりも継承語の維持や習得に前向きになれるのではないでしょうか（15章3節も参照）。私が以前行った調査（西川, 2011）では、多文化共生を掲げる公立小学校に通うベトナム系の子どもたちが、日本で生まれ育ちながらも継承語としてのベトナム語能力をある程度は習得・保持していたことを報告しています。当時、調査協力校にはベトナム語教室が設置されていたわけではありませんでしたが、子どもたちの母語・継承語や文化を大切にしようという雰囲気が学校内に溢れていました。それだけでも子どもたちの自身の母語・継承語に対する態度は変わってくると思われます。

3.2　学校外で行われている継承語教育の例

　さらに、学校外にも目を向ければ、公立学校に通う子どもたちが家庭以外で母語・継承語を学べる機会はもう少し広がります。福岡（2011）では、大学の関わる地域貢献事業として、中国語とポルトガル語の母語保持教室の実践例が紹介されています。中国語教室は大学国際交流センター内の教室で実施されており、ポルトガル語はブラジル人学校の教室がその実施場所です。松尾（2013）でも、地域の学校関係者や大学生の団体が関わったポルトガル語教室が紹介されています。市が採用したバイリンガル教員らが指導に当たっており、論文内では「当事

者自身が運営する「移民コミュニティの言語教室」」(p. 38) と位置づけられています。

宋・黄 (2012) の韓国語教室は親が子どもへの継承語教育の必要性を感じて設立されたものです。この教室は、韓国総領事館などの協力を経て、韓国政府から「ハングル学校」[14] としての認定および資金提供を受けていることが書かれています。その他、松本 (2005) にも、マイノリティ自身らによる教育実践が多数紹介されており、日本の学校に通う子どもたちのためのポルトガル語・スペイン語・中国語教室などの例があります (学校外での中国語教室については、17 章 2.3 節も参照)。

また、地域の母語教室の紹介なども含め、母語教育の大切さを訴える冊子を県の委託事業として作成した愛知県の例などもあります[15]。学校に対しても、家庭に対しても、公的な立場から母語教育の大切さを伝えることも大切なことだと思います。

3.3 日本の公立学校に通う子どもの継承語教育の課題と展望

学校内で開かれる母語・継承語教室や、学外に子どもが定期的に通えるような教室が一部には存在するものの、現状では、非常に限られた範囲でしか行われていません。また、継承語を大切にしようという雰囲気でさえ、全ての学校にあるわけではないと思います。日本語指導が必要な児童生徒の数の増加と共に、公立学校での日本語教育に関する制度や施策がこの 10 年ほどの間に (まだ十分だとは言えないものの) 整えられてきたことを考えれば、継承語教育についても、その大切さが広く社会に認知されることによって、徐々に定着していってほしいと思います。

海外に住む日本人・日系人の子どもが継承語として日本語を学ぶ場としては、世界に 100 校以上の **補習授業校 (補習校)** があり、文部科学省も教師の派遣などを行っています (10 章 1 節も参照)。中島 (2017: 23) によると、現地校に通う子どもを対象に、週 1 回、母語・継承語で本国と同じ教科学習を行う補習校に相

---

[14] ハングル学校とは、「外国に居住している韓国人に韓国の文化や韓国語を教える定時制の週末学校」(宋・黄, 2012: 125)。

[15] 愛知・外国につながる子どもの母語支援プロジェクト　URL:〈http://www7b.biglobe.ne.jp/~akp/top.html〉(2018 年 9 月 18 日)

当する教育機関は、世界でも珍しいそうです。日本在住の外国につながる子どもの母語・継承語教育を誰が担うかという点については、慎重な議論が必要だと思いますが、補習校の存在は、本書の前半で扱われている海外の継承日本語教育と、日本国内の継承語教育が置かれている状況の違いの一つではないでしょうか。ただし、その補習校も数は限られており、日本語学習や日本の教科学習に取り組みたい子ども・取り組ませたい保護者の全てに対応できているわけではないと思います。日本語学校などの場合、運営上、補習校よりも厳しい環境に置かれているようですので、補習校の存在に頼らず行われてきた実践なども、日本国内の継承語教育の参考になるのではないかと思います[16]（8章3節参照）。

また、継承語教育において家庭が担う役割の大きさは、日本においても無視できません。家庭での言語使用実態や親の意識と子どもの言語能力の関係については、石井（2007, ポルトガル語・中国語）や朱（2003, 韓国語）などによる調査報告があります。ただし、家庭のみで母語教育を担うことには限界があるとの報告もあり（野津・乾・杉野, 2014）、世界中で共通する悩みのようです（6章も参照）。

なお、日本の公立学校に通う子どもは、日本語のみで教育を受けるのだという暗黙の了解がどこかにあり、確かにそれが今の日本の現状です。しかし、さらに高い理想を求めれば、現地語と母語・継承語の両言語で子どもたちが学校教育を受けることができる、質の高い長期的なバイリンガル・プログラムがあれば、言語能力のみならず、学力の伸長にも役立つことが明らかになっています（Collier & Thomas, 2017）。現時点では、限りなくゼロに近い、日本の公立学校での継承語教育ですが、できるところから少しずつ、制度面・内容面共に充実されていくことを願います。

4 もっと詳しく調査・研究したい人のために

本章では、日本語教育と継承語教育の両方を紹介してきましたが、ここでは後

---

16 母国を離れて暮らし、ましてや定住・永住を決めた場合、母語・継承語を子どもにどのように伝えるのかについては、個人の考え方の違いに加え、民族グループによる傾向などもあるかもしれない。その点では、継承語としての中国語やスペイン語が、日本以外の国でどのような状況にあるのかも興味深い。

者の継承語教育に絞って、さらに詳しく知りたい人のために情報提供をしたいと思います。

　日本在住の日本語を母語としない子どもが置かれた状況について、法的な立場を含めて包括的に理解するためには、荒牧他編（2017）『外国人の子ども白書』がさまざまなトピックについて、各分野の専門家による基本情報を簡潔に記述しており、母語・継承語に関係する項目も多数含まれています。日本の（公立学校に通う子どもを対象とした）継承語教育の概要を知るための論文としては、齋藤（2005）、松本（2005）、清田（2014）、高橋（2015）、中島（2017）などがあります。後者2本は、欧米での事例も含まれており、日本の事例との比較に向いています。書籍では、KOBE外国人支援ネットワーク編（2001）、中島編（2010）の第3部、松田・野津・落合編（2017）、真嶋編（2019）などがあります。また、次のようなHPにも比較的まとまった情報が紹介されています。

- ハーモニカ　URL：〈http://harmonica-cld.com/about〉（2018年12月11日）
- 関西母語支援研究会　URL：〈http://education-motherlanguage.weebly.com/〉（2018年12月11日）

　次に、もう少し基礎研究面に目を向けます。多言語環境で育つ子どもの（言語）発達や教育については、その環境が日本であっても海外であっても、基本的な考え方や理論的側面は共通していると思いますので、本書の第1部の各章が参考になると思います。その上で、日本で今後必要となる研究を考えるために情報収集をするとしたら、以下のような学会・研究会があります（継承語をより中心的なテーマとしているのは前者です）。

- 母語・継承語・バイリンガル教育（MHB）学会　URL：〈http://mhb.jp〉（2018年12月11日）
- 子どもの日本語教育研究会　URL：〈https://www.kodomo-no-nihongo.com/〉（2018年12月11日）

　また、次のデータベースはWeb上で公開されており、誰でも利用できます。

・継承語文献データベース（HLDB: Heritage Language DataBase）
URL：〈http://yay.cla.kobe-u.ac.jp/~jm/hldb/index-stop.php〉（2018年12月11日）

　本章でこれまで述べてきた通り、日本の公立学校に通いながら、母語・継承語も保持・維持しようという子どものために十分な学びの機会が設けられているとは言えません。継承語教育の充実には現場の教師や支援者の力が不可欠ですが、それ以外に何が必要でしょうか。畑（2001）は、行政の立場から母語学習に公的支援を実現させようとするプロセスを詳述していますが、母語・継承語学習の必要性について説得力のある議論の基礎となる研究報告を充実させることも大切だと思います。

　なお、本章の限られた紙面で紹介ができた文献はごくわずかですが、その執筆のためには日本国内での継承語教育の調査研究や実践報告を数多く集めました。それらの文献を見渡して、気づいたことを最後に書きたいと思います。一つ目は、**大学レベルでの継承語教育**に関する文献が皆無に等しいということです。日本の外国語教育は、高校までは実質ほぼ英語教育ですが、大学では第二外国語として中国語やスペイン語を選択する学生も少なくありません[17]。日本語を母語としない子どもの中には、日本の大学に進学し、そこで自分の母語・継承語としてそれらの言語を学ぼう・学びなおそうとする学生もいるはずです。海外では大学で継承語として日本語を学ぶ学生やそれを支える教師の苦労も頻繁に耳にします（11章参照）。幼少時に家庭で身に付けた言語の知識をより正確なものとし、国際社会で通用するような言語能力を身に付けるために、大学で改めて自分の母語・継承語を学ぶことについて、教える側の苦労も含めて、日本でももっと議論が必要だと思います。二つ目は、継承語として文献に現れる言語の偏りです。本章冒頭で確認したように、日本語指導が必要な児童生徒数（外国籍・日本国籍）から推測される、日本で継承語話者の数が多い言語は、中国語、ブラジル・ポルトガル語、フィリピノ語です（18歳以下の在留外国人数を見ると、これに韓国語が加わります）。この中で、人数のわりに文献が少ないのが、フィリピノ語

17　なお、継承語としては位置づけられていないが、大学入試におけるセンター試験の外国語科目は、英語以外にもドイツ語、フランス語、中国語、韓国語での受験が可能。大学入試センターHP　URL：〈http://www.dnc.ac.jp/center/shiken_jouhou/h31.html〉（2018年9月7日）

（およびフィリピンの関連諸語）でした。これは、フィリピン系の子どもを対象とした継承語教育があまり行われていないのか、それとも報告や論文という形で世に出ていないだけなのかが分かりませんが、いずれにせよ、継承語教育の必要性や重要性がより広く理解されるためには、記録として形を残すことも必要ではないかと思います。また、本章では外国の言語としての継承語を念頭に議論してきましたが、例えば米国のハワイ州では、ハワイ語の継承語教育が行われていることを考えれば、アイヌ語や琉球語なども含めて、日本の継承語教育について議論をする必要があるように思います（序章3節、18章2.2節も参照）。

5 まとめ

　日本社会全体が少しずつ、しかし確実に多言語・多文化化する中、日本語を母語としない子どもを対象とした言語教育は非常に大きな役割を担っています。本章前半で扱った日本語教育の観点からは、子どもが日常会話だけではなく、学校で年齢相当の教科学習の知識を身に付けるために必要な日本語力をどのように育てるかという点が重要になります。本章後半で扱った母語・継承語教育の観点からは、日本の学校において日本語で学ぶ子どもたちが、いかに自分のルーツとなる言語を保持・習得できるかということを考える必要があります。

　特に、継承語教育に関しては、公教育の中ではほとんど手つかずの状態であると言っても過言ではないと思います。しかし、日本語を母語としない子どもを対象とした日本語教育の制度や内容が整えられていく中で、母語の大切さが完全に無視されているわけではないことには希望を持ちたいと思います。

第4部15章

国境を越えた子どもの異言語・異文化の壁

川上郁雄

問い

　成長の途中で国境を越えて日本に移住した外国にルーツをもつ子どもや若者で、日本の学校環境にうまく順応したというケースに何か共通点はありますか。中には国際結婚家庭に生まれ、一目で「ハーフ／ダブル」の子どもだと分かる子どももいます。彼らはどのようにして異言語・異文化の壁を乗り越えることができたのでしょうか。また、その過程で継承語維持・発達はどのような意味があったのでしょうか。

回答

　「成長の途中で国境を越えて日本に移住した外国にルーツをもつ子どもや若者」が日本の学校環境に「順応」する際、周りの人がその子どもや若者の声をどう受け止めるかが重要な鍵となります。「ハーフ／ダブル」の子どもだと分かる子どもが「異言語・異文化の壁を乗り越えることができた」と思えるのは、自分は自分だと自尊感情や自己有能感を感じるときです。その場合も、周りの人との関わりが重要な要素となります。またそれらの子どもにとって「継承語維持・発達」は、自分のアイデンティティや生き方を考える際の重要な要素の一つとなるでしょう。

1 「順応」とは何か

　さて、上記の問いで最も重要なポイントは、「順応した」と思えるときの「順応」とはどのような意味かということです。また、「ハーフ／ダブル」の子どもが「異言語・異文化の壁を乗り越えることができた」とはどのような意味かを考えることです。さらに、継承語維持・発達という問いで最も重要なポイントは、「継承語は子どもの成長にどう関わるのか」です。この問いの回答を考えることは、私たち自身の「子ども」に対する捉え方、まなざしを問い返すことを意味するのです。

　では、具体的に考えていきましょう。

　この問いにある「成長の途中で国境を越えて日本に移住した外国にルーツをもつ子どもや若者」の場合、大人の都合で**移動させられた子ども**、「移動せざるを得なかった子ども」が大半です。大人は仕事や豊かな生活、学ぶ機会を求めて国境を越えて移動しますが、子どもはその大人の都合によって移動させられるのです。中には、祖国の祖父母に預けられていた子どもが、日本で働いている両親のもとに行きたいと自ら望んで来日するケースもありますが、多くの場合は、子どもの意志とは別に、「移動させられる」ケースが多いのではないかと思われます。

　その場合、慣れ親しんだ言語の世界、あるいは学校生活から、ある日突然、言葉[1]の通じない世界へ入っていくわけですから、子どもへの負担も大きいですし、子どもの戸惑いも多いと思います。私たちに必要なのは、まず、この点を理解することです。

　その上で考えたいことは、「成長の途中で国境を越えて日本に移住した外国にルーツをもつ子どもや若者」が日本の学校や社会に「順応」するとはどういうことかという点です。辞書を見ると、順応とは「環境や境遇の変化に従って性質や行動がそれに合うように変わること」（デジタル大辞泉）という意味です。人間は、環境や境遇の変化に対応するように変化しますが、成功する場合でも、あるいは成功するまでの間でも、性質や行動を変えるには時間と努力が必要で、場合によってストレスを感じ、うまくいかないケースもあります。うまくいかない場

1　本章では「言葉」「ことば」「言語」と使い分けている。一般的にいう場合は「言葉」、中国語や日本語という文脈では「言語」と漢字で表すが、後で述べるように一人ひとりが持つさまざまな言語資源の総体をいう場合は「ことば」とひらがなで表す。

合は、不眠や食欲不振、心的不安などの症状が出ます。これは、大人でも子どもでも同じでしょう。ただし、子どもの場合、成長過程にあるために、環境や境遇の変化に対応する経験や力が不足しています。したがって、そのときに必要なのが、周りからのサポートです。

では、周りからのサポートとはどのようなものでしょうか。子どもたちに日本語を教え、学習で分からないところを支援したいと大人たち（支援者あるいは実践者）が思うのは自然なことで、良いことでしょう。しかし、同時に、子どもの行動が日本の学校文化や規範にそぐわないと思うこともあるでしょう。ときには、子どもの行為が社会的な逸脱行為のように見えたりします。大人にとって、子どもの日々の日本語使用から学習態度、また教室活動で見せる様子や学校行事への参加態度など、すべてにおいて、子どもの行為が大人の考える規範意識と相容れないと感じることもあります。しかし、大人がそのように判断する前提は、日本の学校や社会へ「順応」させたい、「適応」させたいと思うからではないでしょうか。あるいは、子どもが日本の学校や社会に「順応」あるいは「適応」すれば、すべてが「解決」したことになるのでしょうか。

このような「順応」「適応」の視点からは、子どもの思いや葛藤を理解することはできないと思います。大切なのは、逸脱行為をしているように見える子どもの思いや葛藤を理解することです。そのためには、大人は自分の持っている規範意識を一旦保留にし、子どもに寄り添って、子どもの目線で子どもを理解しようとする態度が肝要です。「順応」も「適応」も、片方のルールや規範に従うことではなく、大人と子どもの双方で歩み寄り、子どもにとって最も良い方法や生き方を共に考え、共に作ることなのです[2]。

2 声が届く体験

本節では、その双方の歩み寄りで重要なポイントとなる、「声が届く体験」について考えます。複数の言語に触れながら成長する子どもがどのようにコミュニケーションを行おうとしているのか、その様子を具体的なやりとりの例をもとに考えてみましょう。

---

2 具体的な実践は、金丸（2015）参照。

2.1 実践から考える

　子どもへの日本語教育の実践で重要なのは、子どものバックグランドの情報をよく理解することです。子どもの家族構成や家庭内言語、日本に来る前の生活や学習状況、そして現在の生活全般についての情報を得て、子どもを総合的に理解しようとする姿勢が必要です。

　その上で、考えるべきことは何でしょうか。子どもたちに共通するのは、複数言語環境で成長している点です。つまり、子どもは、日本語以外の**言語資源**を持っているということです。子どもの中には、多数の言語資源があり、子ども自身がそれを意識するかしないかに関わらず、その資源をもとに日常的なコミュニケーションを行っています。人は誰もがコミュニケーションをする場合、自分の伝えたいことを表現し、相手の言ったことを理解しようと努めます。その行為は、自分の持っているすべての力（資源）を総動員する行為です。つまり、子どもたちが日本語でコミュニケーションをとるとき、実際は、日本語の力だけではなく、自身の持っている多様な言語資源を利用していると考えられます。

　次のやりとりの例[3]を見てみましょう。

例1（Sは子ども、Tは先生。以下同じ）
　　S：きのう、いく。
　　T：え？　いく？　きのう、行きました、でしょ。
　　S：うーん、行きました、おおさか。
　　T：え？　大阪へ行きました、でしょ。
　　S：うーん？
　　T：うーんじゃなく、はい、と言いなさい。
　　S：……

例2
　　S：きのう、いく。
　　T：え？　どこへ行ったの？
　　S：うーん、行った、おおさか。

3　この実践例は、学校現場の多くの実践を観察し、集めた事例をもとに川上が創作したものである。

T：そう？　大阪へ行ったの。だれと？
S：うーん。お父さんと行った。
T：ああ、お父さんと大阪へ行ったの。
S：うん、お父さんと大阪へ行った。
T：そして？

　例1で、先生は子どもの発言の語順について明示的に修正を試みています。しかし、結果として、子どもは黙ってしまいました。なぜでしょうか。先生は子どもの日本語力を高めたいと思い、語順を指摘し、指導しています。子どもの発した日本語の発言には、「母語の影響」、たとえば、時制、動詞と他の語の並べ方などの点で日本語と明らかに違う文法の影響が見られます。しかし、先生は、「正しい日本語」を完成させることに注意が向き、子どもの持つ母語の力には気づかない様子です。それは、まるで「母語の干渉」を排除するようにも見えます。
　一方、例2は、事例1と同じような場面ですが、少しやりとりの様子が異なります。先生は、子どもの日本語の語順をすぐに訂正したりせず、子どもの伝えたい内容を受け止めようとしているように見えます。そのような先生の反応に、子どもはもっと伝えたいという気持ちが出たのか、さらに発言を続けます。先生は、子どもの気持ちを受け止めながら、正しい語順の日本語を示し、暗示的に子どもの発言を修正しようとしています[4]。子どもは、その先生の**スキャフォールディング／足場かけ**（scaffolding）（3章1.2節および11章2.1.2節）をもとに自分で修正して、発言を続けます。先生はそれを受け止め、「そして」とさらに発言を促します。
　このように、子どもの日本語による発言や文章に「母語の影響」「母語の干渉」に気づくと、実践者はそれらを排除しようとします。しかし、よく考えてみると、そのような現象は子どもが母語により培った「ことばの力」を発揮して、その力を利用して新しい言語による表現を創り出そうとしている過程と見ることができます。したがって、このような子どもの発言や文章には、母語で培った力、

---

[4]　このような指導法は、第二言語習得の研究ではリキャスト（recast: 言い直し）と呼ばれる、学習者への文法指導法の一つである。例1は「明示的フィードバック」、例2は「暗示的フィードバック」ともいうが、ここで注目したい点は文法指導の方法論ではなく、その前提となる実践者の姿勢である。

つまり、子どもが持っている多様な「ことばの力」が下支えしているのです。実践者は、このような「ことばの力」を理解し、子どものことばの学びを支えていくことが大切なのです。

2.2 複言語複文化能力とは

では、そのような「ことばの力」をどのように考えたら良いのでしょうか。まず、理解しなければならないのは、人の中にはさまざまな言語の知識や力が混在しているということです。ある言語は話す・聞くはもちろん、読み書きもできるが、ある言語は聞くことはできるが読み書きはできないといったように、それぞれの言語の力は不均衡かもしれません。そのような状況は当たり前で、決して悪いことではないという捉え方が**複言語複文化主義**という考え方です（12章参照）。では、そのときの「複言語複文化能力」はどのように考えたら良いのでしょうか。

コスト・ムーア・ザラト（2011）[5]は「複言語複文化能力とは何か」という論文で、人が持つ複言語複文化能力について次のように説明しています。「現代に生きる人々は誰もが幼少期より言語と文化の複数性と融合性に日常的に触れる経験を積んでおり、その経験がベースとなった複言語複文化能力は複雑で不均質だが全体としてひとつのものとなって人を形づくっている。」（要約）と述べています。

これらの子どもへの支援を考える大人たちは、まず、このような子どもが持つ複言語複文化能力を理解して、そこから子どもの行為を理解することが大切です。子どもはそれぞれが持つ「複雑で不均質だが全体としてひとつのもの」という複言語複文化能力をもとに判断し行動しているのです。それは、単に子どもの「母語や母文化」を尊重した実践をすれば良いという単純な話ではありません。「あなたは○○国から来たのだから、○○語をみんなの前で話してみなさい」とか「○○国の料理を作ってください」とか「あなたは○○人の誇りを持って生きていきなさい」と言えば、子どもを理解し、支援することに繋がると思うのは早計です。そのような「指導」をクラスメイトの前で受けて、傷ついたり悩んだりする子どももいるのです。たとえば、自分の出自を知られたくない子ども、日本

5　Coste, D., Moore, D., & Zarate, G. (1997). Compe´tence plurilingue et pluriculturelle, Conseil de l'Europe の翻訳。

に来てから日本語が強くなって親の言語が理解できなくなった子ども、国際結婚家族で父親と母親の双方のルーツの間で揺れる子どもなども、多数いるからです。

ここで重要なのは、子どもが自らの複言語複文化能力をもとに発言することを受け止めることです。オーストラリアのジェニファー・ミラー（Jennifer Miller）は外国から来た子どもが第二言語で語るときにそれを聞く移民先の子どもや大人がどう受け止めるかについて、「audibility」（Miller, 2003）というキーワードで論じました。それは、移民の子どもが習いたての英語で語るときに、周りの人がどれだけ耳を傾けることができるかということです。私が実際にミラーに会ったとき、ミラーは私に、自身が風邪をひいて声が出なかったとき誰も自分の言おうとしたことを聞こうとしなかった経験から、「audibility」という造語を思いついたと話してくれました。

私はミラーの概念を**声が届く体験**（audibility）と訳しています。外国から日本に来た子どもが習いたての日本語で何かを語ろうとしたとき、周りにいる人はそれを受け止めることが大切です。文法的には間違っているかもしれない、意味が通じないかもしれない、でも、その声を受け止めて理解しようとしてくれる人がいる、そしてその人が、「ああ、そう」と反応を見せてくれるかもしれない。そんなやりとりを通じて他者を認識し、自らを振り返ることを、私は「声が届く体験」と呼んでいます。

では、なぜ、「声が届く体験」が言語教育において重要なのでしょうか。それは、子どもから発せられた声を受け止めることが、子どもにとって、「間違えているかもしれないけど、私の言いたいことを聞いてくれた」という成功体験になり、さらに、自分はここにいてもいいんだと思うような社会的な承認を得ることになるからです。その結果、子どもは、自信と自尊感情を得ることになるのです（川上, 2011）。

3 異言語・異文化の壁を乗り越えること

以上のように、「声が届く体験」こそが、子どもが「異言語・異文化の壁を乗り越える」際に必要となるのです。「声が届く体験」で重要なのは、子どもと他者（たとえば、クラスメイト、先生、クラブの先輩など）との関係性です。この

関係性を下支えするのは、環境です。学校の場合、学校の中に、その子どもを受け入れる用意が示されていることです。たとえば、「校長室」「職員室」「音楽室」など、学校の中のサインが多言語で表記されていたり、校内放送や運動会の放送が多言語で行われたり、学校だよりが多言語で発信されたりするなど、目に見える仕掛けで学校側の姿勢が示されることで、子どもは安心して学校生活を過ごすことができるでしょう。

　そのような環境で、子どもの持つ多様な複言語複文化の資源が認められるようになることが肝要です。一つ、個人的な体験をご紹介しましょう。私の娘は日本で幼稚園教育を受け、小学校へ入るときに家族でオーストラリアへ移住しました。娘は英語をまったく話せないまま、現地の地元の小学校へ入学しました。学校では一日中、英語で授業が行われます。娘は英語を話さない**沈黙期間**[6]に入りました。そんなとき、担任の先生が授業中に娘を黒板の前に呼んで、自分の名前を日本語で書きなさいと言われました。娘は言われるままに、黒板に自分の名前をひらがなで書きました。すると、先生は「みんな、見てごらん。この子は自分の名前を日本語で書けるんだよ。すごいでしょう。」と言われました。クラスメイトからは、驚きともとれる歓声が上がりました。娘はとても満足気に、自分の席に戻りました。実は、この前日に、娘が日本の幼稚園で文字を習ったということを、私の妻が担任の先生に話していました。おそらく、担任の先生はそのことを思い出して、クラスメイトの前で、娘の持っている、英語以外の言語の力を「披露」してくださったのだと思います。というのは、当時（今から30年ほど前）オーストラリアでは小学校に入学する前に子どもが文字を習うことはなく、小学校で初めてアルファベットから書くことを学んでいくのが普通でした。それゆえ、娘が日本語で自分の名前を書くことは、まだアルファベットも書けないクラスメイトにとっては驚きであり、尊敬に値する人と映ったことでしょう。担任の先生は、そのことも分かった上で、英語を話さない、「何もできない」ように見える娘の複言語複文化能力をクラスメイトに提示し、クラスメイトの中の娘の位置どりを支援してくださったのだと思いました。

6　「沈黙期間」(silent period)。知らない言語の世界に入ったときに見られる「話さない期間」をいう。ただし、この期間は、未知の言語を観察し、吸収し、少しずつ学んでいる時期と考えられる。話さなくても、まったく分かっていないわけではない。この期間は、2週間、1ヵ月、3ヵ月など、子どもによっても異なる。

第4部15章　国境を越えた子どもの 異言語・異文化の壁

黒板に自分の名前をひらがなで書くという行為も、「声が届く体験」の一つです。つまり、自分の思いや力をクラスメイトや先生、学校が認めてくれたという体験です。そこから、自分はここにいてもいいんだと思う気持ちが出てくるでしょう。そうなれば、どんどん新しいことを学び、さらに力を発揮していくことに発展していきます。

　そして、子どもが勉強やスポーツなどに熱中し、持てる力を存分に発揮し、他者から認められる存在になると、「自分は自分」、「ハーフで何が悪いの？」と自信を持つことになります。その経験が、「異言語・異文化の壁を乗り越える」ことに繋がるのではないでしょうか。川上編（2010）には、そのように「異言語・異文化の壁を乗り越える」ことができた人のライフストーリーがたくさん紹介されています。

　では、その人たちの複言語複文化能力と、「異言語・異文化の壁を乗り越える」ことはどのような関係にあるのかを、次に考えてみましょう。

4 子どもにとって親の言語を学ぶとは

4.1 継承語としての親の言語

　「成長の途中で国境を越えて日本に移住した外国にルーツをもつ子どもや若者」の場合、日本に移住する前には、日本以外の居住国の言語で生活し、あるいはその言語で教育を受けているでしょう。そして日本に移住した後は、家庭内言語は親の言語で、家庭外では日本語に触れて成長していると考えられます。もちろん、日本人の片親を含む**国際結婚家庭**の場合は、日本に移住する前に子どもは家庭内で日本語に触れて成長している場合もあるでしょう。たとえば、日本に留学している中国人の両親を持つ子どもは中国にいるときと同様に家庭内で中国語を使用し、学校で日本語を使用していますし、国際結婚家庭で父親がドイツ人、母親が日本人の子どもは、日本では父親とドイツ語で話をするかもしれません。前者の例では中国語、後者の例ではドイツ語が、子どもにとって日本語以外の親の言語となります。

　そのような親の言語は継承語（序章1節参照）と呼ばれることがあります。子どもにとっては、生まれたときから、継承語に触れて成長するわけですから、継承語は子どもの複言語複文化能力の一部になっていきます。ただし、子どもの置

かれた環境（家庭や学校、地域など）や移動の経験によっても、その継承語の意味合いは、子どもにとっても変わってくるでしょう。

　上の例では、中国人の親やドイツ人の父親は、日本で成長する子どもに継承語（中国語、ドイツ語）を教えたいと思うかもしれません。その理由としては、日本から親の祖国へ帰国後に子どもを祖国の大学などへ進学させたいと思うからかもしれません。あるいは、親の気持ちとして、子どもと自分の第一言語で会話をしたい、あるいは、子どもに親の言語を覚えておいてほしいと思うかもしれませんし、それは、自然なことでしょう。しかし、子ども自身が親の気持ちと同様に、親の言語を継承したいと思っているとは限りません。また、日本に来た子どもにとっては、学校で使用する日本語の習得に時間と力を注がなければならないために、積極的に親の言語を学ぶ余裕がない場合もあります。その結果、親の言語に関する言語能力が伸びずに、親の言語を使用した親子のコミュニケーションがうまくいかなくなるケースもあります。ただし、そのような子ども時代を過ごした人が、大人になってから親の言語を学びたいと思ったりする場合もあります。どちらの場合も、「移動とことば」の課題は、子どもの成長や**アイデンティティ形成**に、大きく影響します（川上・三宅・岩﨑編, 2018）（7章2.3節参照）。

　また、親の言語を継承しない子どもはアイデンティティ・クライシスに陥ると考える必然はありません。親の言語を話せなくても立派に生活し、活躍している人はたくさんいます（川上編, 2010参照）。ここで重要なのは、子どもが親の言語をどれくらい使用できるかという他者からの評価ではなく、子ども自身が自分の言語資源をどう考えるかという点です。ある子どもは親の言語を使用できなくても、自分のルーツの一つと考えるかもしれませんし、逆に、親の言語では簡単な会話しか理解できず、書いたり読んだりできないし、今の生活に役立たないと考える子どももいるでしょう。しかし、その気持ちや親の言語への意味づけも、移動する人生の中で変化していくのです（川上・三宅・岩﨑編, 2018）。私たちにとっては、そのような子どもの主観的な意味世界を知ることが大切なのです。

4.2　理想形「バイリンガル教育」の呪縛

　ここで改めて考えたいことは、子どもの複言語複文化能力をどう考えるかです。その例として、海外にいる日本人の親の場合を考えてみましょう。海外にいる日本人の親は自分の子ども時代、あるいは自分の子どもを日本にいる同年代の

子どもと比較して、自分の子どもの日本語能力を「評価」したりします。ときには、家庭内で日本語を日常的に使用している場合、日本語の会話能力はある程度高いが、それに比べて「読み書き能力」は低いと「評価」したりします。また、親にとっては、移住先の言語より、心が通じる（と親が考える）日本語で子どもと話したいと思ったり、もし将来日本に帰れば、日本語が役に立つかもしれないと考えたりします。しかし、これらの考え方には、上記の例と同様に、子ども自身の視点はありません。

　日本では、子どもをバイリンガルに育てる「理想像」として、「両言語が会話力でも読み書きの能力でも高度に発達している「バランス・バイリンガル」（均衡バイリンガル）であること／母文化・母語集団へのアイデンティティを失っていない「バイカルチュラル」であること／両言語がいろいろな領域で広く使え、しかも混合せずに使えること」というカナダ人研究者のランドレイとアラード (Landry & Allard) の見方が紹介されたりします（中島, 2016: 13-14）。私が海外で調査した範囲でも、日本語を継承語として教える実践者の中に、小学校に入る前に、少なくともひらがなの読み書きは教えておきたいとか、継承語の日本語を学習し続けていれば、将来「やっててよかった」と思うが、途中でやめてしまえば後悔することになる、と語る人がいました。そのため、海外で継承語として日本語を教える人の中には、「日本語を維持しないと日本人としてのアイデンティティに揺らぎが生まれる」、「日本語学習の中断はアイデンティティ・クライシスを招く」と強く信じる人がいました。また、日本人学校、補習授業校の中には日本語能力が高くない子どもは入学を認めないという場合もありました。さらに、補習授業校の場合、日本の文部科学省の提供する検定教科書を教材として使用する傾向があり、その結果、日本語習得が中心となり、子どもの持つ複言語複文化能力について親や実践者の理解が深まらず、無自覚に見えることもありました。

　つまり、これまでの研究や実践では、子どもが「均衡バイリンガル」（1章1節参照）になることが「理想」あるいは「目標」として語られることが多く、実践者も親も子ども自身も、その「理想」や「目標」にどれだけ近づいたかによって子どもを「評価」することになります。この「理想」や「目標」が正しいものとして信じると、理想形の**バイリンガル教育の呪縛**から逃れることができなくなり、実践者も親も子ども自身もただただ落胆と後悔の日々を送ることになるので

す。これでは、何のために子どもに複数言語(上の例では中国語、ドイツ語、日本語)を教えるのかの議論が深まらないばかりか、複数言語環境で生きる子どもの生の捉え方に関する議論も研究も進んでいきません。

4.3 「複言語で育つ自己の確立」

このような現状をよく見ると、いくつかの前提があるように見えます。第一は、祖国にある(と思われる)言語を中心としたモノリンガルな言語観です。第二は、定住の観点が中心的で、移動の観点がないことです。そのため、子どもが移動を基盤とする生活の中で、一人ひとりの子どもの個別的で、動態的で、複合的な生のリアリティが捉えられていません。第三は、人とことばの関係が極めて固定的に捉えられていることです。複数言語環境で成長する子どもが複数言語を使用し、他者とどのような関係を作り、どのような感情や思いを抱いて生きているのかという視点が弱いことも原因の一つでしょう[7]。

では、何が大切なのでしょうか。重要なのは、子ども自身が複数言語環境に生きることに向き合い、自己を確立していくことなのです。親の言語を「継承したい」と思うかどうかは、子ども自身が決めなければならないのです。周りの大人は、そのように**複言語で育つ自己の確立**を見守り、子どもの言うことに耳を傾け、共に生きる道を探していく姿勢が大切であり、必要なのです。

コスト・ムーア・ザラト(2011)が言うように、子どもの持つ複言語複文化能力は「複雑で不均質だが全体としてひとつのもの」であると捉えれば、子どもへの言語教育は、日本語能力だけを育成すると考えるのではなく、この複言語複文化能力としての「ことばの力」を育成する言語教育と考えられます。つまり、日本語教育は、日本語だけのモノリンガルな言語教育ではなく、複言語複文化能力を育成する、**パラドクシカルな言語教育の実践研究**となるのです(川上, 2017)。子どもに対して日本語教育を行う実践者は、子どもがいかに日本語を使えるようになったかというスキルを見て、評価する傾向があります。しかし、子どもは日本語以外にも多様な言語資源を有しており、前述のように多様な言語資源を総動員してコミュニケーションを行っています。そのような「ことばの力」をいかに育成するかという言語教育が必要なのです。そのような言語教育を、私は「パラ

---

[7] 本章のタイトルの「異言語・異文化の壁」というのは編者の考えだが、子どもが何を「異」と思うかは子どもの認識によるだろう(詳しくは川上, 2018 参照)。

ドクシカルな言語教育の実践研究」と呼びます。今、日本だけではなく、海外においても、このような言語教育実践研究が求められています。

5 もっと詳しく調査・研究したい人のために

　幼少期より複数言語環境で成長した人のライフストーリーを聞き、考えたいと思う人には、川上郁雄（編）『私も「移動する子ども」だった―異なる言語の間で育った子どもたちのライフストーリー―』（2010, くろしお出版）をお薦めします。

　これらの子どもの「ことばの教育」を理論的に考えたいと思う人には、川上郁雄『「移動する子どもたち」のことばの教育学』（2011, くろしお出版）をお薦めします。ここには、子どもの主体的な学び、スキャフォールディング（足場かけ）、実践のデザイン、教材論、連携、ことばとアイデンティティなど、これらの子どもの言語教育実践を総合的に解説しています。

　また、これらの子どもたちへの言語教育実践の例を具体的に知りたい人には、川上郁雄（編）『「移動する子ども」という記憶と力―ことばとアイデンティティ―』（2013, くろしお出版）をお薦めします。幼少期より言語間、空間、言語教育カテゴリー間の移動の経験が記憶となり、人生とアイデンティティを形成していき、それがどのように生きる力になっていくかが実践に即して論じられています。本書のテーマである継承語維持や教育は**移動する子ども**という記憶を形成する上で欠かせない要素となりますが、その意味づけは親や実践者の視点からだけで決められるものではありません。子どもに寄り添い、子ども自身が自分で考え、多様な言語資源を生きる力に変えていく教育が必要なのです。この書は、そのような実践を考える上で、参考になる1冊でしょう。

　さらに、21世紀のこれからの言語教育はどのような教育なのかを考えたい人には、川上郁雄・三宅和子・岩﨑典子（編）『移動とことば』（2018, くろしお出版）を推薦します。この書には、国内外の調査と実践を踏まえた11本の論考が収録され、子どもから大人までの複数言語使用者の実態が明らかになっています。

　これらの子どもたちの教育について研修会やワークショップを企画したいと思う人には、川上郁雄・尾関史・太田裕子『日本語を学ぶ／複言語で育つ―子ども

のことばを考えるワークブック―』（2014, くろしお出版）を推薦します。この書には、幼少期より複数言語環境で成長する子どもの具体的な課題やタスクを提示し、一緒に考えられるように工夫されています。

6 まとめ

　「成長の途中で国境を越えて日本に移住した外国にルーツをもつ子どもや若者」というくくり方は、「幼少期より複数言語環境で成長した子ども」の一部です。実際には、海外から日本に移動した親が日本で生活しているときに生まれた子どももいます。それらの子どもにとっては、日本語以外の親の言語が継承語となります。さらに、日本で生まれたが幼少期より海外で育ち、家庭内と家庭外で異なる言語を使い分けてきた子どももいますし、複数の国や地域を点々と移動して成長する子どももいます。そのような子どもにとって、親の言語自体が複数あることも珍しくありません。つまり、日本語の継承語教育だけではなく、親の言語の数だけ継承語教育があることになります。あるいは、親も知らない先祖の言語、たとえば、アイヌ語などの先住民の言語教育もあります。移動が常態の現代社会で、親や先祖の言語を学ぶ継承語教育の裾野はますます広く複層的になっています。

　だからこそ、継承語教育は重要な教育なのですが、だからと言って、子どもは親の言語を学ばなければならない、親は子どもに親の言語を教えなければならないとは言えないのです。たとえ、「学ぶべきだ」と言っても学べない事情や環境の子どもはたくさんいるのです。したがって、これらの子どもをひとくくりに「継承語学習者」と捉えることはできません。大切なことは、複数言語環境で成長した経験と記憶を資源として生かしつつ、子ども自身が自らの生と向き合い自己を確立する教育実践（たとえば、深澤・池上, 2018）を行うことであり、そのような実践が、今、世界各地で試みられているのです。

第4部 16章

対話型言語能力アセスメント「DLA」の有用性

櫻井千穂

・・・・・・・・・・・・・・・・・・ 問 い ・・・・・・・・・・・・・・・・・・

　外国にルーツを持つ子どもの日本語能力を評価するツールに、文部科学省の開発した「外国人児童生徒のためのJSL対話型アセスメントDLA」がありますが、これはどのような評価ツールですか。この評価ツールは日本語以外の言語や継承日本語の評価にも使えますか。

・・・・・・・・・・・・・・・・・・ 回 答 ・・・・・・・・・・・・・・・・・・

　DLAは学齢期の外国にルーツを持つ子どもの「話す」「読む」「書く」「（教室談話を）聴く」力を、一対一の対話を通して測る、支援付き評価法です。用意されたキットを使って測定した後、「JSL評価参照枠」[1]（文部科学省, 2014: 8）に示された六つのステージの記述文に照らして子どもの言語能力を包括的に把握します。それと同時に、どのような学習支援が必要であるかを多角的に検討します。対話による評価の進め方は、日本語以外の言語にも応用できる構造になっています。また継承日本語の評価にも活用可能です。

1　「JSL」は、「Japanese as a Second Language（第二言語としての日本語）」の略語である。

1 外国人児童生徒のための JSL 対話型アセスメント DLA とは？

1.1 DLA の概要

外国人児童生徒のための JSL 対話型アセスメント DLA（以下、DLA）は、2010 年度から 2012 年度にかけて文部科学省が実施した「外国人児童生徒の総合的な学習支援事業」により開発された**日本語能力測定ツール**で、2014 年 1 月に公開されました[2]。文部科学省（2017a）の調査によると、2016 年 5 月 1 日現在、日本語指導が必要かどうかを「DLA や類似の日本語能力測定方法により判定」している学校が 1,751 校あることからも、DLA が徐々に浸透してきていることがわかります。

でははじめに、DLA の概要を文部科学省（2014）の内容に沿って述べたいと思います。伊東・小林・菅長・中島・櫻井（2014）にも述べられている通り、DLA の D は Dialogic（対話型）、L は Language（言語）、A は Assessment（評価）で、それらの頭文字を取って DLA（ディー・エル・エー）と呼んでいます。この名称の通り、紙筆のテストでは測れない**文化言語の多様な子ども**（Culturally and Linguistically Diverse Children, 以下、**CLD 児**）の言語能力を一対一の対話を通して測る**支援付きの評価法**です。上述の通り、日本語能力を測定するために開発されたものですが、CLD 児の全人的な育成のためには、子どもたちの持つ複数言語の力を支援する必要があるとの想いから、同じ手順で進めれば日本語以外の言語の力も評価できるような構造になっています。また日本語を継承語とする子どもたちの評価にも活用可能です。

1.2 DLA の目的と特徴

DLA の目的は、子どもの持っている言語の知識を点数化、序列化して示すことではなく、その言語を使って「何ができるか」を発達段階と**教科学習**との関連の中で包括的に捉えることです。そして DLA の実施過程を通して「一人でできること」だけではなく、「支援を得てできること」を観察することにより、これ

---

[2] 文部科学省（2014）の URL からダウンロードして使用できる。ただし「DLA〈読む〉レベル別テキスト」は、作品の著作権保護の観点からインターネット公開はされていないため、文部科学省初等中等教育局国際教育課まで直接問い合わせる必要がある。

からどのような学習支援が有益であるかを多角的に検討するための情報を得ることを目的としています。子どもがどのように学んでいるのか、その学びがどのような支援があれば促進されるのか、どうすれば学習意欲を喚起できるのか等を捉え、指導・支援に役立てることを目指しています。

DLA は原則として日常会話はできるけれども教科学習に困難を感じている小学1年生から中学3年生の子どもを対象としていますが、彼らの言語能力は、暦年齢、入国（移動）した時の年齢、滞在年数、母語の習得状況によって大きな差があります。またその言語が使用される環境下で育つ子どもの言語能力は、一般的に聞いて話す力が先行し、続いて読む力、書く力が育ちます。そのため従来型の紙と鉛筆で答える画一的なテストでは子どもの持っている本来の力を測るのに限界が生じます。そこで、DLA では子どもの最大限の力を測れるよう、一番早く伸びる、聞いて話す力を利用した「対話型」で実施されることになりました。また対話であれば、DLA 実施者が子どもの実態に応じて使用キットを選択したり、発問調整を行うことが可能となります。調整を行いながらその一対一のやり取りを注意深く観察することによって、学習につながる多くのヒントが得られます。

1.3　DLA の構成

DLA は次の二つのパートにより構成されています。一つは上述の通り、用意されたキットを使って対話を通して言語技能を測定する実践の部分、もう一つはその測定結果を在籍学級参加との関係から記述した **JSL 評価参照枠**に照らし合わせ、言語習得のステージを確定する評価の部分です。次頁の図1はその構成を示したものです。

1.3.1　DLA の言語技能測定の実践

言語技能測定の実践は〈はじめの一歩〉と〈話す〉、〈読む〉、〈書く〉、〈聴く〉の四つの**言語技能別タスク**から構成されており、それぞれに用意された実践ガイドに従って対話を進めます。〈はじめの一歩〉は、あいさつや名前、学年などの子ども自身に関する質問の導入会話と 55 問の基礎語彙の絵カードを見せて名称を答えさせる**語彙力チェック**からなります。子どもの緊張をほぐし、よい関係性を築くためのウォーミングアップの位置付けです。四技能の評価の前の導入として行います。ですから、この〈はじめの一歩〉の部分だけを実施して子どもの言

語能力を評価するといったことはしません。また、複数回 DLA を実施していたり、普段から関係性を築き、基礎的な会話力や語彙力を把握している場合は必ずしも実施する必要はありません。導入会話にあるような基礎的な会話も難しい場合はその先に進まず、終了してもかまいません。子どもの実態に合わせた臨機応変な対応が望まれます。

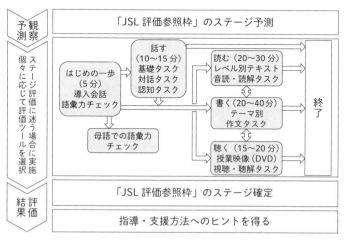

図1：DLA の構成（文部科学省, 2014: 11 を基に作図）

〈話す〉は基礎タスク、対話タスク、認知タスクの三つから成ります。**基礎タスク**では「教室」「スポーツ」「日課」の3枚の絵カードが用意されており、子どもの日常的な場面で必要となる基礎的な文型や語彙の習得状況を見ます（次頁の図2参照）。**対話タスク**では状況や必要に応じて子どもが自ら話し、会話をリードする力を見ます。「先生に質問」「新しい先生」「友達を誘う」「キャッチボール事件」の4枚の絵カードを用いて、ロールプレイ形式でやり取りを行います。**認知タスク**は教科と関連した内容について低頻度語彙や教科語彙を使いながら、まとまりのある話ができるかどうかを見ます。「お話」「消防車」「キャッチボール事件の報告」「環境問題」「地震」「水の循環」「蝶の一生」の7枚の絵カードから年齢に応じて複数枚選び、使います。このように「話す」では、基礎言語面、対話面、認知面といった異なった三つの面から話す力を捉えようとするところに特徴があります。

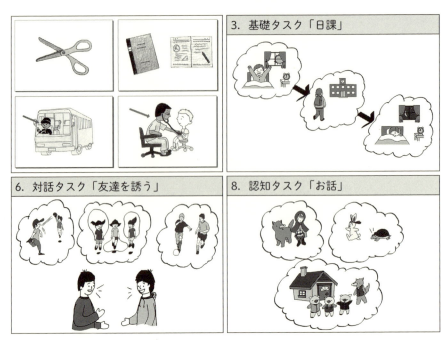

図2：DLAの絵カードの一部[3]

〈読む〉では読解力、音読行動、読書行動、読書傾向からなる**読書力**を、1冊の短いテキストを読み切る過程を通して測ります。用意されたレベル別の七つのテキストから子どもに合ったレベルを選ぶために、子ども自身がその本を手に取った感触と冒頭部分の音読を観察します。テキストが選択できたら、「実践ガイド」に示された「読むまえに」「読みましょう」「話し合いましょう」「読んだあとで」といった普段の読書活動を想起させる過程に従って進めます。「読むまえに」では、子どもの興味・関心を促したり、内容を予測したりします。「読みましょう」では読み聞かせと音読、子どものレベルによっては黙読も行います。「話し合いましょう」ではあらすじ再生と内容理解を深めるやり取りをします。ここでは実施者は子どもを誘導するのではなく、「待つ、褒める、（子どもの発話を）繰り返す」という支援を通して、子ども自身の発話を引き出すように努めます。そして

---

[3] 図2の絵カードは、文部科学省（2014）のDLA評価キット：巻末資料（p. 153およびpp. 157-159）より抜粋：〈http://www.mext.go.jp/component/a_menu/education/micro_detail/__icsFiles/afieldfile/2018/05/24/1405244_4.pdf〉（2018年12月2日）

「読んだあとで」では一連のやり取りを振り返り、子どもの頑張りを十分に認めます。最後に読書習慣（母語も含む）や言語環境、読書への興味・関心について話し合って終了します。このように、〈読む〉では、普段の読書活動を再現し、子どもが一連のやり取りを楽しめるように設計されている点、その過程を通して読書力を包括的に評価する点に特徴があります。

〈書く〉では、まとまった文章を書く力を測ります。書く力も読む力同様に教科学習との関連が強い力であり、文字にする力だけでなく、考える力そのものも捉えます。一般的な作文テストと最も違う点は、「書くまえに」での対話を通して、子どもの能力や態度に応じて、考えを深めたり、書く意欲が高まるように支援をする点です。テーマも「日記」や「学校紹介」、「日本の○○」など、子どもの実態に応じたものが八つ用意されており、用紙も子ども主体で選びます。また「書いたあとで」でも、対話型のメリットを生かして書いたことや書きたかったことを一緒に振り返ったり、内省を促したりしつつ、次の書く活動につなげます。

〈聴く〉では、教科学習に必要な聴く力を見ています。教室活動や授業での教師の説明といった、まとまりのある話を聴いて理解し、その内容を整理し活用できる力です。子どもの実態に応じて、朝や帰りの会での行事のお知らせや、授業の一部を模したDVDが八つ用意されています。そのDVDを視聴し、内容理解に関するやり取りを通して、子どもの授業参加への可能性を探ることを目指しています。

1回のアセスメントの所要時間は、長くても授業1コマ分（45～50分以内）です。目安は〈はじめの一歩〉は5分、〈話す〉は10～15分、〈読む〉は20～30分、〈書く〉は20～40分、〈聴く〉は15～20分程度です。授業1コマの時間以内にこだわるのは、子どもが疲れてしまっては最大限のパフォーマンスを発揮できないと考えるからです。同様の理由で1回の実施ですべての技能のDLAを行うことも推奨していません。そもそも子どもの実態によって重点的に見るべき技能が異なります。例えば、滞在期間が1～2年と比較的短い子どもや、年齢が低く、読む力を十分に獲得していない子どもには、〈話す〉を実施することで得られる情報が多くなります。〈読む〉は基礎的な読字の力を獲得した子ども、年に1回程度毎年継続的に実施することで、年齢に応じた読書力の伸びを観察することができます。〈書く〉も〈読む〉同様、年齢に応じた作文力を観察することは

必要ですが、DLAで書いた1編の作文だけで評価するよりも、一学期間などの一定期間を通して書き溜めた数編の作文を「JSL評価参照枠」を使って評価することで、より的確に支援に生かすことができると考えられます。また〈聴く〉は、授業中おとなしく聞いているけれども、どの程度理解しているかわからないというようなタイプの子どもに対して実施すると、より有益な情報が得られるでしょう。

　母語がわかる支援者の協力が得られる場合には、母語での実施により、その後の支援により役立つ情報を得ることができます。特に滞日期間が1〜2年と比較的短い子どもや、日本生まれや幼少期に来日していて家庭言語が日本語ではない子どものケースでは、その子どもの発達段階や教科学習に関連する力を包括的に推測する上で母語での実施が望まれます。〈はじめの一歩〉や〈話す〉、〈書く〉はそのまま活用できます。〈読む〉と〈聴く〉はレベル別テキストや聴解教材が別途必要となりますが、評価の手順は参考にできるでしょう。

　また、DLAはこれまで述べてきたように、実施者にとっては指導・支援のヒントを得るための機会ですが、それと同時に子どもにとっても良質の学びの機会である必要があります。そのため、子どもが安心して課題に取り組めるように終始和やかな雰囲気作りを心がけるといった、情緒面への配慮も欠かせません。子どもに合わせて自然な速さで会話を進める、座り方は子どもの正面に向き合わずに机の角を挟んで座る、途中で子どもの発話を遮ったり、否定したり、訂正したりしない、質問がわからない場合はゆっくり繰り返したり、短くてやさしい言い方に変える、終わる時は褒めて終わる、対話中は採点をしないなど、すべての技能において重視している点です。

1.3.2　DLAの「JSL評価参照枠」

　表1の「JSL評価参照枠」は、普段の様子やDLAの実践を通して観察された子どもの日本語能力を具現化して捉えるための枠組みです。「JSL評価参照枠〈全体〉」と「JSL評価参照枠〈技能別〉」があり、6段階の「ステージ」ごとに記述文が示されています。「JSL評価参照枠〈全体〉」では、六つのステージが示す日本語能力の概要が在籍学級への参加および支援の必要度との関係から記述されています。

表1：JSL評価参照枠〈全体〉（文部科学省，2014: 8 より抜粋）

ステージ	学齢期の子どもの在籍学級参加との関係	支援の段階
6	教科内容と関連したトピックについて理解し、積極的に授業に参加できる	支援付き自律学習段階
5	教科内容と関連したトピックについて理解し、授業にある程度の支援を得て参加できる	
4	日常的なトピックについて理解し、クラス活動にある程度参加できる	個別学習支援段階
3	支援を得て、日常的なトピックについて理解し、クラス活動にも部分的にある程度参加できる	
2	支援を得て、学校生活に必要な日本語の習得が進む	初期支援段階
1	学校生活に必要な日本語の習得がはじまる	

以下、文部科学省（2014）第1章（理論編）からの引用です。

・ステージ1〜2は、日本語による意思の疎通が難しく、サバイバル日本語の段階です。在籍学級での学習はほぼ不可能で、手厚い指導が必要です。
・ステージ3は、単文の理解が難しく、発話にも誤用が多く見られるレベルです。クラス活動に部分的参加を始めつつ、個別的な指導をすることが必要です。
・ステージ4は、日常生活に必要な基本的な日本語がわかり、自らも発話ができる段階です。話し言葉を通したクラス活動には、ある程度参加できるレベルです。しかし、授業を理解して学習するには読み書きにおいて困難が見られ、個別的な指導が必要です。
・ステージ5〜6は、教科内容に関連した内容が理解できるようになり、授業にも興味をもって参加しようとするレベルです。読み書きにも抵抗感が少なく、自律的に学習しようとする態度が見られます。必要に応じて支援をしていくことが必要です。（文部科学省，2014: 8）

「JSL評価参照枠〈技能別〉」は、六つの技能の言語能力を複数の観点から多角的に捉えようとしたものです。表2に示すように、〈話す〉では六つ、〈読む〉では五つ、〈書く〉では六つ、〈聴く〉では三つの観点から評価します。この観点別

に「JSL評価参照枠〈全体〉」のステージに応じた記述がなされており、何ができる段階かといったイメージを持ち、指導・支援に生かすことを目指しています。多角的な観点を示したという点では、指導・支援の偏りを防ぐといった効果が期待できます。ただ、この「JSL評価参照枠」は簡素化を目指したため、年齢別の記述にはなっていません。より具体的な指導・支援につなげるためには、それぞれの年齢・ステージで「何ができるか」といった記述文が必要となるでしょう。

表2：JSL評価参照枠〈技能別〉の観点[4]

話す	読む	書く	聴く
話の内容・まとまり	読解力	内容	聴解力
文・段落の質	読書行動	構成	聴解行動
文法的正確度	音読行動	文の質・正確度	語彙・表現
語彙	語彙・漢字	語彙・漢字力	
発音・流暢度	読書習慣・興味・態度	書字力・表記ルール	
話す態度		書く態度	

2 DLAの開発の経緯と理論的基盤

2.1 DLAの開発の経緯

　これまではDLAの概要を述べてきましたが、本節ではこのDLAが開発されるに至った経緯と、理論的基盤について説明します。DLAの開発に当たっては、まず現状調査のために2010年7月から2011年3月にかけて、本事業を受託した東京外国語大学留学生日本語教育センターが、全国の自治体からそれぞれの学校現場で使用されていた日本語能力テストを収集すると同時に、教員向けのアンケート調査を行いました。そうしたところ、テストでは文字や文法などの言語要素に主眼が置かれ、子どもが具体的に何ができるようになるかという視点は共有されていないことがわかりました（文部科学省, 2014: 3）。そして、本章の冒

---

[4]　表2は、文部科学省（2014）第7章（評価と記録）に基づく：〈http://www.mext.go.jp/component/a_menu/education/micro_detail/__icsFiles/afieldfile/2014/03/20/1345389_4.pdf〉（2018年12月2日）

頭に述べた通り、言語知識を問うだけの紙筆テストではなく、子どもの言語能力の発達段階を包括的に捉えるための評価法の必要性が確認されました。

　この課題に応えうる評価法として、CLD児の複数言語の会話力の評価法であるカナダ日本語教育振興会（2000）の**バイリンガル会話テスト**（Oral Proficiency Assessment for Bilingual Children [OBC]）がありました。そこでDLAはOBCを基に開発されることになりました。OBCは中島・桶谷・鈴木（1994）に述べられている通り、バイリンガル教育理論を基盤としていますが、DLAの四技能の評価すべてにおいて、この理念を踏襲しています。また、〈話す〉のタスクや実施手順もOBCに概ね準じています。DLA〈はじめの一歩〉の語彙力チェックの55問の語彙カードは、**TOAM**（Test of Acquisition and Maintenance）（岡崎, 2002）の口頭語彙テストを土台に国立国語研究所が開発したもの[5]に一部変更を加え、作成されました。さらに、DLA〈読む〉は中島・櫻井（2012）の「対話型読書力評価」を簡略化したものです。「〈読む〉レベル別テキスト」はDLA用に新たに選定されましたが、実施・評価の手順はほぼ同じです。

　OBCや対話型読書力評価は、中島（2005）、櫻井（2018）、真嶋編（2019）をはじめ、さまざまな調査で使用され、CLD児の複数言語能力の実態把握における妥当性が検証されています。特にOBCは、もともとカナダ在住の日本語を継承語とする子どもたちのために開発されたものであることから、継承日本語の評価にも使用できる配慮がなされています。DLA〈書く〉と〈聴く〉は、〈話す〉や〈読む〉の実施方法を参考にしつつ、本事業で初めて開発されました。その開発に当たっては、9府県の73の小中学校の協力を得てモニター調査が実施され、課題の調整が行われました。

2.2　理論的基盤としてのCLD児の言語能力観

　先ほども述べた通り、DLA、そしてその前身であるOBCや対話型読書力評価はバイリンガル教育理論を基盤としていますが、中でも、CLD児の言語能力をどう捉えるかといった言語能力観については、彼らの言語能力を固定的な力としてではなく、習得に必要な時間や学習環境との関連から、動的なものと捉えて、三つの側面に分類した**カミンズ**（2006）に依拠しています（4章1節参照）。三

5　国立国語研究所が1995～1999年に実施した「児童生徒に対する日本語教育カリキュラムに関する国際的研究」プロジェクトにおいて開発された。

つの側面とは、**会話の流暢度**（Conversational Fluency［CF］）、**弁別的言語能力**（Discrete Language Skills［DLS］）、**教科学習言語能力**（Academic Language Proficiency［ALP］）です。

カミンズ（2006: 1-2）の講演資料（中島・湯川訳）から一部抜粋します。

> 会話の流暢度：よく慣れている場面で相手と対面して会話する力。学年相当の力の獲得に普通1-2年が必要。
> 弁別的言語能力：言語とリテラシーの規則的な側面で、音韻意識（単語が弁別可能な音で成り立っているという認識）、フォニックス（音と文字との関係についての認識——読み取る力）、文字認識と文字、単語を形成する力。
> 教科学習言語能力：ますます複雑になる話し言葉と書き言葉を理解し、かつ産出する力。教科学習では言語的にも概念的にも高度な文章を理解することが要求され、またそれらを正確に、まとまった形で使うことが必要とされる。母語話者レベルに追いつくのに、アカデミック言語に接触してから少なくとも5年が必要。

　日常会話の流暢さだけを見て日本語能力に問題がないと判断したり、文字や文法規則などの個別的なスキルの習得ばかりに着目するのではなく、概念形成を含めた教科学習全般に関わる言語能力を捉えようとする考え方です。そして、もう一つの拠りどころとしたのが、複数言語環境に育つCLD児の二つ（もしくはそれ以上の）の言語能力は別々に存在するのではなく、互いに影響し合っていることを定義した**二言語相互依存仮説**（Cummins, 1981）です（1章参照）。複数言語が影響し合いながら、会話力がまず発達し、その力を土台として読み書き能力が育つ（Bialystok, 2007; 中島, 2016）というCLD児の言語能力を「会話の流暢度」から「教科学習言語能力」まで包括的に捉えるためにDLAが開発されたのです。

2.3　理論的基盤としてのCLD児の言語評価観

　以上のような言語能力を捉えようとするDLAは、子どもが周囲の大人からのサポートを得ながら、一人では難しいタスクも次第に自信を持って達成できるよ

うになる学習過程を捉えた**ヴィゴツキー**（2001）の**発達の最近接領域**（Zone of Proximal Development [ZPD]）の理論の流れをくむ、社会文化的アプローチの視点に基づくパフォーマンス評価（佐藤・熊谷, 2010）に位置付けられると考えます。ヴィゴツキーは ZPD を以下のように定義し、子どもの認知発達にはこの ZPD への適切な働きかけが重要であるとしています（3章参照）。

> 知能年齢、あるいは自主的に解答する問題によって決定される現下の発達水準と、子どもが非自主的に共同の中で問題を解く場合に到達する水準との間の相違が、子どもの発達の最近接領域を決定する。
>
> （ヴィゴツキー, 2001: 298）

このヴィゴツキーの理論を基盤に、**アセスメント**の実施過程を通して観察される学習者の変化をも評価の対象とし、学習者の将来の学習可能性を見極めようとするのが**ダイナミック・アセスメント**です（Haywood & Lidz, 2007）。DLA はダイナミック・アセスメントとして開発されたわけではありませんが、中島（2017）の指摘にあるように、DLA 実施者が子どもに応じてタスクや発問を調整し、適切な支援を行い、子どもの変容を促すという点でダイナミック・アセスメントと重なるものです。

3 DLA の今後の可能性と残された課題

DLA の今後の可能性として二つ挙げたいと思います。一つは、このように DLA のダイナミック・アセスメントとしての側面をより整備していくことにより、教師力を伸ばすためのツールとしても期待できるという点です。菅長他（2018）に述べられているように、DLA の実施過程における子どもの力を引き出す対話のあり方や、子どもの言語能力や環境の見立てを具体的に検討することは、指導・支援の力に直結するでしょう。もう一つは、近年、教育・心理関係者の間で喫緊の課題として挙げられている CLD 児の発達障害様症状の見立てに DLA が活用できる可能性があるという点です。今後さらなる研究が必要となってきますが、子どもの言語能力を包括的かつ多角的に捉え、指導・支援に生かすことを目指す DLA だからこその可能性であると思います。

残された課題としては、DLA実施者の養成研修が挙げられます。対話型であることにより、これまで述べてきたようなメリットがある一方で、実施者の力量に結果が大きく左右されるというデメリットもあります。やり方次第では子どもの学習意欲を高めるのではなく、マイナスの影響を与えてしまうことにもなりかねません。子どもの最大限のパフォーマンスを引き出すアセスメントを行うためには、DLA実施者が自ら探究心を持って経験を積むといった姿勢も必要となってくるでしょう。また、本章1.3節でも述べましたが、指導・支援により直結した評価を目指すには、JSL評価参照枠の信頼性を高めることも重要です。そのためには、年齢に応じた発達段階を踏まえた上で、それぞれの年齢・ステージで「何ができるか」といった記述文が必要となります。DLA開発チームがJSL評価参照枠の精緻化に向けて、より多くの子どもたちを対象とした実態調査を行っていますが、その結果が待たれるところです。

4 もっと詳しく調査・研究したい人のために

　DLAは指導・支援に生かすことを第一の目的に開発された評価です。ですから、研究・調査用に使用する場合でも、少数の学習者に対する教育実践の効果を検証するといった、質的かつ縦断的な実践研究などにおいては有益であると思います。子どもの自然な発話データをさまざまな角度から収集することができますので、一定の資料価値も認められますし、経年変化をつぶさに観察することができます。

　一方で、多人数の子どもの言語能力を横断的に収集する場合には、少し工夫が必要かもしれません。前述の通り、実施者によって子どものパフォーマンスに違いが出る危険性が否定できませんから、できる限り調査実施者を少人数にするとか、実施のルールを綿密に決める、研修を十分に行うといった調整が必要でしょう。また、結果の出し方や、解釈にも注意する必要があります。DLAはタスクの出来具合を観点別に1点から5点で評価しますから、その揺れが最小限になるように評価基準を具体的に設けるとか、評価者間の信頼度チェックをしっかり行うといったことが求められます。もしくは、言語データの収集方法はDLAに準じても、評価は別の量的尺度で行うといった方法も考えられます。

　これらの研究への応用方法については、先に紹介したDLAの前身であるOBC

や対話型読書力評価を用いた中島（2005）、櫻井（2018）、真嶋編（2019）などの調査研究が参考になると思われます。中島（2005）は日本国内の小中学校に在籍するポルトガル語を母語とする子ども（242名）の二言語会話力の関係を、OBCを使って調べた大規模横断調査です。前述の通り、OBCはもともと日本語を継承語とする子どものために開発されたものですから、国内の**外国にルーツを持つ子ども**だけでなく、帰国児童生徒や海外在住の日本語を母語・継承語とする児童生徒の会話力調査にも多く使用されています[6]。それらの調査では二言語間の関係や環境と継承語保持との関係、日本在住の日本語母語児童生徒の日本語力との比較などが研究課題とされています。

　櫻井（2018）は2008年から2009年にかけて実施した、同じ学習環境下にいる日本生まれの中国ルーツ児童（63名）と日本語母語児童（92名）の日本語読書力の比較、そして南米スペイン語圏にルーツを持つ子ども（52名）の二言語の会話力、物語聴解再生力、読書力調査をまとめたものです。対話型読書力評価、そしてDLA〈読む〉の開発のための基礎研究となった調査でもあります。真嶋編（2019）には2010年から実施された中国ルーツ児童の多数在籍校における二言語の会話力と読書力の横断的・縦断的調査と、少数在籍校でのベトナムルーツ児童の二言語能力に関する質的縦断調査の結果が収められています。また、学校における教育実践や家庭での言語環境といった背景についても詳述されています。さらに真嶋編（2019）の調査では、中国ルーツ児童の中国語（母語・継承語）の読書力を測るために、対話型読書力評価の中国語版の開発も同時になされました。

5　まとめ

　2014年に公開されたDLAは、教育現場への普及、調査・研究への応用の両面において、上述の通り、まだ課題が残されています。その一方で、これまで動的・包括的に捉えることの難しかったCLD児の言語の実態を観察できる手段を

---

[6] OBCを使用した調査研究やその関連の文献一覧はCLD児の言語育成を目指して情報を提供するためのWebサイト「ハーモニカ」（JSPS科学研究費基盤研究（C）25370598（代表鈴木庸子））にまとめられている。〈http://harmonica-cld.com/wp/wp-content/uploads/2014/06/OBCbiblio.pdf〉（2018年12月1日）

提供したことは画期的であったと思います。とりわけ、個人差の大きい継承語に関しても、同じ枠組みでその発達段階を捉えられるという点で資するところが大きいでしょう。また、DLA 実施過程において、否定したり訂正したりするのではなく、褒めて待って支援しつつ、子どものできることを見つける、というDLA の基本姿勢は支援・教育にも直接つながるものです。これまで私たちが実施してきた調査でも、DLA でのやり取りが「楽しかった」、「またやりたい」と口にする子どもたちは大変多かったです。特に、普段の学校生活の中で使用する機会が少ない母語・継承語での DLA のやり取りを、褒め、認めることは、子どもの自尊感情に直接的に作用するということを実感してきました。

　刻一刻と変化する CLD 児を取り巻く環境の中で、このような DLA のプラスの面を強化していけるかどうかは、子どもの教育に携わる私たち研究者や現場の実践者にかかっていると思います。DLA が、子どもの全人的発達を願う多くの人々の想いから生まれた評価ツールであることは間違いないので、その想いを継承しつつ、歩みを進めていく必要があります。

第 4 部 17 章

中国にルーツを持つ子どもの母語・継承語教育

高橋朋子

問い

近年日本に住む中国ルーツの子どもや若者が増えていますが、主にどのような経緯で日本に住んでいるのですか。また中国経済発展の影響で日本の中華学校に通う日本人児童も多くいると聞きます。日本国内における母語・継承語教育の現況を教えてください。

回答

中国ルーツの子どもや若者には、老華僑、中国残留邦人および中国帰国者、新華僑や国際結婚をした人々およびその子弟などがいます。中国にルーツを持つ子どもや若者への母語・継承語教育として、日本では公立学校での母語教室、民族学校での国語としての中国語教育、地域が支援する教室などが挙げられます。また、中国の国際的地位の高まりにより、中国語や中国文化を学ばせたいという理由で、子どもを中華学校に通わせる日本人家庭も増えていましたが、近年は落ち着きを見せています。

1 中国にルーツを持つ子どもとは

中国にルーツを持つ子ども（以下、**中国ルーツの子ども**）と一言で言ってもその背景はさまざまです。同じ中国語母語話者でも、中国や香港、台湾と出身地が異なることもあれば、日本で生まれたが両親は中国人だという子どももいます。中国で生まれ育ったが学齢の途中で親に帯同して来日し、日本の学校に通っている子どももいます。また、父親は日本人だが母親は中国人で、家庭内言語は日本語だという子どももいます。このように多様な背景を持つ中国ルーツの子どもは、日本に何人ぐらいいるのでしょうか。

日本の公立小学校、中学校、高等学校、義務教育学校、中等教育学校および特別支援学校において、日本語指導が必要[1]だとされている外国にルーツを持つ児童生徒の数を見てみましょう。文部科学省（2017a）の「**日本語指導が必要な児童生徒の受入状況等に関する調査**」によると、「日本語指導が必要な外国籍の児童生徒」の数は、3万4,335人です。そのうち中国語を母語とするものは8,204人となっており、ポルトガル語を母語とする児童生徒に次いで多い状況です。また、「日本語指導が必要な日本国籍の児童生徒」9,612人のうち中国語を母語とする者は2,065人と、これもフィリピノ語母語話者に次いで2位になっています。外国籍、日本国籍を問わず、外国にルーツを持つ児童生徒の中で、中国語を母語とする子どもが多いことがわかります。しかし、この調査は公立の教育機関のみを対象にしており、中華学校など民族学校に通う子どもは除外されていること、日本語指導が必要だと判断された子どもだけがカウントされ、教科学習に問題がないとみなされた子どもは含まれていないことを考慮すると、中国ルーツを持つ子どもの実際の人数はさらに多いと考えられます。

では、彼らはどのような経緯で日本に住んでいるのでしょうか。大きく分けると、老華僑[2]、新華僑、中国帰国者、国際結婚の四つが考えられます。**老華僑**は、第二次世界大戦前に中国や台湾から来日した人々を指し（山下, 2007）、そのほと

---

[1] この調査において「日本語指導が必要な児童生徒」とは、「日本語で日常会話が十分にできない児童生徒」および「日常会話ができても、学年相当の学習言語が不足し、学習活動への参加に支障が生じており、日本語指導が必要な児童生徒」を指すと記されている。

[2] 「華僑」とは外国に定住している中国国籍保持者、「華人」とは居住国の国籍を有する中国出自の者を言う。

んどは神戸や横浜などの中華街に集住して貿易や飲食業を営んでいます。**新華僑**は、山下（2007）によると、1978年の中国改革開放政策以後に来日した者と定義されており、就労や留学、投資やビジネスなど幅広い分野で活躍しています。1983年の「留学生10万人計画」[3]以降、留学生は激増しており、「外国人留学生在籍状況調査結果」（文部科学省, 2017b）によると、日本の教育機関に在籍する全留学生26万7,042人のうち、中国人は10万7,260人と約半数を占めています。**中国帰国者**とは、日本と中国が国交を締結した1972年以降に日本に永住、定住するようになった中国残留邦人とその家族のことを言い、すでに三世四世が就学年齢になっています。中国残留邦人とは、戦後の混乱等により、中国と樺太等の地域に残留を余儀なくされた方々のことを指しており、これまでに国費と私費を併せると（家族も含めて）約10万人以上が帰国したと言われています（厚生労働省, 2015）。**国際結婚**を厚生労働省の人口動態調査（2017）で見てみると、夫婦の一方が外国籍の婚姻は2万1,180組でした。同年の婚姻の総件数は62万531組であり、およそ29組に1組が国際結婚だったことになります。そのうち、夫あるいは妻が中国人である割合は、約33％（夫が中国人718組、妻が中国人6,253組）となっています。

このようにさまざまな経緯で来日する中国人が増加しており、それに伴って中国ルーツを持つ子どもも増えているのです。

2 日本における中国語の母語・継承語教育

では、中国ルーツの子どもに対する母語教育や継承語教育（以下、**母語・継承語教育**）はどうなっているのでしょうか。ここでは、（1）公立の小学校、（2）中華学校、（3）地域が支援する教室の三つに分けて見ていきます[4]。

---

3 中曽根首相（当時）により始められた政府主導の留学生受入れ計画で、2000年までに10万人の留学生の受入れを目指すとしたものである。

4 ここで取り上げるのはいずれも筆者が訪問や授業参観、インタビューなどを通して関わってきた教室であり、データは訪問当時のものであることを記しておく。神戸市立神陵台小学校は2017年6月から2月、大阪中華学校は2018年7月、神戸同文中華学校は2018年7月、曙光教室は2018年9月の調査をもとにしている。

2.1 公教育における母語教室

日本の公立の小中学校では、外国ルーツの子どものための日本語学習支援教室はあっても、**母語教室**はないことがほとんどです。その理由は、母語教室のために新たにその言語を話す先生を雇わなければいけないことや、国籍の異なる外国ルーツの子どもが在籍している場合、すべての子どもに対応できないことなどのほかに、「母語よりまずは日本語を」という考え方が社会に浸透していることが挙げられます(高橋, 2009)。しかし、近年外国ルーツの子どもにとって母語がいかに重要であるかが徐々に認識されるようになり、一部の都府県や自治体において積極的に母語教育が行われるようになりました。関西では大阪府(高橋, 2011)や兵庫県が積極的に母語教育を推進しています。その一例に、神戸市立神陵台小学校の童童(とんとん)教室があります(写真1)。

写真1：童童教室入り口

神陵台小学校は神戸市垂水区にある小学校で、全児童数266名のうち、10名が中国ルーツの子どもです。1982年から受け入れ始め、多いときには40名を超える子どもが在籍していました(神戸市立神陵台小学校, 2012)。童童教室は、中国ルーツの子どものための中国語教室ですが、参加する児童のほとんどが日本生まれです。中国語で話す機会はあまりなく、彼らにとって中国語は母語というより、継承語と言えるでしょう。1週間に1回45分の授業は、低学年と高学年に分けられ、それぞれの年齢に合わせた活動が行われています。担当の王先生は神戸市教育委員会から派遣された母語講師で、「この子たちは、中国語はほとんどできないんです。だからまず、楽しんでもらうことが大切だと思って、ゲームや歌をたくさん取り入れています」と話してくれました(写真2)。

低学年はみな一緒にiPadのアプリを使った**ピンイン学習**[5]、歌や詩の暗唱、クイズなどを、高学年はレベルごとにフラッシュカードを使った語彙の学習やテーマ別のおしゃべりなどをしています。同じルーツを持つ子どもたちが集まる教室は、中国語の学習はもちろん「お父さんとお母さんが中国人で、私はその子ど

---

[5] ピンインとは中国語の発音記号のことで、例えば「你好」(こんにちは)は [ni hao] と表される。

も。中国語もちょっと話せる私」という**アイデンティティ**を自然に獲得できる場所にもなっています。子どもたちはみな仲が良く「童童教室、楽しいで」(小1女児)、「みんなちょっとだけ(中国語)しゃべれるで」(小3男児)と笑顔で教えてくれました。

また、2017年には台湾台南市にある和順国小学校(ヘシュングオ)の6年生とFacebook上でビデオレター交流を行いました[6]。自己紹介や日本のお菓子を紹介するために、一生懸命中国語を練習している姿はとても微笑ましく、「話したい相手」や「伝えたいこと」が母語学習にいかに重要な要因であるかを実感しました。このように学習の場を日本以外にも広げ、積極的に中国語を学んでいます。さらに、運動会や音楽会では、童童教室の子どもたちが中国語によるプログラムのアナウンスを担うなど、「中国ルーツのアイデンティティ」を体現しています。この小学校での中国語継承語教育は、「自分たちのルーツを確認し、仲間と一緒に大切にその土壌を育てていく」ものだと言えるでしょう。

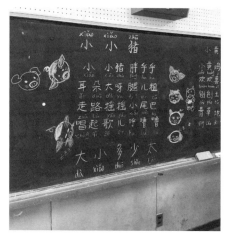

写真2:低学年の授業で歌われていた『小猫猫』の歌

2.2 中華学校

中国ルーツの子どもの教育と言えば、**中華学校**が挙げられます。華僑への教育機関として長くその役割を担い、言語や文化の教育にとどまらず、中国人としてのアイデンティティの確立や華僑社会の発展に貢献してきました。現在、日本には東京中華学校、横浜山手中華学校、横浜中華学院、大阪中華学校、神戸中華同文学校の5校があります。学校によって教育方針やカリキュラム、入学選抜方法は異なりますが、いずれも中華学校ならではの特色ある教育を行っています。また、近年、世界における中国の国際的地位の高まりにより、子どもに中国語を学ばせたい日本人家庭も増え、一定数の日本人児童生徒も通学しています。多様な

---

6 神戸市神陵台小学校の台湾とのビデオ交流は、科学研究費基盤研究(C) 15K02668(研究代表者:高橋朋子)の助成を受けている。

背景を持つ中国ルーツの子どもや日本人の子どもたちに対して、どのような中国語教育が行われているのでしょうか。以下、関西にある大阪中華学校と神戸中華同文学校を紹介します。ただし、学校の特色や教育内容についてはすでに多くの文献で紹介されています（例：石川, 2014）ので、ここでは特に中国語教育に焦点を絞ります。

　大阪中華学校は、大阪市浪速区にある台湾の教育を実践する学校で、1946年に設立されました。それほど広くないキャンパスに、幼稚園、小学校そして中学校があり、257人の子どもたちが学んでいます。「子どもたちはダイヤモンド」と話す陳校長先生は、「教育の基本は『徳・智・体・群・美』の育成にあり、『礼節』を重んじた伝統的で丁寧な教育を心がけてきました」と穏やかな笑顔で話してくれました。1学年1クラス制で、1クラスの人数は40名、その中には台湾、中国、香港などにルーツがある子ども以外に、日本人家庭の子どもやスリランカ、韓国にルーツを持つ子どもがいます。子どもの背景は年々多様化しています。日本人家庭の子どもの入学希望者が最も多かったのは2012年で、「ゆとりを重視した日本の公教育が物足りない」、「世界に通用するグローバルな力の一つとして中国語を学ばせたい」という理由が多かったそうです。しかし、ここ数年は日本人家庭の子どもの入学も落ち着きを見せており、2018年度は27名（全児童生徒の11%）となっています。教員はほぼ台湾人の日中バイリンガル教員ですが、「いろんな人との出会いが子どもに刺激を与える」（陳校長先生）という理由から、日本人の先生も積極的に受け入れており、大阪府内の小学校を退職した元校長先生も日本語や体育の授業を担当しています。

　中華学校では、中国語と日本語の**双語教育**（バイリンガル教育）が行われています。語学クラスである日本語以外の授業は、中国語で行われており、教科書などは一部を除いて台湾から取り寄せています。子どもたちが多様であるがゆえに、中国語のレベルもさまざまです。ゼロから始める日本人家庭の子どももいれば、中国語が母語である台湾人や中国人家庭の子どももいます。また両親のどちらかが中国人や台湾人の国際結婚の子どもは、中国語のレベルが簡単な日常生活レベルにとどまっていることもあります。つまり、中国語を外国語として学習する者、母語として学習する者、継承語として学習する者が混在していると言えます。しかし、授業は中国語のレベルに関係なく、在籍する学年のクラスで一斉に行われており、できない子どもに対しては夏休みの補習で個別に対応していると

のことです。

例えば、小学校1年生の中国語（国語）の授業は週に6時間で、テキストは台湾での教育と同じである『中文』が使われています（写真3）。「ゼロから始める日本人の子どもには難しいんじゃないでしょうか」と尋ねると、5年生担任の林先生は「あっという間に上手になりますよ。いろんなレベルの子どもがいるし、みんな優しいので教えあったりしています。それにスピーチコンテストで優勝したのは日本人の子どもですよ」と答えてくれました。わからない子どもには他の子どもが教えるという**協働学習**のスタイルが根付いており、日本人の子どもも何ら臆することなく授業に参加していると言い

写真3：国語の教科書『中文』

ます。「家庭で親がどのぐらい関わってくれるかがとても大切」と力説する校長先生は、日本人家庭など中国語ができない親のために学校で中国語教室も開いています。しかし、中学を卒業後はほぼ全員が日本の高校に進学するため、小学6年生で1週間に5時間あった中国語の時間数は、中学3年では3時間と徐々に減少していき、高校での学習に備えて日本語を強化していくことになります。

教室の掲示物を見ると日本語と中国語が併記されているものが多く、子どもたちの作品（絵日記や今学期の目標など）は、自分の伝えたい内容が伝えたい言語で自由に表現されています（写真4）。これは、**アイデンティティ・テキスト**（identity text）（Cummins & Early, 2011）と呼ばれる活動で、カナダにおける移民の子どもへの言語教育方法の一つです。子どもの学習

写真4：5年生の掲示物

をエンパワーし、二言語を使用する子どもとしての存在を認めています。

このような環境は、子どもにとって、両言語を駆使して自分を表現できる場所

となっているに違いありません。

　中華学校の中国語教育を一言で表すならば「クラスメートとの協働学習の中で互いに成長する活動」でしょう。多様な環境に子どもが自然に適応しています。5年生の日本語の授業を見学したときにもこの「協働」をあちらこちらで観察することができました。転入してきたばかりで日本語がほとんどできない中国人女児がいましたが、その周りの子どもたちは先生が話すたびに当然のように通訳したり、代わりに答えたりしています。その日の授業では「学級文庫に自分の好きな本を家から持ってくることの是非」について討論していました。「自分の本をみんなに見てもらいたい」、「友達がどんな本を読んでいるか知りたい」という賛成意見に対して「持ってきた本の言語が友達にとって読めない言語だったらかわいそう」、「転校してきたばかりの子がいたらみんなとつながりたいのに、本を読んでいたらその時間が減ってしまう」という反対意見が出ました。これは、多様な国籍や言語の子どもたちと協働学習する環境だからこそ生まれる意見と言えるのではないでしょうか。このように、多様な環境を積極的に受け入れ、言語のレベル差や考え方の違いを友達と協力して乗り越えていくスタイルが大阪中華学校の特徴と言えます。

　次に紹介したいのは、神戸中華同文学校です。1899年に創立された華僑のための小中9年一貫教育の教育機関で、設立当初から台湾や中国といったルーツにこだわらず、幅広く児童生徒を受け入れてきました。全校生徒数694名のうち約53%が卒業生の子どもや親戚であり、いかにこの学校が神戸の華僑コミュニティの中心的役割を果たしてきたかがわかります。また、教員46名のうち、37名がこの学校の卒業生であり、その伝統的な華文教育が教員や児童生徒を通して脈々と確かに継承されています。しかし、前述の中華学校にも見られたように、同文学校にも日本人家庭の志願者が増えています。日中間の関係が良好な時代には年間25名前後の申し込みがあったそうですが、近年は10名未満で落ち着いているとのことでした。また、志願者がどんなに多くても1学年80名のうち、日本人家庭の子どもは1割以下に抑えているそうですが、その理由はやはり同文学校が、長い歴史を持つ華僑のための民族学校だからです。

　教育内容については、同文学校の教育方針『継承同文优良传统　紧跟时代作育人才』（優れた伝統を受け継ぎ、時代に合った人材を育てる）が表す通り、ただ古き良きものを継承するのみならず、時代の風潮や子どもたちのニーズに合わ

せ、カリキュラムや教材、クラス編成を柔軟に変容させてきました。同文学校の教員を23年勤め、3年前に校長に就任した張述洲先生に、同文学校の教育について伺いました。

　同文学校では、日本語と中国語の双語教育（バイリンガル教育）を行っています。授業はすべて中国語で行われていますが、教科書は日本と中国で出版されているものが採用されています。例えば小学部では、主教科は日本の教科書を、民族教科と呼ばれる中国語、中国地理、中国歴史については、中国のものを使用しています（写真5）。算数は、日本の

写真5：神戸中華同文学校で使用されている中国の教科書

教科書を教員が中国語に翻訳したものを使用していますが、日本がゆとり教育に入り学習項目が削減されたときも、同文学校の教科書が薄くなることはありませんでした。また、中華学校ならではの特色は副教科によく表れており、美術では水墨画や切り絵、音楽では中国の楽器、体育では太極拳、家庭科では餃子作りなどが取り入れられています。

　例えば、小学校1年生の中国語の授業は1週間に12コマ（中国語閲読8コマ、漢語4コマ）あり、日本語の2コマと比べると相当多いです。中国の教材『中文』を使用して、中国語のみで授業が行われますが、ゼロで始める日本人の子どもたちも「あっという間に上手になりますよ。子どもはすごい力を持っている。卒業するとき誰が日本人、（誰が）中国人かわからない。正統な発音で中国語ができる」（張校長先生）とのことでした。また、華僑の子どもの中国語については、次のような話が聞かれました。

　　以前は、華僑の子どもでも、日本生まれになると、日本語がぺらぺらで中国語があまりできないのが普通だったんです。でも、今は違う。新華僑は家庭の中でちゃんと中国語やってる。だから（小学校に）入ってくるときには、中国語ができてることが多い。

　　　　　　　　　　　　（2018年7月4日　校長先生へのインタビュー）

　国際市場における中国語の経済力は、日本人家庭だけではなく、中国人家庭に

も影響を与えているようです。同文学校のように、中国語ですべての教科を教授するということは、中国語を「語学」として学ぶというより、教科内容を学習する中で言語を「ツール」として利用するということです。これは、**内容重視のアプローチ**（content-based approach）(Lyster, 2018) に近い学習方法だと言えます。学習の困難を取り除き、楽しく容易にするために「歌」を利用するという独自の工夫もなされていました。「覚えてほしい内容を全部歌にしたんですよ」と張先生が学習項目を自ら作詞作曲し、その歌を教科書と華文教育ネットワークのHPに載せているそうです。オペラ専攻という異色の経歴を持つ先生ならではのユニークな取り組みで、子どもたちにも大好評ということです。

　部活動にも中華学校ならではの中国文化の継承を目的とした取り組みがあります。例えば、中国舞踊クラブ、中国楽器クラブ、獅子舞クラブなどです。中国琴や二胡（erhu）だけでなく、革胡（gehu）と呼ばれる楽器も数多く揃え、4年生から親しめるようになっています。古筝は子どもが一人で持てないような大きな楽器ですが、「家でも買って練習してくる」（校長先生）そうで、子どもたちの意欲のみならずそれを支える保護者の力も大きいようです。「伝統に甘んじることなく、時代に合った革新的な取り組み」をモットーに、同文学校はこれからも多様な子どもたちを受け入れながら、華僑コミュニティの中で広く深くその根を広げていくでしょう。

2.3　地域が支援する教室

　中国にルーツを持つ人々が集住する地域では、これまで公民館や小学校の空き教室を利用して中国語教室が開かれていました。例えば、山形市のIVY子ども中国語教室（高橋, 2012）や東大阪の曙光中国語教室などです。いずれも子どもたちの学習支援をする先生やボランティアの間で、「日本語しか話せない子どもと中国語しか話せない親とコミュニケーションが心配だ」、「日本語での学習能力伸長には母語の力も必要だ」などの声が上がったことなどによります。地域の子どもの背景に合わせた手作りの教材やボランティアのお母さん先生などが奮闘して子どもたちの中国語を育ててきました。ここでは長い歴史を持ち、今も積極的な活動を続ける東大阪の「曙光」を紹介します。

　曙光は、中国帰国者の集住地域である東大阪市鴻池に教室があります（写真6）。1987年、東大阪の鴻池東小学校は、初めて中国帰国者の子どもたちを受け

入れました。日本語がまったくできない子どもたちに日本語を一から教えたり、日本の学校文化を教えたりする中で、松原先生は「最も大切なのは子どもたちの中国語を守り、お父さんお母さんと話ができる関係を持つことだ」と感じたと言います。そこで、作られたのが曙光です。20

写真6：曙光教室；低学年の授業「ピンイン」

年以上続いているこの教室は今、どのような中国語教育を行っているのでしょうか。

同教室には、週に1回土曜日の午前中、公民館に20名ほどの子どもたちやお母さんが集まってきます。子どもたちは中国帰国者の日本生まれの子どもたちですが、友人としてついてくる日本人の子どももいるそうです。10時半から30分は、学年別算数や国語のプリントの自主学習の時間です。子どもたちも熱心にドリルに取り組んでいました。その後、11時から中国語の授業が始まります。

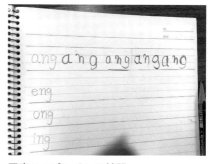

写真7：ピンインの練習

クラスは2クラス制で、中学生・小学校高学年の子どもたちと、小学校低・中学年の子どもたちに分かれています。低・中学年のクラスは初級レベルの学習（主にピンインや漢字、短い文章の音読）を、高・中学生のクラスは中級レベルの学習（漢字や読解、テーマを決めた話し合いなど）に取り組んでいます（写真7）。ほとんどの子どもたちは、中国語がゼロ、あるいは家庭内で家族と話す程度の初級レベルの中国語力です。この教室の授業は、学校での教科学習としての中国語ではなく、家族や親戚とをつなぐ「コミュニケーション力の育成」に重点が置かれているようです。

先生はみな子どもの母親です。「自分の子どもに中国語をぺらぺらしゃべってほしいでしょ」と武さん。彼女は子どもを毎週教室に連れてきて、ボランティアとして教室を手伝っています。テキストは中国の教材『中文』をコピーしたもの

を使っています。馬先生は曙光教室で中国語を教え始めて3年のベテランです。よく通る大きな声で「写完了没有？」、「書けましたか」というように同じ内容を必ず両言語で話しながら、子どもたちを楽しく、また厳しく学習させていました。また、ピンインや漢字を勉強するノートは、保護者が中国に帰国した際にまとめて買ってきてプレゼントしてくれたものを使っています。保護者の協力なくして地域の教室は成り立ちません。この日の教室でもエアコンの温度調整や子どもたちの出席確認、本を配布したりトイレに連れて行ったりと保護者のみなさんは大活躍でした。

　日本で子どもを育てている保護者は孤独なことが多く、日本で子育てする情報を入手できていないことも多々あります。集住地域はともかく、散財地域では孤立していることが多いと指摘されてきました。曙光教室のように「子どもたち＋先生＋ボランティア＋保護者」が集まる場所は、子どもの中国語教育という本来の目的を越えて保護者の関係作りや情報共有に大いに役立っています。また、子どもが勉強するところを親が見守るという姿勢は、言語獲得は子ども一人の努力でなされるものではなく、家庭と地域が一体となって見守り育てていくものだということをまさに体現していると言えます。こうしてみると、地域の教室は設備こそ学校に及ばないものの、保護者や先生の熱意、スタッフの力に支えられてしっかりと子どもたちの成長を見守り、日本語と中国語の両輪を育てていることがわかります。

　以上、本章では、日本における中国語教室の実践例を、公教育、中華学校、地域の教室の三つに分けて見てきました。それぞれ特徴や背景、教育の目標は異なっていますが、中国ルーツの子どもたちに中国語や中国文化を継承してほしい、中国語を通して世界に通用する子どもを育てたいという強い思いは共通しています。

3 まとめにかえて

　現在、残念ながら中国ルーツの子どもがみな等しく母語・継承語教育にアクセスできているわけではありません。住居地域や経済的な事情などにより、中国語を学ぶ機会を持てない子どものほうが多いのが現状です。

　第2節で見たように、公立の小学校では、中国語がそれほどできない子どもの

ために中国語というより「中国にルーツを持つ」アイデンティティを育てる教室が開かれていました。時間数は少ないですが同じルーツを持つ仲間とともにさまざまな活動を通して言語や文化を学習していました。民族学校は時間数も多く、学校のカリキュラムの中で多様な科目や活動に参加し、クラスメートと協力あるいは競争しながら、確実に力を伸ばしていく教育が行われていました。しかし、日本の高校に進学するために中国語から日本語へとシフトしなければならないこともわかりました。地域の教室は時間も少ないですが日本の学校での学習支援もひっくるめて、中国語に限らず子どものことばを育てていこうとするスタッフや保護者の思いに支えられていました。週末に子どもを連れて教室に通う保護者の姿からは、母語と日本語のバランスに悩んだであろう自らの体験と思いが伝わってきます。

このように、日本における中国語の母語・継承語教育には、多種多様な形があります。どの教育が一番良いか、といった捉え方ではなく、中国にルーツのある自分を受け止め、中国語を一つのツールとして世界で活躍しようとする子どもを育てる方法がいくつもある、と考えるべきでしょう。最後に、課題を2点挙げます。一つ目は、中国語に限らず、日本ではまだまだ母語・継承語教育の重要性が社会に広く認識されていないこと、二つ目は、**外国にルーツを持つ子ども**たちが多言語・多文化を体現するグローバルな人材として十分に認められていないことです。「ことばを育てることは心を育てること」ということばの意味を今一度かみしめ、外国にルーツを持つ子どもたちの誰もが、いつでも、どこでも母語・継承語教育が受けられる社会、さらにそのような子どもたちの可能性を認識し、大切に守り育てていける社会を作っていくのが我々の課題と言えるでしょう。

4 もっと詳しく調査・研究したい人のために

本章では、中国にルーツを持つ子どもの母語、継承語教育について事例を挙げて紹介してきました。さらに詳しく知りたい人のためにいくつかの情報を付け加えます。まず、公立の学校教育で行われている中国語の母語、継承語教育については、神道（2004）や高橋（2008）で授業実践例が紹介されています。子どもを取り巻く中国語学習の環境や課題が明らかになっていますが、これらの論考から10年以上経っても、中国語継承語教育の現状が変わらず、課題がいまだ山積し

ていることに改めて驚きを感じるとともに、継承語教育の難しさを再認識しました。

民族学校である中華学校については、志水宏吉他編による『日本の外国人学校』(志水・中島・鍛冶編, 2014) や『日本の中の外国人学校』(月刊『イオ』編集部, 2011) を一読されると良いでしょう。中華学校だけでなく、ブラジル人学校やコリア系学校、インターナショナルスクールについて多くの事例が紹介されています。他の言語の学校を知ることで、よりいっそう中華学校の特徴や多様性が浮き彫りになると思います。また各学校もHPで教育活動を発信しています。ぜひアクセスしてみてください。

地域の母語教室や学習支援については、「ひまわりの会」[7]（例えば、2014年7月には母語教室の案内が出ています）や「大阪多文化共生センター」[8]があります。乳幼児から母親の支援までを含めて包括的に子どもの母語を育てていこうとする地域のボランティアやコーディネータの熱い思いを感じることができます。ただ、地域が持つ特有の課題として、教室の継続の難しさが挙げられます。第2節で述べた中国帰国者の帰国がピークを迎えた2000年前後には、中国人集住地域各地で母語教室が開かれていました。当時の学習者が学齢を終えるのにしたがって中国語の教室は減少していきました。学習者数の増減やボランティア、コーディネータの有無に左右され、教室運営の費用など財政上の問題が重くのしかかることが多いようです。

さらに研究をしたい方には、「華僑華人学会」[9]という学会があります。

世界各地に居住する中国ルーツの人々について、歴史や教育、文化やアイデンティティなど多岐にわたる視点から研究されています。中国語や中国文化の継承、華僑華人を取り巻く社会環境などについて学びたいなら、学会誌『華僑華人研究』が充実したリソースです。2011年8号では、中華学校についての特集論文も掲載されています。

最後に、中国語の母語・継承語教育研究についてまとめてみると、ミクロな視点からの事例や授業実践、知見は数多く蓄積されていますが、乳幼児から青年ま

7　URL：〈http://blog.himawarikai200311.org/〉（2018年11月14日）

8　URL：〈http://okotac.org/〉（2018年11月14日）

9　URL：〈http://jssco.org/〉（2018年11月14日）

でを一貫してつなぐ言語学習のカリキュラムやシステムの構築、政策提言、言語権など社会的でマクロな視点からの研究が少ないようです。これは、母語・継承語教育が多様な背景を持つ学習者を対象にしているがゆえに、一つの固定した枠組みで捉えられないからかもしれません。しかし、北米でマイノリティ言語の母語・継承語教育が広く実践されていることを考えると、日本にも可能性はあるはずです。研究の継続と発展が期待されるところです。

謝辞

　神戸市立神陵台小学校の宮田孝一校長先生、井関典子教頭先生、日本語教室の岡先生、中国語教室の王棋先生、大阪中華学校の陳雪霞校長先生、日本語の松原康之先生、神戸中華同文学校の張述洲校長先生、曙光教室の松原康之先生に多くのご協力をいただきました。またお名前を掲載させていただくことについても快諾いただきましたことをこの場を借りて、心より感謝申し上げます。

第4部 18章

日本における外国にルーツをもつ子どものための継承語教育と言語政策

久保田竜子

問い

日本政府も国の「グローバル化」や「国際化」を推進していますが、言語政策・教育に関しては、国際舞台で「経済的価値ある言語」として英語能力を崇拝する傾向にあるように思います。今後、日本はどのように多文化・多言語共生社会をめざし、多言語での継承語学習をサポートしていくべきでしょうか。

回答

日本の教育に見られる英語一辺倒とその裏返しの多言語教育軽視は、グローバル化にまつわるイデオロギーや政治性と深く関わっています。多言語での継承語学習を促進していくためには、言語や文化の多様性および継承語学習の意義を確認し、既存のイデオロギーに対抗していく方策を探る必要があります。

1 英語一辺倒の外国語教育

　日本における外国語学習の歴史を俯瞰してみると、幕末から明治時代にかけて英語学習が盛んになり、現代に至っています。江利川（2018）によると、明治時代以降、米国や英国との交易が盛んになるにつれて、それまで学ばれていたオランダ語にとってかわって教育機関では英語が最も広く学ばれるようになりました。しかしそれでも、フランス語やドイツ語を学ぶ機会はあり、さらにアジア太平洋戦争期には、帝国日本のアジア侵略にともなって、中国語（当時は支那語と呼ばれていた）やマライ語なども学ばれました。しかし戦後、アメリカ軍を中心とする連合国軍の7年間におよぶ日本占領期から、現在に見る英語中心の外国語教育政策が確立していきました。

　近年、**グローバル人材育成**の名目で**英語教育**のさらなる拡充が叫ばれています。教育政策を見ると、2020年度からこれまで実施されてきた小学校5・6年生の「外国語活動」が3・4年生に移行します。さらに5・6年生に関しては英語が正式な教科となり、検定教科書の使用や評価が義務づけられます。すでに2018年度からこの新しいシステムは前倒しとなっており、各学校では試行錯誤が続いています。ちなみに小学校に英語が導入されたのは、1998年の学習指導要領の改訂（2002年度実施）で「総合的な学習の時間」を使った英会話の導入から始まりました。その後、2008年告示（2011年度実施）の学習指導要領で小学校5・6年生に週1時間必修化されてきたのです。

　大学入試改革では、2006年度から大学入試センター試験でリスニングテストが導入され、さらに2020年度からは、センター試験のかわりに聞く・話す・読む・書くの四技能を測るTOEFL（Test of English as a Foreign Language）・TOEIC（Test of English for International Communication）・IELTS（International English Language Testing System）・TEAP（Test of English for Academic Purposes）・GTEC（Global Test of English Communication）などの民間試験が使われる予定です。

　現在のこのような英語教育の推進は、久保田（2015a, 2018）でも示したように、1980年代から台頭した**国際化**ならびにその後の**グローバル化**の言説から影響を受けています。それによってさらに強まったのは、国際共通語としての英語を習得することで国際社会の中で日本の立場をはっきり表明できるという概念で

す。これは、中曽根康弘内閣のもとで1984年から1987年まで開かれた臨時教育審議会の答申において明らかです。第二次答申には、「これからの国際化の進展を考えると、日本にとって、これまでのような受信専用でなく、自らの立場をはっきりと主張し、意思を伝達し、相互理解を深める必要性が一層強まってくる。その手段としての外国語、とくに英語教育の重要性はますます高まってくるものと考える」とあります[1]。

　しかし、ここで「国際化」あるいは「グローバル化」という用語が示すのは、世界の隅々にある地域ではなく、おもに西洋、さらには米国です。実際の国際社会とは、もちろんアジアから中東・ロシア・アフリカ・ヨーロッパ・中南米の国々も含まれます。しかし、グローバル・コミュニケーションが国際語としての英語と結びつくことによって、「国際」の意味が狭められると同時に、世界で広く使われている英語以外のいわゆる国際語（中国語・ヒンディー語・アラビア語・スペイン語など）ならびに他のあらゆる言語は無視されてしまっています。この欧米偏重には政治経済的背景があります。つまり、1980年代に日米貿易摩擦が激化し、さらに米国が日本に防衛費負担増を迫る中で、米国の顔色を見た外交が目立ってきました。最近もグローバル化に対応する英語教育を推進するとしつつも、内実は米国追従の様相を呈しています。

　それでは、英語一辺倒の外国語教育はどのようなイデオロギーによって支えられ、どのような弊害があるのでしょうか。もう少し詳しく見てみましょう。

2 英語と英語教育のイデオロギー

　日本で語られる英語や英語教育にはさまざまな言語イデオロギー、つまり言語形式や言語使用に関して人びとや社会が抱く信念や概念が潜んでおり、英語教育だけでなく継承語教育にも影響を与えています。ここでは以下四つのイデオロギーを考えてみます。

2.1 「英語＝国際共通語」という幻想

　「国際共通語としての英語」という認識が英語教育推進の原動力となってきま

1　URL：〈http://www.mext.go.jp/b_menu/shingi/chukyo/chukyo3/015/siryo/attach/1400407.htm〉（2018年10月7日）

したが、これはある意味では正しい見解です。実際に英語はビジネス・通信・学術活動・エンターテイメント・テクノロジーなどあらゆる分野で共通語となっています。英語が国際的に重要視され、多くの国の初等・中等教育で指導が強化されているのも事実です。

　しかし、英語は万能ではありません。海外へ出かけて英語が通じない場面も数多くあるでしょう。実は外国人から見たら、日本もそのようなケースが多い国です。日本では戦後、中等教育において英語をほぼ全員の生徒が学ぶようになり、最近では小学校でも英語学習が始まりましたが、学習者のうちすべてが英語を使えるようになるわけではありません。さらに近年、来日観光客や在留外国人が増加していますが、その中には、英語のできない人びとが数多くいます。とくに日本に暮らす外国人労働者は英語ではなく日本語使用を強いられています。2018年には労働力不足を解消するために法改正がおこなわれ、特定の業種（介護・建設・外食など）における外国人の就労が認められるようになりました。ただし在留資格取得のためには、日本語能力の試験に合格することがひとつの条件となっています。つまり、外国語教育施策において、英語は国際共通語であるとうたっているにもかかわらず、日本にいる日本語を母語としない人びとと意思疎通をする際は、多くの場合英語を介してではなく日本語を介しておこなうのが前提なのです。したがって外国語教育における「国際」という概念が示す場所は日本以外であることがわかります。しかし、すでに述べたように、たとえ外国であっても英語がいつでもどこでも通じるわけではありません。こうして見ると、「英語＝国際語」という等式は程度の問題で、揺るぎない真理とはいえないことがわかります。

　そして、英語指導の強化にともなう英語習得の不平等も問題視する必要があります。寺沢（2015）は、2002年から2010年の間に4回にわたってランダム抽出でおこなわれた社会調査のデータをもとに、英語力と社会経済的変数（両親の学歴・父親の職業・世帯収入・生育地域）との関連性を回答者の生まれた年代別に分けて分析しました。その結果、出身階層差による英語力の格差、つまり**英語格差**は戦後ある程度縮まってはきたものの、依然として存在していることがわかりました。Block（2018）は他国の状況も概観しながら、エリート層に英語習得のアクセスが集中しており、エリートの英語力はある意味でステータスシンボルになっていることを指摘しています。つまり英語圏以外の国で英語を操ることので

きる人間はエリート層に属す可能性が高いのです。さらに、日本政府が今後さらに導入しようとしている外国人労働者はほとんどの場合ブルーカラー・ワーカーであり、ゆえに英語話者でない可能性が高いといえます。つまり「英語は国際共通語である」という言説は、エリート層に注目した見方であって、経済力が不足している日本人あるいは外国人労働者たちはこの前提の枠外におかれてしまっているといってもいいでしょう。つまり拡大しつつある貧困問題や経済格差に行政がメスを入れずに英語教育を推進することは、結果として「英語格差」を広げることにつながってしまうでしょう。それに加えて、日本国内で英語が機能する可能性が低いということは、必然的に日本語中心のモノリンガル環境が主流となり続けることを意味するのではないでしょうか。

2.2　本質主義・規範主義イデオロギー

　次に、英語教育の中にあるバイアスについて考える必要があります。それは言語イデオロギーの典型であり、日本において継承語に対する意識が高まらないひとつの要因となっていると考えられるからです。まず、大きな問題は、学習の対象である英語が「国際共通語」と認識されているにもかかわらず、習得の目標がいわゆる英語圏の国々（米国・英国・オーストラリア・カナダ・ニュージーランド）の標準英語に設定されていることです。中でもとくにアメリカ標準英語がモデルとして偏重されているといえます。言語の多様性を肯定・尊重するのではなく、ある一定の規範的変種だけを正統なことばと認識して、それにお墨付きを与えることから、これを**本質主義・規範主義のイデオロギー**と呼びます。このイデオロギーは、多文化・多言語重視の動きとして外へ向かって展開するのではなく、モノリンガル的に内向きの方向に働きます。

　ひとくちに「英語」といってもさまざまな差異があることは明らかです。それは、地域差（方言）であったり、階級や人種・民族による違いであったりします。米国の英語だけを考えてみても、南部方言は独特ですし、ブラック・イングリッシュやチカノ・イングリッシュ（「チカノ」はメキシコ系米国人）もいわゆる標準英語と異なります。さらに世界に目を向けると、それぞれの国や地域で使用される英語の特徴も見られます。かつて英国や米国の植民地であったインド・シンガポール・マレーシアなどで使われている英語は、日本の教科書の手本とは

異なる発音や表現が見られます[2]。このような世界で使われている英語の特徴やそれに関連する問題は**世界英語**（World Englishes）の分野で研究されてきました（Matsuda, 2012; Galloway & Rose, 2015）。

さらに「国際共通語」である英語によるコミュニケーションにおいては、英語の母語話者だけを相手として意思疎通するわけではありません。ノンネイティブ同士のやりとりとなる場合が多々あります。そのような状況では意思疎通で生じる不都合をつくろうためのコミュニケーション・ストラテジーが必要になってきます。**共通語としての英語**（English as a Lingua Franca [ELF]）の学術研究はこのような側面に光を当てています。

このように英語といっても多様性があります。ではこの多様な英語がすべての場面で平等に扱われているかといえば、残念ながら答えは否です。日常でもよく聞かれる「英語のきれいな発音」や「本物の英語」などの表現には、正統な英語とそうでないものを区別しようとする意識があらわれています。言語による差別は英語教師の雇用問題もひきおこしており、さらに英語のノンネイティブ教師の専門性やアイデンティティは、1990年代から学術研究の対象ともなってきました（Braine, 1999; Davies, 2003; Kamhi-Stein, 2004; Moussu & Llurda, 2008; Rudolph, Selvi, & Yazan, 2015）。

海外ではこのように、英語の多様性に焦点をおいた研究が盛んになってきていますが、日本の英語教育では、依然として特定の標準英語や標準英語話者を手本とした教育が推し進められています。これは英語一辺倒の狭い世界観とともに、言語の多様性を度外視するイデオロギーを強化してしまっているといえます。そしてこの言語イデオロギーは、日本語の多様性への許容度も同様に狭めています。歴史的には明治時代以後、近代化の号令のもとに、方言が近代化を阻むものとして淘汰されていきました（安田, 1999）。日本における継承語教育を考えるとき、とくに琉球語やアイヌ語などの先住民族言語が標準語へ同化されていったことを忘れてはなりません（14章4節参照）。

さらに、このようなモノリンガル的英語イデオロギーに見られる規範主義・本質主義は、言語だけでなく文化観や人種観にも当てはまります。つまり、日本の英語教育で英語が想起するのは一般的にアングロ・サクソン英語圏の文化であ

---

[2] シンガポールとマレーシアで英語を学ぶ日本人学習者に関しての研究はKobayashi (2018) を参照。

り、白人であるのです。次にこの人種の問題を取り上げてみます。

2.3　人種イデオロギー

　英語話者というとどんな人物像が想起されるでしょうか。白人が想起されることが多いのではないでしょうか。日本における英会話学校で白人教師が偏重されることは従来から指摘されています（Appleby, 2018; Bailey, 2006; Takahashi, 2013）。Yamada（2015）は中学校の英語教科書のイラストを分析して、肌が褐色である人物が圧倒的に少ないことを指摘しています。しかし、上述した英語の多様性でも明らかなように、英語話者の中には多様な人種・民族がいます。「英語話者＝白人」という単純化された考えも本質主義のあらわれです。

　それでは「日本語話者」はどうでしょうか。こちらもやはり「日本語話者＝日本人」、さらに「日本人＝日本民族＝日本文化＝日本語」という暗黙の了解があると考えられます。この画一性に疑問を一切はさまずに「日本は単一民族国家である」と発言した政治家たちがいますが、きびしく批判されてきました[3]。それはもちろん、この発言が現に日本にある人種・民族・言語・文化の多様性を度外視しているからです。日本人なら大和民族の肌の色や顔立ちをしているはずだ、そして正統な日本語を話すはずだ、という本質主義的考えは往々にして偏見を生み、親のどちらかが日本以外の国籍であるいわゆる「ハーフ」あるいは「ダブル」の人びとの気持ちを傷つけています（荻原, 2018）。多数者が異質なものを排除する力は、マイノリティにとっては「同化の圧力」になります。この社会で生きていくためには「日本人」にならなければいけない、つまり継承語や継承文化を捨て去らなければならないという同調圧力に屈することを強いられるのです。英語教育に見られる白人至上主義の裏返しが、本質主義的な日本人観であるといえるでしょう。

　そして注目しなければならないのは、英語教育が強化されると同時に、国家主義的教育政策も推し進められてきたことです。前述の1980年代に開かれた臨時教育審議会が大きな節目であり、2006年には第一次安倍政権のもとで戦後初めて教育基本法が改正され、教育の目標として「伝統と文化を尊重」することや「我が国と郷土を愛する」ことが書き加えられました。学習指導要領の中でも

3　中曽根康弘・鈴木宗男・中山成彬など。

「日本人としての自覚」をもつことが国語・英語・道徳などで期待されています。しかし学校に在籍するのは「日本人」だけではありません。ここにも同化の圧力が見られます。

2.4 「コミュニケーション力＝四技能」というすり替え

　近年の英語教育の推進のキーワードのひとつに「コミュニケーション」があります。江利川（2018）によると、このことばは1978年に出された中央教育審議会の答申の中で初めて登場しました。さらに、英語指導が従来の文法・語彙中心主義からコミュニケーションに大きく舵を切ったのは1980年代の臨時教育審議会からです。これは「国際共通語としての英語」を実際にグローバル社会で使えるようにすることが教育目標になったことに端を発します。実際、現行の中学校学習指導要領にかかげられる英語学習の目標には、コミュニケーションが全面に出されています。

　ところが、仲（2012, 2017）が指摘しているように、本来コミュニケーションとは他者との関係性を構築する活動であるのにもかかわらず、近年のグローバル人材育成のための英語教育のコミュニケーション観は四技能と同義にとらえられてしまっているのが現状です。この傾向が明らかに見られるのは、英語力を高めるための大学教育におけるTOEICの多用や、2020年度から大学入試で四技能（聞く・話す・読む・書く）を測るため民間英語試験が導入される計画などです。つまり、コミュニケーションという概念が、状況によって柔軟にストラテジーを駆使しながら理解しようとしたり伝えようとしたりする活動ではなく、測定可能な四技能として定義づけされてしまっているのです。

　継承語学習はいうまでもなく社会的・個人的に意義のある活動であり、四技能だけの予定調和を前提とした英語教育のコミュニケーション観とは相容れません。言語教育のもつ意義を再認識するために、一度立ち止まって英語教育が生みだす無機的なコミュニケーション観を再考する必要があるのではないでしょうか。継承語教育の意義については、次節で詳しく考察します。

　ここまで、現在の英語教育に潜むイデオロギーのいくつかをあげました。「英語＝国際共通語」という短絡的な見方は英語一辺倒の外国語教育を推し進め、その結果、おもにエリート層が恩恵を受ける反面、継承語も含めた英語以外のことばやその話者が疎外されてしまっています。さらに正統な「英語・英語話者」が

狭義に定義され、現実に存在する多様性が無視されがちです。この本質主義的言語イデオロギーは「日本＝日本文化＝日本語＝日本人」といった固定観念と根は同じで、日本における継承語の周縁化と継承語話者に対する同化圧力に影響を与えていると考えられます。このようなイデオロギーに対抗して継承語教育をサポートしていくためには、継承語教育の意義について考える必要があります。次にこの問題について触れます。

3 継承語教育の意義

　米国の言語政策に関する研究者であったリチャード・ルイズ（Richard Ruiz）は、社会の中で言語が果たす役割について三つの異なる見解を提示しました。それは「支障としての言語」、「権利としての言語」、「資源としての言語」です。この分類を通して**継承語教育**の地位や意義を考えることができます[4]。また、以下に論ずるように、これらの見方も言語イデオロギーによって左右されていることがわかります。

3.1　支障としての言語

　まず、**支障としての言語**（language as a problem）は、社会における多言語使用──たとえば移民居住者の母語使用やマイノリティ言語の保持──は国民同化と国家統一の支障になるので問題視するべきだという見方です。国民が異なる言語を使用すると、コミュニケーションの行き違いが生じると同時に、多言語による公共サービスを施す必要が生じ、効率的でないというのです。つまり、国家の理想はモノリンガリズムによる国民統一であり、言語教育はその達成を目標にすべきであるという考えになります。これは多くの国で見られる主流の言語イデオロギーであり、当然のことながら継承語を公教育の中に位置づけるのは困難になります。

3.2　権利としての言語

　次に、**権利としての言語**（language as a right）は、文字通りことばを個人あ

4　Ruiz (1984), Hult & Hornberger (2016), Baker & Wright (2017) なども参照。

るいは集団の権利とする見方です。たとえば1989年に国際連合が採択した「児童の権利に関する条約」の第30条（少数者・先住民の子どもの権利）はこのように規定しています。

　　　種族的、宗教的若しくは言語的少数民族又は原住民である者が存在する国において、当該少数民族に属し又は原住民である児童は、その集団の他の構成員とともに（中略）自己の言語を使用する権利を否定されない。

　日本は1990年にこの条約を批准しましたが、その後の国連「児童の権利委員会」の審査では、アイヌ、韓国・朝鮮人など少数者の子どもなどへの差別が改善点として指摘され続けています[5]。たとえば2010年にスタートした高等学校等就学支援金の支給において、多くの民族・外国人学校は支給対象となったにもかかわらず、2012年に自民党政権は朝鮮学校を対象から除外することを決定しました。この措置は、在日コリアンの子どもたちの継承言語学習権を排除し阻害するものです。**公立学校**での継承語教育に関しては、庄司（2017）によると兵庫県や大阪府でおこなわれている例もありますが、数は大変少ないといわざるを得ません（14章3節参照）。

　外国ではどうでしょうか。私の住むカナダでは、英語とフランス語が公用語です。このバイリンガル政策成立の背景には、おもにケベック州に住む少数派であるフランス語話者たち独立運動がありました。つまり公用語政策をうちたてることで、ケベック州のカナダからの独立を避ける意図がありました。その結果フランス語話者はフランス語学校を通して手厚く支援されています。ところが、公教育における移民に対する継承語教育の機会は、中等・高等教育の外国語学習以外にはほとんど存在せず、先住民の継承語教育もそれほど盛んではありません。つまり、母語が公用語以外の子どもたちが公立学校で継承語を学ぶ権利は支持されていないのです（Haque, 2012）。

　では、公用語のない米国ではどうでしょうか。1960年代の公民権運動を経て英語を解さない移民の子どもたちの学習権が獲得され、バイリンガル教育の機会も与えられましたが、それは継承語を保持するための学習ではなく、あくまでも

5　URL：〈https://www.mofa.go.jp/mofaj/gaiko/jido/pdfs/1006_kj03_kenkai.pdf〉（2018年10月7日）

英語習得のための手段として施されました。しかし近年は双方向イマージョン・プログラムが盛んになり、言語的マイノリティの生徒たちが継承語を保持する目的で学ぶ機会も拡大しています（5章参照）。しかし、バイリンガル・スキルが、グローバル社会における有用な能力として商品化されることで、人種差別ともあいまって、多数派（白人の英語話者）のほうが少数派（有色人種の移民）よりバイリンガル教育でより多くの恩恵を受けるという不平等さも指摘されています。さらに、言語規範主義が「二重のモノリンガル主義」として言語的マイノリティ学習者たちの自由な表現活動を阻んでいることも問題視されています（Cervantes-Soon et al., 2017）。

このように見ると、「権利としての言語」の視点からの継承語教育は、多民族国家における国家統一政策や人権運動などを通して実現した事例もありますが、多くの場合、「障害としての言語」のイデオロギーの強い力によって制限されているといえます。

3.3　資源としての言語

最後の視点は、**資源としての言語**（language as a resource）です。これは、言語を個人・集団・コミュニティ・地域の「資源」（リソース）としてとらえる見方です。バイリンガリズムやマルチリンガリズムは負の遺産ではなく、さまざまな意味で、そしてすべての社会構成員にとって重要な財産であるとする立場です。言語の多元性を肯定し、かつ尊重し積極的に推進することは、文化の継承、家族やコミュニティの連帯、**アイデンティティ**の構築、自己肯定感、知的活動、認知力、学力などを高める点で、大きな意義があると考えられます。この見方は多文化主義と同様、多様性を積極的に認め、民主主義社会における重要な価値観として機能します。「支障としての言語」の視点においてマルチリンガリズムは国家における社会的結束を揺るがすものであると考えられますが、「資源としての言語」の視点では、国家の結束と多言語主義とは理念として共存できるのです。

しかし、資源としての言語には落とし穴もあります。問題は、だれにとっての資源あるいは利益なのか、という点です。たとえば米国では2001年の同時多発テロののち、アラビア語など国防の目的に資する言語の話者への需要が高まりました。その中で継承語話者も注目され、この国策にどのように動員できるかが議

論されました。しかし、この立場は国益を重視するモノリンガリズムのイデオロギーと根本的にかみ合わず、国益優先の保守的言語政策が抱える矛盾を露呈しています（Kubota, 2006）。

　国防以外にも、米国において外国語教育推進のよりどころを議論するとき、ビジネス促進・観光拡大などの経済的利益に注目があつまりがちです（Kubota, 2006）。日本の「グローバル人材育成」をめざした英語一辺倒の外国語教育も、「グローバル人材」という用語が暗示するように、経済活動の推進がおもな目的であるといってよいでしょう。このように考えると、「資源としての言語」の視点も、国家や大企業の利益のみに取り込まれてしまう危険性もあります。社会共同体の中の個人や人間関係のための資源、つまりマイノリティの個人的・集団的アイデンティティの保持やコミュニティの連帯といった利益を一義的に考える必要があるのではないでしょうか。

4 継承語教育を推進するために

　以上論じてきたように、「英語一辺倒の言語教育政策」および「言語の三つの役割」に関する議論は、社会における言語のみならず、さまざまな多様性とどのように向き合ったらよいのかという課題を私たちに提示しています。継承教育を推進し、多文化・多言語共生社会をめざすためにはどうしたらよいのでしょうか。以下、3点を提案したいと思います。

4.1　既存の知識を問い直す

　まず、日常生活で当然と思われていることも、精査してみればバイアスがかかっていたり矛盾したりしていることがわかります。そして常識と思われていることが多様性の尊重と推進を阻んでいる場合もあります。たとえば英語ができればグローバル人材になれるという思い込みは、国内外における多言語話者との交流の必要性や多文化に対する理解とかみ合いません。また、ネイティブスピーカーから生きた英語を学び、きれいな発音を身につけたいという願望は、多様な英語話者や英語の変種に対する許容性や認識と相反するかもしれません。さらに英語または他の言語においても四技能さえみがけば異文化間コミュニケーションがスムーズに成立するという考えも、実際のコミュニケーションに必要な資質と

合致しません（久保田, 2015b, 2018）。継承語教育は既存の言語規範や常識の枠を越えて、「新たな多様性への認識」のもとで実践していく必要があるでしょう。

　たとえば、あることばを母国で母語として学ぶのと海外の居住地で継承語として学ぶのとでは言語形態・文化的背景・学習目的は異なる場合が多く、両者を合致させる必要はないかもしれません。それは、継承語学習者や保護者の複雑で雑種的なアイデンティティが絡んでいるからです（Blackledge & Creese, 2009; Doerr & Lee, 2010; Leeman, 2015）。その一方で先住民族語など歴史的に抑圧されてきた少数民族のことばや文化の保存・復興をめざすためには、戦略的に本質主義的アプローチを駆使することも必要となるでしょう。状況を踏まえた柔軟な対応が不可欠です。

4.2　人権尊重の意識を高める

　多文化・多言語共生社会をめざすためには、あらゆる多様性に対して寛容である必要があります。その根本には、「日本国憲法」でも保障されている基本的人権を尊重することにあります。そして人権が保障されているのは日本国民だけでなく日本に暮らすすべての人びとです。上述したように「権利としての言語」という考え方は、カナダの公用語などのように言語の地位が法律で定められていない限り、実際の教育行政に反映されないのが実情です。それは、どの国家においても近代国家成立時から、国民統合のためには言語と文化の統一性が不可欠であると考えられてきたからです（Anderson, 1983）。確かに社会的・文化的・言語的同質性は社会のあらゆる活動を進める上で効率的かもしれません。しかし人びとは本来同質でありません。言語のみならず、人種・民族・ジェンダー・宗教・セクシュアリティ・障がいの有無を見ても違いは明らかです。差異のある人びとを同じ枠にはめようとしたり、多数者の枠から排除したりしようとすると自ずから支配と抑圧の権力関係が生まれ、増強されます。多数言語と継承語との関係も同じです。民主的社会の中で人権を尊重することの第一歩は、違いを認め積極的に少数者の言語と文化を重んずることではないでしょうか。そしてこれは意識改革を通してだけでなく政策面でも社会システムを確立していくことで推し進める必要があるでしょう。

4.3　立場の違いを認めて賢いアプローチを模索する

　継承語教育推進のために、**多様性**を認め人権を尊重することは、リベラル派の理念として当然のことでしょう。しかし、多文化・多言語共生社会を実現させるためには、実際の政策作りやコミュニティ活動も不可欠です。そのためには、多様性を認め合うことの大切さを根気よく推進していく必要があります。しかし皮肉なことに、この「多様性」には私たちを取り巻く社会に存在する多様な意見も含まれます。言語イデオロギーを見ても明らかなように、人間社会にはさまざまな意見があるのです。すべての多様性を尊重するとなると、絶対的相対主義、つまり「なんでもあり」に陥ってしまう危険性もあります。では、どうしたら多文化・多言語共生社会が実現できるのでしょうか。

　ひとつには、つねに自分の意見や信念に対する**内省の態度**を忘れず、相手の立場や考えも鑑みながら、賛同の輪を広げる必要があるでしょう（Kubota, 2014）。とくにヘイト的な感情がはびこる今日において、継承語教育推進のための運動を行政へつなげるための賛同者を増やすことは容易ではないかもしれません。たとえヘイトでなくても、「グローバル人材育成」という言説に見られるように、言語学習が経済成長にとっての「資源」であるというように、国家利益の手段としてとらえられてしまっています。その中で、継承語学習者の学習権とアイデンティティを尊重するのは難しい課題でしょう。多文化・多言語共生主義と必ずしも相容れないこのような考えは、不適切であるとして否定するのか、どうにか折り合いをつけて妥協点を探るのか、私たちは難しい状況に立たされているといえるでしょう。

5　もっと詳しく調査・研究したい人のために

　世界中で近年ますます盛んになる英語教育の問題点については、多くの研究者が論じています。とくに近年は市場原理にもとづく自由な経済活動を推し進める「新自由主義」を支えるための言語教育政策が顕著に見られますが、これは批判の的になっています。

　リチャード・ルイズ（Richard Ruiz）が提示した言語の三つの役割のうち、「権利としての言語」は**言語帝国主義**のアンチテーゼとして1990年代から議論されています。とくに英語などの強い権力をもつグローバル言語が先住民言語を駆

逐していることは批判の対象となっています。しかし逆に、ポストモダン的な見方では、このような言語の変容は自然の原理なのであり、「言語帝国主義」のように権力支配を上下関係としてのみとらえることの問題点も論じられています。さらに類似の立場から、先住民族語の保存・復興があたかも希少種保護のように美化されてしまっている点、さらには先住民族語を保存・復興させるためには、先住民族語を西洋的規範主義の枠組みから定義せざるを得ないジレンマについても論じられています（Patrick, 2007）。このように言語イデオロギーや言語政策は、多くの問題や矛盾を抱えており、一筋縄では解決できないテーマであるといえます。

6 まとめ

　日本の移民拡大政策に見られるように、今後、社会における多文化・多言語拡大の傾向はさらに進んでいくことは明らかです。多文化・多言語共生社会の構築は不可欠であり、継承語教育もその一端を担います。ただ、それをサポートするための唯一の正しい答えはおそらくありません。その一方で資本主義体制は持続していき、多様性が直面する経済的側面も無視できないのは事実です。さまざまなストラテジーを模索・実践するために、知恵を出し合いながら活動を地道に続けることが大切なのではないでしょうか。

COLUMN 4

継承語教室は誰のため？

西川朋美

　日本で生まれ育っていても、子どもには自分のルーツとなる国の言語は使えるようになってほしいと願う親は少なくないと思います。とは言え、気軽に継承語を学べるような場所は、日本に多くはありません。そのような中、非常に興味深い取り組みをしている公立の小学校があります。

　横浜市立南吉田小学校は、全校児童の半数以上が外国につながる子どもたちです。この学校では、週1回放課後に、自由参加型の中国語・韓国語の特設クラブを開設しています。しかも、中国語は4クラス、韓国語は2クラス、10〜15名程度の習熟度別の編成です。特に中国語については、家庭では日常的に中国語を用いていたり、学齢期途中の来日で母語である中国語を保持していたりする子どもも多く、一番下のクラスを除いては、授業は全て中国語で行われ、全てのクラスの先生がネイティブです。中国の学校にいるのかという錯覚さえ覚えます。日常会話では中国語ができる子どもも、読み書きは苦手な子も多いということで、授業では読み書きも取り入れられています。韓国語のクラスでは、日本の国語の授業でやるのと同じように、先生の指示を受け、ノートにハングル文字を書く練習もしていました。

　これだけのことを公立学校で実践しているだけで素晴らしいと思いましたが、さらに興味深いのは、中国や韓国の子どもたちだけでなく、初級クラスには日本の子どもたちも参加していることです。そして、同じ時間帯には英語クラスも開催されています。外国につながる子どもの母語保持・継承語学習という意味合いだけでなく、学校全体の子どもたちが世界の言語を学ぶ機会となっています。グローバル化というと英語ばかりが注目されてしまいますが、英語だけでなく、学校にいる子どもたちの母語・継承語も前向きに活かしていきたいという考え方が見て取れます。

　継承語教育というと、どうしてもその国につながりのある子どもたちだけのも

のと考えてしまいがちですが、多様な言語文化背景を持つ子どもたちが学校内にいることを、学校全体の強みとして活かしていこうと考える学校が日本にもあるのです。

引用文献

愛知県東浦町立石浜西小学校（編）（2009）『子ども・保護者・地域を変える多文化共生の学校を創る―「理想は高く、現実に絶望しない」教師集団の実践―』（加藤幸次監修）黎明書房

荒牧重人・榎井縁・江原裕美・小島祥美・志水宏吉・南野奈津子・宮島喬・山野良一（編）（2017）『外国人の子ども白書―権利・貧困・教育・文化・国籍と共生の視点から―』明石書店

月刊『イオ』編集部（2011）『日本の中の外国人学校』明石書店

池上摩希子（2002）「体験型学習の意味と方法」細川英雄（編）『ことばと文化を結ぶ日本語教育』第7章，凡人社，pp. 101-117.

池上摩希子・末永サンドラ輝美（2009）「群馬県太田市における外国人児童生徒に対する日本語教育の現状と課題―「バイリンガル教員」の役割と母語による支援を考える―」『早稲田日本語教育学』第4号，15-27.

石井恵理子（2007）「JSLの子どもの言語教育に関する親の意識―ポルトガル語及び中国語母語家庭の言語選択―」『異文化間教育』26号，27-39.

石井美佳（1999）「多様な言語背景を持つ子どもの母語教育の現状―神奈川県内の母語教室調査報告―」『中国帰国者定着促進センター』第7号，148-187.

石川朝子（2014）「民族教育から新たなフェーズへ」志水宏吉・中島智子・鍛治致（編）『日本の外国人学校―トランスナショナリティをめぐる教育政策の課題―』第Ⅲ章，明石書店，pp. 160-166.

石黒広昭（2017）「パフォーマンス・アートによる言語的・文化的に多様な子どもたちのアイデンティティ変容」『立教大学教育学科研究年報』60, 1-3.（2018年8月24日）

市川克明・藤山あやか（2016）「海外日本語補習授業校の現状と展望―ハンブルク日本語補習授業校の歴史を概観して―」『愛媛大学教育学部紀要』第63巻，123-135.〈http://www.ed.ehime-u.ac.jp/~kiyou/2016/pdf/13.pdf〉（2017年11月30日）

伊東祐郎（2008）『日本語教師のためのテスト作成マニュアル』アルク

伊東祐郎・小林幸江・菅長理恵・中島和子・櫻井千穂（2014）「外国人児童生徒のためのJSL対話型アセスメントDLAの活用」『2014年度日本語教育学会春季大会予稿集』，373-374.

糸永真帆・勝部和花子・札谷緑（編）（2014）『つなぐ―わたし・家族・日本語―（ドイツ発：海外に住む子どもたちの日本語習得・継承を考える冊子）』日本文化言語センター

稲垣みどり（2015）「「継承日本語教育」における「パターナリズム」―在アイルランドの在留邦人の親に対するインタビュー事例から―」『早稲田日本語教育学』第19号，21-40.〈http://jairo.nii.ac.jp/0069/00030009/en〉（2017年7月3日）

稲垣みどり（2016）「「移動する女性」の「複言語育児」在アイルランドの在留邦人の母親達のライフストーリーより」『リテラシーズ』18, 1-17.〈http://literacies.9640.jp/dat/litera18-1.pdf〉（2017年7月19日）

今井新悟（2015）「J-CAT（Japanese Computerized Adaptive Test）」李在鎬（編）『日本語教育のための言語テストガイドブック』第4章，くろしお出版，pp. 67-85.

ヴィゴツキー，レフ・セミョノヴィチ（2001）『思考と言語［新訳版］』（柴田義松訳）新読書社

ヴィゴツキー，レフ・セミョノヴィチ（2003）『「発達の最近説領域」の理論―教授・学習過程における子どもの発達―』（土井捷三・神谷栄司訳）三学出版

臼井智美（編）（2009）『イチからはじめる外国人の子どもの教育―指導に困ったときの実践ガイド―』教育開発研究所

臼井智美（2014）『ことばが通じなくても大丈夫！　学級担任のための外国人児童生徒サポートマニュアル』明治図書

内山絵理華（2017）「日系2世のアイデンティティ形成における言語の影響と役割―継承語教育の観点から子どもの心を解く」『コンタクト・ゾーン＝Contact zone』9, 98-141.〈http://hdl.handle.net/2433/228317〉（2018年8月28日）

江利川春雄（2018）『日本の外国語教育政策史』ひつじ書房

エンゲストローム，ユーリア（1999）『拡張による学習―活動理論からのアプローチ―』（山住勝広・松下佳代・百合草禎二・保坂裕子・庄井良信・手取義宏・高橋登訳）新曜社

エンゲストローム，ユーリア（2013）『ノットワークの活動理論―チームから結び目へ―』（山住勝広・山住勝利・蓮見二郎訳）新曜社

欧州評議会（2004）『外国語教育Ⅱ―外国語の学習、教授、評価のためのヨーロッパ共通参照枠―』（吉島茂・大橋理枝訳／編）朝日出版社

欧州評議会言語政策局（2016）『言語の多様性から複言語教育へ―ヨーロッパ言語教育政策策定ガイド―』（山本冴里訳）くろしお出版

大倉安央（2010）「すべての教師はことばの教師である　母語教育を正規の授業に―門真なみはや高校渡日生教育の歩み　母語授業の可能性―門真なみはや高校の渡日生教育」『AJALT』No. 33, 18-24.

大谷泰照（編集代表），杉谷眞佐子・脇田博文・橋内武・林桂子・三好康子（編）（2010）『EUの言語教育政策―日本の外国語教育への示唆―』くろしお出版

大西由美（2010）「ウクライナにおける大学生の日本語学習動機」『日本語教育』147号, 82-96.

岡崎敏雄（2002）「学習言語能力をどう測るか―TOAMの開発：言語能力の生態学的見方―」国立国語研究所（編）『多言語環境にある子どもの言語能力の評価（日本語教育ブックレット1）』国立国語研究所, pp. 45-59.

岡村郁子（2017）「アメリカの補習授業校（インタビュー調査報告1）」『月刊海外子女教育』2017年11月 JOES発行〈https://ag-5.jp/archive/tamatebako〉（2018年7月20日）

岡村郁子（2018）「AG5だより―補習授業校の児童生徒対象「学習状況調査（子ども調査）」結果報告―」『月刊海外子女教育』2018年7月 JOES発行〈https://ag-5.jp/archive/tamatebako〉（2018年7月20日）

岡本夏木（1982）『子どもとことば』岩波書店

岡本夏木（1985）『ことばと発達』岩波書店

荻原千明（2018）「「日本人」って？　私のモヤモヤ　大坂選手の快挙で多用されるが…」『朝日新聞』9月24日朝刊31ページ

奥村三菜子（2010）「ドイツの日本語補習校幼児部における現状・実践・考察」『母語・継承語・バイリンガル教育（MHB）研究』第6号, 80-95.

奥村三菜子・櫻井直子・鈴木裕子（編）（2016）『日本語教師のためのCEFR』くろしお出版

桶谷仁美（2010）「バイリンガル育成を支える心理的・社会的・文化的要因」中島和子（編）『マル

チリンガル教育への招待―言語資源としての外国人・日本人年少者―』第9章，ひつじ書房，pp. 277-301.

落合知子（2012）「公立小学校における母語教室の存在意義に関する研究―神戸市ベトナム語母語教室の事例から―」『多言語・多文化―実践と研究―』第4号，100-120.〈http://www.tufs.ac.jp/blog/ts/g/cemmer_old/img/pdf/mlmc004006.pdf〉（2017年7月19日）

尾辻恵美（2016）「世界とつながる言語レパートリー」トムソン木下千尋（編）『人とつながり、世界とつながる日本語教育』第3章，くろしお出版，pp. 44-65.

海外子女教育振興財団（n.d.）「在外教育施設とは」〈https://www.joes.or.jp/zaigai/detail〉（2018年8月10日）

外務省（2018）「諸外国・地域の学校情報、北米の国・地域別都市一覧」〈https://www.mofa.go.jp/mofaj/toko/world_school/03n_america/index03.html〉（2018年8月10日）

外務省領事局政策課（2017）「海外在留邦人数調査統計　平成30年要約版」〈https://www.mofa.go.jp/mofaj/files/000368753.pdf〉（2018年7月30日）

片岡裕子・越山泰子・柴田節枝（2005）「アメリカにおける補習校の児童・生徒の日本語力及び英語力の習得状況」『国際教育評論』第2号，1-19.

片岡裕子・越山泰子・柴田節枝（2008）「アメリカの補習授業校で学ぶ子どもたちの英語と日本語の力」佐藤郡衛・片岡裕子（編）『アメリカで育つ日本の子どもたち―バイリンガルの光と影―』第6章，明石書店，pp. 117-142.

片岡裕子・柴田節枝（2011）「国際結婚の子ども達の日本語力と家庭言後―風説からの脱却と可能性に向けて―」*JHL Journal: Japanese Heritage Language Education, 4,* 1-40.〈https://www.aatj.org/sites/default/files/uploads/JHLJournalVol04_0.pdf〉（2017年8月25日）

片岡裕子・ダグラス昌子（2016）「家族と世代をつなぐ継承語教育」トムソン木下千尋（編）『人とつながり、世界とつながる日本語教育』第8章，くろしお出版，pp. 149-170.

勝部和花子・札谷緑・松尾馨・三輪聖（2017）「ドイツ発〈チーム・もっとつなぐ〉のこども Can Do ポートフォリオ制作プロジェクト―複文化・複言語キッズの「できること」を家庭で、親子で、記録しよう！―」〈http://www.nkg.or.jp/wp/wp-content/uploads/2017/06/sekai-germany0606.pdf〉（2018年12月16日）

カナダ日本語教育振興会（2000）『子どもの会話力の見方と評価―バイリンガル会話テスト（OBC）の開発―』カナダ日本語教育振興会

金丸巧（2015）「外国につながる子どもの適応を捉える支援者の「見方」が生まれた過程」『早稲田日本語教育学』17号，87-105.

カミンズ，ジム（2006）「Language diversity in schools: Helping all students to succeed academically（学校における言語の多様性―すべての児童生徒が学校で成功するための支援―）」（中島和子・湯川笑子訳），母語・継承語・バイリンガル教育（MHB）学会第9回研究集会「続・ダブルリミテッド／一時的セミリンガル現象を考える―ジム・カミンズ教授に訊く―」講演資料，名古屋外国語大学〈http://mhb.jp/archives/28〉（2018年12月1日）

カミンズ，ジム（2011）『言語マイノリティを支える教育』（中島和子訳著）慶應義塾大学出版会

川上郁雄（2005）「日本語を母語としない子どもたちと」『遠近』第6号，52-55.

川上郁雄（2006）「年少者日本語教育実践の観点―「個別化」「文脈化」「統合化」―」『「移動する子どもたち」と日本語教育―日本語を母語としない子どもへのことばの教育を考える―』第2

章，明石書店，pp. 23-37.
川上郁雄（2009a）「主体性の日本語教育を考える」川上郁雄（編）『「移動する子どもたち」の考える力とリテラシー—主体性の年少者日本語教育学—』第1章，明石書店，pp. 12-37.
川上郁雄（2009b）「動態性の年少者日本語教育とは何か」川上郁雄（編）『海の向こうの「移動する子どもたち」と日本語教育—動態性の年少者日本語教育学—』第1章，明石書店，pp. 16-39.
川上郁雄（編）（2010）『私も「移動する子ども」だった—異なる言語の間で育った子どもたちのライフストーリー—』くろしお出版
川上郁雄（2011）『「移動する子どもたち」のことばの教育学』くろしお出版
川上郁雄（2013）「「移動する子ども」学へ向けた視座—移民の子どもはどのように語られてきたか—」川上郁雄（編）『「移動する子ども」という記憶と力—ことばとアイデンティティ—』序章，くろしお出版，pp. 1-42.
川上郁雄（2015）「複言語で育つ大学生のことばとアイデンティティを考える授業実践」『早稲田日本語教育実践研究』第3号，33-42.〈https://core.ac.uk/download/pdf/46893710.pdf〉（2017月12月15日）
川上郁雄（2017）「公共日本語教育学の地平」川上郁雄（編）『公共日本語教育学—社会をつくる日本語教育』第12章，くろしお出版，pp. 235-247.
川上郁雄（2018）「「移動する子ども」からモバイル・ライブズを考える」川上郁雄・三宅和子・岩﨑典子（編）『移動とことば』第11章，くろしお出版，pp. 245-271.
川上郁雄（編）（2013）『「移動する子ども」という記憶と力—ことばとアイデンティティ—』くろしお出版
川上郁雄・尾関史・太田裕子（2014）『日本語を学ぶ／複言語で育つ—子どものことばを考えるワークブック—』くろしお出版
川上郁雄・三宅和子・岩﨑典子（編）（2018）『移動とことば』くろしお出版
川上麻理（2016）「スキャフォールディングのあり方に関する一考察—自己評価・ピア評価を取り入れた日本語ライティング授業の実践を通して—」『成蹊大学一般研究報告』第50巻，1-16.〈http://repository.seikei.ac.jp/dspace/handle/10928/1065〉（2018年9月2日）
河原俊昭・山本忠行・野山広（編）（2010）『日本語が話せないお友達を迎えて—国際化する教育現場からのQ＆A—』くろしお出版
岸本俊子（2008）「二言語を学ぶ子どもの母親教育—会話力調査と読書力調査を通して—」佐藤郡衛・片岡裕子（編）『アメリカで育つ日本の子どもたち—バイリンガルの光と影—』第7章，明石書店，pp. 143-170.
北山夏季（2012）「公立学校におけるベトナム語母語教室設置の意義について—保護者の取り込みと児童への影響—」『人間環境学研究』10巻1号，17-24.
清田淳子（2014）「国内のCLD児への言語教育（母語・継承語・バイリンガル教育（MHB）研究の軌跡と展望Ⅳ）」『母語・継承語・バイリンガル教育（MHB）研究』第10号，25-31.
清田淳子・朱桂栄（2005）「両言語リテラシー獲得をどう支援するか—第一言語の力が不十分な子どもの場合—」『母語・継承語・バイリンガル教育（MHB）研究』第1号，44-66.
久保田竜子（2015a）『グローバル社会と言語教育—クリティカルな視点から—』くろしお出版
久保田竜子（2015b）「アジアにおける日系企業駐在員の言語選択—英語能力至上主義への疑問—」

『ことばと社会』17, 81-106.
久保田竜子（2018）『英語教育幻想』筑摩書房
倉田尚美（2012）「メルボルンの大学における継承日本語学習者のニーズ分析とコース開発」『母語・継承語・バイリンガル教育（MHB）研究』第8号, 57-76.
栗原祐司・森真佐子（2006）『海外で育つ子どもの心理と教育―異文化適応と発達の支援―』金子書房
厚生労働省（2015）「平成27年度中国残留邦人など実態調査結果の概要」〈https://www.mhlw.go.jp/toukei/list/dl/101029-04_kekka.pdf〉（2018年8月1日）
厚生労働省（2017）「平成28年度人口動態統計特殊報告、婚姻に関する統計」〈http://www.mhlw.go.jp/toukei/saikin/hw/jinkou/tokusyu/konin16/index.html〉（2018年8月10日）
河野理恵（2000）「作文教育としての「ジャーナル・アプローチ」の意義」『一橋大学留学センター紀要』第3号, 59-68.〈http://hdl.handle.net/10086/8599〉（2010年5月1日）
国府田晶子（2009）「絵本と対話による「読み書き能力」の育成―JSL教育を必要とする『定住型児童』を対象に―」川上郁雄（編）『「移動する子どもたち」の考える力とリテラシー―主体性の年少者日本語教育学―』第6章, 明石書店, pp. 133-153.
KOBE外国人支援ネットワーク（編）（2001）『日系南米人の子どもの母語教育』神戸定住外国人支援センター
神戸市立神陵台小学校（2012）「児童数と推移」〈http://jp.jnocnews. jp/news/show.aspx?id=54803〉（2018年8月1日）
国際交流基金（2010）「JF日本語教育スタンダード」〈https://jfstandard.jp〉（2018年9月14日）
国際交流基金（2012）「日本語教育機関検索」〈https://jpsurvey.net/jfsearch/do/index〉（2018年9月20日）
国際交流基金（2017a）「日本語教育　国・地域別情報　米国」〈https://www.jpf.go.jp/j/project/japanese/survey/area/country/2017/usa.html〉（2018年8月10日）
国際交流基金（2017b）「JF日本語教育スタンダード　［新版］利用者のためのガイドブック」〈https://jfstandard.jp/pdf/web_whole.pdf〉（2018年12月02日）
国際交流基金（2018）「JF日本語教育スタンダード準拠ロールプレイテスト」〈http://jfstandard.jp/roleplay/ja/render.do〉（2018年8月25日）
国際交流基金パリ日本文化会館（編）（2011）『ヨーロッパの日本語教育の現状―CEFRに基づいた日本語教育実践とJF日本語教育スタンダード活用の可能性―』〈https://drive.google.com/file/d/0B9zO3tOXa08UbThvT0lOSnRnb3c/view〉（2018年9月17日）
コスト, D.・ムーア, D.・ザラト, G.（2011）「複言語複文化能力とは何か」（姫田麻利子訳）『大東文化大学紀要人文科学編』第49号, 249-268.
小玉容子（2005）「幼児・児童向け英語教育の教材研究と実践―短期大学生徒とともに―」『島根女子短期大学紀要』第43号, 39-49.
小間井麗（2013）「日本とフランスを「移動する子ども」だったことの意味」川上郁雄（編）『「移動する子ども」という記憶と力―ことばとアイデンティティ―』第4章, くろしお出版, pp. 94-118.
近田由紀子（2017）「アメリカの補習授業校（インタビュー調査報告2）」『月刊海外子女教育』2017年12月JOES発行〈https://ag-5.jp/archive/tamatebako〉（2018年7月20日）

近藤ブラウン妃美（2012）『日本語教師のための評価入門』くろしお出版

近藤ブラウン妃美（2013）「日本語評価のためのタスク型アチーブメントテスト」『第二言語としての日本語の習得研究』第 16 号，56-73.

近藤美香（2017）「児童 T の継承ベトナム語学習の軌跡―ベトナムにルーツを持つ子どものための継承語学習カリキュラム考案に向けて―」『母語・継承語・バイリンガル教育（MHB）研究』第 13 号，113-131.

齋藤ひろみ（2005）「日本国内の母語・継承語教育の現状と課題―地域及び学校における活動を中心に―」『母語・継承語・バイリンガル教育（MHB）研究』第 1 号，25-43.〈https://ir.library.osaka-u.ac.jp/repo/ouka/all/25011/mhb_01_025.pdf〉（2017 年 5 月 1 日）

齋藤ひろみ（編）（2011）『外国人児童生徒のための支援ガイドブック―子どもたちのライフコースによりそって―』凡人社

坂本光代（2009）「カナダの多文化・多言語環境で育つ―一日本人移住者の回想録―」『カナダ教育研究会』7 号，7-15.

坂本光代（2011）「カナダにおける外国籍児童生徒の就学への対応―在トロント日系新移住者を事例として―」江原裕美（編）『国際移動と教育―東アジアと欧米諸国の国際移民をめぐる現状と課題―』第 3 部第 3 章，明石書店，pp. 302-318.

坂本光代（2016）「日系ブラジル人コミュニティにおけるスーパーダイバーシティ―ニューカマー・オールドカマーの日本文化・日本語保持―」本田弘之・松田真希子（編）『複言語・複文化時代の日本語教育―わたしたちのことばとは？―』凡人社，pp. 163-181.

坂本光代・松原モラレス礼子（2014）「ブラジルでバイリンガルを育てる―日本人＆日系人のケーススタディ―」*Sophia Linguistica*, 62, 45-67.

坂本光代・宮崎幸江（2014）「日本に住む多文化家庭のバイリンガリズム」宮崎幸江（編）『日本に住む多文化の子どもと教育―ことばと文化のはざまで生きる―』上智大学出版会，pp. 17-46.

櫻井千穂（2010）「母語保持の重要性―母語教室での取り組みを通して―」『AJALT』No. 33, 25-28.

櫻井千穂（2018）『外国にルーツをもつ子どものバイリンガル読書力』大阪大学出版会

佐藤郡衛（1997）『海外・帰国子女教育の再構築―異文化間教育学の視点から―』玉川大学出版部

佐藤郡衛（2008a）「海外で育つ子どもの教育」佐藤郡衛・片岡裕子（編）『アメリカで育つ日本の子どもたち―バイリンガルの光と影―』第 1 章，明石書店，pp. 12-27.

佐藤郡衛（2008b）「「第三の文化」をもつ子どもの育成に向けて」佐藤郡衛・片岡裕子（編）『アメリカで育つ日本の子どもたち―バイリンガルの光と影―』第 10 章，明石書店，pp. 218-228.

佐藤純子・根来良江・村中雅子（2010）「フランスにおける継承日本語教育の実態調査」『第 11 回フランス日本語教育シンポジウム予稿集』，90-98.〈http://aejf.asso.fr/archives/307?lang=ja〉（2017 年 12 月 24 日）

佐藤慎司・熊谷由理（2010）「アセスメントの歴史と最近の動向―社会文化的アプローチの視点を取り入れたアセスメント―」佐藤慎司・熊谷由理（編）『アセスメントと日本語教育―新しい評価の理論と実践』第 1 章，くろしお出版，pp. 1-18.

柴田義松（2006）『ヴィゴツキー入門』子どもの未来社

柴山真琴・高橋登・池上摩希子・ビアルケ千咲（2017）「ドイツ居住のバイリンガル小学生の日本語作文力―日本語補習授業校通学児の 2 年間の縦断的調査に基づいて―」『人間生活文化研究』

第 27 号，682-696.〈http://journal.otsuma.ac.jp/2017no27/2017_682.pdf〉（2018 年 1 月 30 日）
渋谷謙次郎（編）（2005）『欧州諸国の言語法―欧州統合と多言語主義―』三元社
渋谷真樹（2017）「アメリカの補習授業校アンケートから見えてきたこと」『月刊海外子女教育』2017 年 7 月 JOES 発行〈http://www.joes.or.jp/cms/joes/pdf/publish/kikanshi/201707/1919_free.pdf〉（2018 年 9 月 15 日）
渋谷真樹（2018）「AG5 だより：校長調査に基づいた補習授業校プログラム開発の方向性―グローバル社会の次世代を育てるフロンティア―」『月刊海外子女教育』2018 年 5 月 JOES 発行〈https://ag-5.jp/archive/tamatebako〉（2018 年 7 月 20 日）
志水宏吉・中島智子・鍛冶致（編）（2014）『日本の外国人学校―トランスナショナリティをめぐる教育政策の課題―』明石書店
朱暁淑（2003）「日本語を母語としない児童の母語力と家庭における母語保持―公立小学校に通う韓国人児童を中心に―」『言語文化と日本語教育』第 26 号，14-26.
許晴（2018）「中国における日本語専攻学習者の専攻の振り分けによる動機減退要因の比較」『日本語教育』169 号，46-61.
庄司博史（2017）「移民の母語教育の現状と課題」平高史也・木村護郎クリストフ（編）『多言語主義社会に向けて』第 8 章，くろしお出版，pp. 104-116.
神道美映子（2004）「公立学校における中国渡日児童生徒の母語保持のための中国語教育」『中国語教育』2 号，117-134.
菅長理恵・高橋登・真嶋潤子・櫻井千穂・小山幾子・石井恵理子・伊東祐郎・小林幸江・中島和子（2018）「DLA のダイナミック・アセスメントとしての可能性―アセスを通じて教師力を伸ばす―」『2018 年度日本語教育学会春季大会発表予稿集』，50-59.
鈴木一代（2004）「国際児の文化的アイデンティティ形成をめぐる研究の課題」『埼玉学園大学紀要（人間学部篇）』第 4 号，15-24.〈http://id.nii.ac.jp/1354/00000970〉（2018 年 9 月 13 日）
鈴木克明（編）（2002）『教材設計マニュアル―独学を支援するために―』北大路書房
関正昭・平高史也（編）（2013）『テストを作る（日本語教育叢書「つくる」）』スリーエーネットワーク
宋貞憙・黄淵熙（2012）「仙台に居住する韓国人児童の継承語支援教育―土曜教室での実践から―」『韓国語教育研究』第 2 号，122-136.
田浦秀幸（2018）「継承語教育への translanguaging 導入―海外土曜校でのケーススタディー―」『立命館言語文化研究』30 巻 2 号，71-90.
高橋朋子（2007）「ダブルリミテッドの子どもたちの言語能力を考える―日本生まれの中国帰国者三世・四世の教育問題―」『母語・継承語・バイリンガル教育（MHB）研究』第 3 号，27-49.
高橋朋子（2008）「日本生まれのニューカマーの子どもたちへの継承語教育について考える」『多文化社会と留学生交流：大阪大学留学生センター研究論集』12 号，61-74.〈https://ir.library.osaka-u.ac.jp/repo/ouka/all/50687/MESE_12_061.pdf〉（2018 年 12 月 16 日）
高橋朋子（2009）『中国帰国者三世四世の学校エスノグラフィー―母語教育から継承語教育へ―』生活書院
高橋朋子（2011）「門真市立砂子小学校の取り組み―中国にルーツを持つ子どもたちのために―」『月刊みんぱく』35 巻 5 号，18-19.
高橋朋子（2012）「母語教育の意義と課題　学校と地域―2 つの中国語教室の事例から―」『ことば

と社会―リテラシー再考―』14巻, 320-330.

高橋朋子（2015）「日本の母語教育の現状と課題」*2015 CAJLE Annual Conference Proceedings*, 330-339.〈http://www.jp.cajle.info/wp-content/uploads/2015/09/36_Takahashi_CAJLE2015Proceedings_330-339.pdf〉（2018年12月16日）

ダグラス昌子（2017）「インフォグラフィックを使って読みの内容をまとめる学習活動例（日本の歴史　JAPN 451 CSULB）」〈https://kanjino1.wixsite.com/foodhistory〉（2018年7月28日）

ダグラス昌子・知念聖美・片岡裕子（2013）「日本語イマージョンプログラムに在籍するJHL児童の物語産出力と言語力の発達について」In K. Kondo-Brown, Y. Saito-Abbot, S. Satsutani, M. Tsutsui & A. Wehmeyer (Eds.), *New perspectives on Japanese language learning, linguistics, and culture* (pp. 1-26). Honolulu, HI: National Foreign Language Resource Center.

タン，ティミビン（2017）「日本の公立小学校における母語・継承語としてのベトナム語教育の実態―ベトナム人集住地域の事例から―」『宇都宮大学国際学部研究論集』第44号, 97-117.

知念聖美（2008）「二言語で育つ子どものアイデンティティ」佐藤郡衛・片岡裕子（編）『アメリカで育つ日本の子どもたち』第8章, 明石書店, pp. 172-190.

チモシェンコ，ナターリア（2016）「複言語環境で育つ年少者の言語能力の育成に対するロシア語教師の意識―日本語とロシア語のルーツを持つ子ども教育を基に―」『お茶の水女子大学子ども学研究紀要』第4号, 21-31.〈http://hdl.handle.net/10083/00034008〉（2017年7月18日）

張勇（2013）「日本語学習者の異文化態度に関する意識調査―日本語専攻の中国人大学生を対象に―」『日本語教育』154号, 100-114.

寺沢拓敬（2015）『「日本人と英語」の社会学―なぜ英語教育論は誤解だらけなのか―』研究社

田慧昕・櫻井千穂（2017）「日本の公立学校における継承中国語教育」『母語・継承語・バイリンガル教育（MHB）研究』第13号, 132-155.

トムソン木下千尋（2008）「海外の日本語教育の現場における評価―自己評価の活用と学習者主導型評価の提案―」『日本語教育』136号, 27-37.

トムソン木下千尋（2013）「「移動する子ども」が特別ではない場所―オーストラリアで日本語を学ぶ大学生の複言語と自己イメージ」川上郁雄（編）『「移動する子ども」という記憶と力―ことばとアイデンティティ―』第6章, くろしお出版, pp. 144-165.

トムソン木下千尋（2017）『外国語学習の実践コミュニティ―参加する学びを作るしかけ―』ココ出版

仲潔（2012）「〈コミュニケーション能力の育成〉の前提を問う―強いられる〈積極性／自発性〉―」『社会言語学』XII, 1-19.

仲潔（2017）「期待はずれの学習指導要領」藤原康弘・仲潔・寺沢拓敬（編）『これからの英語教育の話をしよう』ひつじ書房, pp. 101-136.

長沢房枝（1995）「L1, L2, バイリンガルの日本語文法能力」『日本語教育』86号, 173-185.

中島和子（1999）『言葉と教育―海外で子どもを育てている保護者のみなさまへ―』財団法人海外子女教育振興財団

中島和子（2001）『バイリンガル教育の方法―12歳までに親と教師ができること―［増補改訂版］』アルク

中島和子（2003a）「継承日本語学習者の漢字習得と国語教科書」『桜美林シナジー』創刊号, 1-21.

中島和子（2003b）「JHLの枠組みと課題―JSL/JFLとどう違うか―」『母語・継承語・バイリンガ

ル教育（MHB）研究』プレ創刊号，1-15.
中島和子（2005）「ポルトガル語を母語とする国内小・中学生のバイリンガル会話力の習得」鎌田修・筒井通雄・畑佐由紀子・ナズキアン富美子・岡まゆみ（編）『言語教育の新展開―牧野成一教授古稀記念論集―』第4章，ひつじ書房，pp. 399-424.
中島和子（2016）『バイリンガル教育の方法―12歳までに親と教師ができること―［完全改訂版］』アルク
中島和子（2017）「継承語ベースのマルチリタラシー教育―米国・カナダ・EUのこれまでの歩みと日本の現状―」『母語・継承語・バイリンガル教育（MHB）研究』第13号，1-32.
中島和子（編）（2010）『マルチリンガル教育への招待―言語資源としての外国人・日本人年少者―』ひつじ書房
中島和子・桶谷仁美・鈴木美知子（1994）「年少者のための会話力テスト開発」『日本語教育』83号，40-58.
中島和子・櫻井千穂（2012）「対話型読書力調査」JSPS科学研究費基盤研究（B）21320096（代表・中島和子）
中島和子・佐野愛子（2016）「多言語環境で育つ年少者のバイリンガル作文力の分析―プレライティングと文章の構成を中心に―」『日本語教育』164号，17-32.
中島和子・鈴木美知子（編）（1997）『継承語としての日本語教育―カナダの経験を踏まえて―』カナダ日本語教育振興会〈http://www.cajle.info/publications/other-publications/〉（2017年1月13日）
中野友子（2017）「多様性に対応したブルックリン日本語学園での継承語教育の実践」『母語・継承語・バイリンガル教育（MHB）研究』第13号，33-61.
滑川恵理子（2010）「母語による国語の学習を親子で実践する―「わたしの文化」を生かして―」『多言語多文化―実践と研究―』第3号，126-149.〈http://www.tufs.ac.jp/blog/ts/g/cemmer_old/img/pdf/mlmc003007_full.pdf〉（2017年9月10日）
西川朋美（2011）「在日ベトナム系児童の継承語としてのベトナム語能力」『母語・継承語・バイリンガル教育（MHB）研究』第7号，46-65.
西川朋美（2012）「JSLの子どもを支える教員の養成―日本語教育分野からの貢献―」『横浜国大国語研究』第30号，1-13.
日本教材文化研究財団（1999）「生きる力が育つ漢字の学習―小学校学年別配当漢字の習得状況に関する調査研究―」〈http://www.jfecr.or.jp/publication/pub-data/kanji/index.html〉（2018年12月16日）
日本語教育学会（編）（2005）『日本語教育事典［新版］』大修館書店
日本語教育学会（2018）『外国人児童生徒等教育を担う教員の養成・研修モデルプログラム開発事業―報告書―』〈http://www.nkg.or.jp/pdf/2017momopro_hokoku.pdf〉（2018年9月7日）
根本牧・屋代瑛子（2001）『ひろこさんのたのしいにほんご〈1〉』凡人社
野津隆志・乾美紀・杉野竜美（2014）「外国にルーツを持つ家庭における母語使用の実態と課題―保護者に対する調査より―」『国際教育評論』No. 11, 34-52.
畑正夫（2001）「母語学習支援についての一考察―政策立案過程からみた課題と対応方向―」KOBE外国人支援ネットワーク（編）『日系南米人の子どもの母語教育』，神戸定住外国人支援センター，pp. 63-72.

初田真理恵（2015）「国際結婚家庭の言語コミュニケーション―親子の意志疎通における問題―」『英米文學英語學論集』第 4 号，136-155.〈https://kuir.jm.kansai-u.ac.jp/dspace/handle/10112/10144〉（2017 年 12 月 24 日）

服部美貴（2015）『台湾に生まれ育つ台日国際児のバイリンガリズム』國立臺灣大學出版中心

バトラー後藤裕子（2003）『多言語社会の言語文化教育―英語を第二言語とする子どもへのアメリカ人教師たちの取り組み―』くろしお出版

バトラー後藤裕子（2011）『学習言語とは何か―教科学習に必要な言語能力―』三省堂

東川（三田）祥子（2009）「「定住型児童」に対する日本語教育―「書く力」の育成から「学習言語」の育成を考える―」川上郁雄（編）『「移動する子どもたち」の考える力とリテラシー――主体性の年少者日本語教育学―』第 5 章，明石書店，pp. 108-132.

樋口万喜子（編）（2010）『JSL 中学高校生のための教科につなげる学習語彙・漢字ドリル［中国語版］』ココ出版

ヒューズ，アーサー（2003）『英語のテストはこう作る』（静哲夫訳）研究社

ひょうご日本語教師連絡会議 子どもの日本語研究会（2002）『こどものにほんご〈1〉―外国人の子どものための日本語―』（西原鈴子監修，兵庫県国際交流協会協力）スリーエーネットワーク

平高史也・木村護郎クリストフ（編）（2017）『多言語主義社会に向けて』くろしお出版

フォード丹羽順子・小林典子・山元啓史（1994）「日本語能力簡易試験（SPOT）における音声テープの役割における研究」『日本語教育方法研究会誌』1 巻 3 号，18-19.〈https://www.jstage.jst.go.jp/article/jlem/1/3/1_KJ00008196378/_article〉（2018 年 7 月 28 日）

深澤伸子（2013）「複言語・複文化の子どもの成長を支える教育実践―親が創るタイの活動事例から―」川上郁雄（編）『「移動する子ども」という記憶と力―ことばとアイデンティティ―』第 16 章，くろしお出版，pp. 347-372.

深澤伸子・池上摩希子（2018）「タイにおける複言語・複文化ワークショップの実践―「自分を語り他者と体験を共有する場」を作り，繋げていく意義―」『ジャーナル「移動する子どもたち」―ことばの教育を創発する』9, 1-18.〈http://gsjal.jp/childforum/journal_09.html〉（2018 年 12 月 16 日）

福岡昌子（2011）「外国籍児童のための母語保持教室の実践―日本と母国を結ぶ国際的人材の育成をめざして―」『三重大学国際交流センター紀要』第 6 号，127-139.

福島青史（2011a）「社会参加のための日本語教育とその課題―EDC、CEFR、日本語能力試験の比較検討から―」『早稲田大学日本語教育学』第 10 号，1-19.

福島青史（2011b）「『共に生きる』社会のための言語教育―欧州評議会の活動を例として―」『WEB 版リテラシーズ』8, 1-8.〈http://literacies.9640.jp/dat/litera08-1.pdf〉（2018 年 9 月 17 日）

藤生始子（2005）「バイリンガル児童の文化的アイデンティティ―親の文化的態度との関わり―」『福岡女学院大学紀要人文学部編』第 15 号，83-120.〈http://repository.fukujo.ac.jp/〉（2017 年 12 月 24 日）

ブラウン，ジェームス・ディーン（1999）『言語テストの基礎知識―正しい問題作成・評価のために―』（和田稔訳）大修館書店

文化審議会国語分科会（2012）「「生活者としての外国人」に対する日本語教育における日本語能力評価について」〈http://www.bunka.go.jp/seisaku/kokugo_nihongo/kyoiku/nihongo_curriculum/pdf/nouryoku_hyouka_ver2.pdf〉（2018 年 8 月 26 日）

ベーカー，コリン（1996）『バイリンガル教育と第二言語習得』(岡秀夫訳) 大修館書店
細川英雄・西山教行（編）（2010）『複言語・複文化主義とは何か―ヨーロッパの理念・状況から日本における受容・文脈化へ―』くろしお出版
ポロック，デイビッド・C.・リーケン，ルース＝ヴァン（2010）『サードカルチャーキッズ―多文化の中で生きる子どもたち―』(嘉納もも・日部八重子訳) スリーエーネットワーク
本城孝子（2010）「フランス国際結婚カップルにおける日本語継承に CECR は応用できるか」『*Revue Japonaise de Didactique du Français*』5巻1号，167-181．〈https://www.jstage.jst.go.jp/article/rjdf/5/1/5_KJ00009937114/_pdf/-char/ja〉（2017年12月23日）
本田弘之（2016）「おわりに」吉岡英幸・本田弘之（編）『日本語教材研究の視点―新しい教材研究論の確立をめざして―』くろしお出版，pp. 227-228.
真嶋潤子（2013）「外国につながる子どもたちの受け入れと母語教育」(平成25年度母語教育支援研修会講演記録)〈http://www.hyogo-ip.or.jp/pdf/usr/default/mqE-g-Ud5Db-2.pdf〉（2017年12月23日）
真嶋潤子（編）（2019）『母語をなくさない日本語教育は可能か―定住二世児の二言語能力―』大阪大学出版会
松尾慎（2013）「母語教室とエンパワーメント―太田市におけるブラジル人住民と大学生の協働実践―」『日本語教育』155号，35-49.
松田陽子・野津隆志・落合知子（編）（2017）『多文化児童の未来をひらく―国内外の母語教育支援の現場から―』学術研究出版
松原好次（編）（2010）『消滅の危機にあるハワイ語の復権をめざして―先住民族による言語と文化の再活性化運動―』明石書店
松本一子（2005）「日本国内の母語・継承語教育の現状―マイノリティ自身による実践―」『母語・継承語・バイリンガル教育（MHB）研究』第1号，96-106.
丸井ふみ子（2012）「アイデンティティ研究の動向―異文化接触・言語との関係を中心に―」『言語・地域文化研究』第18号，193-209.〈http://repository.tufs.ac.jp/bitstream/10108/72874/2/lacs018013.pdf〉（2018年7月3日）
光元聰江・岡本淑明（2016）『外国人・特別支援 児童・生徒を教えるためのリライト教材』ふくろう出版
南保輔（2000）『海外帰国子女のアイデンティティ―生活経験と通文化的人間形成―』東信堂
宮崎幸江（編）（2016）『日本に住む多文化の子どもと教育―ことばと文化のはざまで生きる―［増補版］』上智大学出版
宮崎里司・杉野俊子（編）（2017）『グローバル化と言語政策―サスティナブルな共生社会・言語教育の構築に向けて―』明石書店
三輪聖・奥村三菜子・札谷緑・松尾馨（2016）「親子のための『子ども Can Do ポートフォリオ』の開発―複言語・複文化主義の観点から子どもの力を捉える―」『母語・継承語・バイリンガル教育（MHB）研究会 2016 年度研究大会予稿集』，68-69.
村上京子（2013）「ポートフォリオ」関正昭・平高史他（編）『テストを作る（日本語教育叢書「つくる」）』付章第3節，スリーエーネットワーク，pp. 230-241.
ムラモト，エリカ，マリア・カルステン，アンジェラ・中島有季子（2018）「日本における継承語と第2言語習得の関連性」『群馬大学社会情報学部研究論集』第25巻，191-198.

望月貴子・野村和之・西村友紀・森山（河口）潤子（2012）「香港における日本語継承のダイナミクス―「個々の取り組み」の知識化を目指して―」『第9回国際日本語教育・日本研究シンポジウム 予稿集』〈http://www.japanese-edu.org.hk/sympo/schedule/search.php?searchid=120194〉（2017年12月23日）

森沢小百合（2006）「JSL児童の「読む」力と「自己有能感」の育成を目指した日本語教育支援」川上郁雄（編）『「移動する子どもたち」と日本語教育―日本語を母語としない子どもへのことばの教育を考える―』第5章，明石書店，pp. 75-99．

茂呂雄二・田島充士・城間祥子（編）（2011）『社会と文化の心理学―ヴィゴツキーに学ぶ―』世界思想社

文部科学省（2003）「補習授業校教師のためのワンポイントアドバイス集」〈http://www.mext.go.jp/a_menu/shotou/clarinet/002/003/002.htm〉（2017年11月30日）

文部科学省（2014）『外国人児童生徒のためのJSL対話型アセスメントDLA』〈http://www.mext.go.jp/a_menu/shotou/clarinet/003/1345413.htm〉（2018年9月28日）

文部科学省（2016）「世界で学ぶ日本の子どもたち―我が国に海外子女教育の現状―［平成28年度版］」〈http://www.mext.go.jp/a_menu/shotou/clarinet/002/001.htm〉（2017年12月20日）

文部科学省（2017a）「「日本語指導が必要な児童生徒の受入状況等に関する調査」（平成28年度）の結果について」〈http://www.mext.go.jp/b_menu/houdou/29/06/__icsFiles/afieldfile/2017/06/21/1386753.pdf〉（2017年12月20日）

文部科学省（2017b）「平成29年度外国人留学生在籍状況調査結果」〈https://www.jasso.go.jp/about/statistics/intl_student_e/2017/__icsFiles/afieldfile/2018/02/23/data17.pdf〉（2018年8月11日）

安田敏朗（1999）『「国語」と「方言」のあいだ―言語構築の政治学―』人文書院

柳瀬千恵美（2017）「中国における継承日本語学習者の漢字習得―同根語による言語間転移に着目して―」『母語・継承語・バイリンガル教育（MHB）研究』第13号，70-91．

柳瀬千恵美（2018）「北京在住日中国際結婚家庭の言語使用に関する一考察―家庭言語政策の枠組みを用いて―」*Studies in Language Sciences: Journal of the Japanese Society for Language Sciences, 16 & 17*, 44-65．

藪本容子（2006）「「定住型児童」の対話と協働学習による「読む力」の育成―「イメージ化」を取り入れたピア・リーディングの実践をもとに―」川上郁雄（編）『「移動する子どもたち」と日本語教育―日本語を母語としない子どもへのことばの教育を考える―』第4章，明石書店，pp. 54-74．

山内薫（2017）「生涯学習の視点に基づく日本語学習ポートフォリオ作成活動―グローバル化社会における日本語学習環境の構築―」『日本語教育実践研究』第5号，111-121．〈http://www2.rikkyo.ac.jp/web/i7nobuko/20172/9%20yamauchi.pdf〉（2018年8月26日）

山口悠希子（2013）「補習授業校における漢字指導のケース・スタディ―漢字指導ストラテジーに注目して―」『日本学刊』第16号，57-74．〈https://www.japanese-edu.org.hk/jp/publish/gakkan/pdf/hkgk01604.pdf〉（2017年9月10日）

山下清海（2007）「第二次世界大戦後における東京在留中国人の人口変化」『人文地理学研究』31，97-113．

山田剛（2014）「補習授業校の「現実」に即した指導と計画のあり方」『在外教育施設における指導

実践記録集』第37集, 19-22.〈http://crie.u-gakugei.ac.jp/report/37/〉(2017年11月30日)
山本絵美・上野淳子・米良好恵 (2018)『おひさま［はじめのいっぽ］―子どものための日本語―』(くろしお出版編) くろしお出版
山脇啓造・横浜市立いちょう小学校 (編) (2005)『多文化共生の学校づくり―横浜市立いちょう小学校の挑戦―』明石書店
楊孟勲 (2011)「台湾における日本語学習者の動機づけと継続ストラテジー―日本語主専攻・非専攻学習者の比較―」『日本語教育』150号, 116-130.
ヨーロッパ日本語教師会 (2016)『AJE-CEFRプロジェクト報告書』〈https://www.eaje.eu/ja/project-cefr-hokokusho〉(2018年9月17日)
ヨーロッパ日本語教師会・国際交流基金 (2005)『日本語教育国別事情調査―ヨーロッパにおける日本語教育とCommon European Framework of Reference for Languages―』〈https://www.jpf.go.jp/j/publish/japanese/euro/pdf/ceforfl.pdf〉(2018年9月17日)
横溝紳一郎 (2000)『日本語教師のためのアクション・リサーチ』凡人社
吉岡英幸 (2016)「はじめに」吉岡英幸・本田弘之 (編)『日本語教材研究の視点―新しい教材研究論の確立をめざして―』くろしお出版, pp. i-ii.
吉岡英幸・本田弘之 (編) (2016)『日本語教材研究の視点―新しい教材研究論の確立をめざして―』くろしお出版
劉蓉蓉 (2018)「中国在住日本人児童の日本語会話力と家庭言語環境」『日本語教育』170号, 17-31.
レイヴ, ジーン・ウェンガー, エティエンヌ (1993)『状況に埋め込まれた学習―正統的周辺参加―』(佐伯胖訳) 産業図書
ワタナベ・タナカ, ミワ・カタリナ (2011)「パラグアイの継承日本語教育に関する保護者、教師、学習者の意識―使用領域と教育目標を中心に―」『日本言語文化研究会論集』第7号, 167-194.〈http://www3.grips.ac.jp/~jlc/jlc/ronshu/2011/Miwa.pdf〉(2017年7月10日)
Aiko, M. (2017). Learning Japanese as a heritage language: The home school environment. *European Journal of Foreign Language Teaching, 2*(3), 103-129.
Anderson, B. (1983). *Imagined communities: Reflections on the origin and spread of nationalism*. London, England: Verso.
Appleby, R. (2018). Academic English and elite masculinities. *Journal of English for Academic Purposes, 32*(1), 42-52.
Babcock, L., & Vallesi, A. (2017). Are simultaneous interpreters expert bilinguals, unique bilinguals, or both? *Bilingualism: Language and Cognition, 20*(2), 403-417.
Bailey, K. (2006). Marketing the eikaiwa wonderland: Ideology, akogare, and gender alterity in English conversation school advertising in Japan. *Environment and Planning D: Society and Space, 24*(1), 105-130.
Baker, C. (2014). *A parents' and teachers' guide to bilingualism*. Bristol, England: Multilingual Matters.
Baker, C., & Wright, W. E. (2017). *Foundations of bilingual education and bilingualism* (6th ed.). Bristol, England: Multilingual Matters.
Barac, R., Bialystok, E., Castro, D. C., & Sanchez, M. (2014). The cognitive development of young

dual language learners: A critical review. *Early Child Research Quarterly, 29*(4), 699-714.

Beaudrie, S. M. (2012). Research on university-based Spanish heritage language programs in the United States: The current state of affairs. In S. M. Beaudrie & M. Fairclough (Eds.), *Spanish as a heritage language in the United States: The state of the field* (pp. 203-221). Washington, DC: Georgetown University Press.

Beaudrie, S., & Ducar, C. (2005). Beginning level university heritage programs: Creating a space for all heritage language learners. *Heritage Language Journal, 3*(1), 1-26.

Beaudrie, S., Ducar, C., & Potowski, K. (2014). *Heritage language teaching: Research and practice.* New York, NY: McGraw Hill.

Bhatia, T. K., & Ritchie, W. C. (2014). *The handbook of bilingualism and multilingualism.* Oxford, England: Blackwell Publishing.

Bialystok, E. (2001a). *Bilingualism in development: Language, literacy, & cognition.* Cambridge, England: Cambridge University Press.

Bialystok, E. (2001b). Metalinguistic aspects of bilingual processing. *Annual Review of Applied Linguistics, 21,* 169-181.

Bialystok, E. (2003). Cognitive complexity and attentional control in the bilingual mind. *Child Development, 70*(3), 636-644.

Bialystok, E. (2007). Acquisition of literacy in bilingual children: A framework for research. *Language Learning, 57* (Suppl. 1), 45-77.

Bialystok, E. (2017). The bilingual adaptation: How mind accommodate experience. *Psychological Bulletin, 143*(3), 233-262.

Bialystok, E., Craik, F. I. M., & Freedman, M. (2007). Bilingualism as a protection against the onset of symptoms of dementia. *Neuropsychologia, 45*(2), 459-464.

Bialystok, E., Craik, F. I. M., & Luk, G. (2012). Bilingualism: Consequences for mind and brain. *Trends in Cognitive Science, 16*(4), 240-250.

Bialystok, E., Luk, G., & Kwan, E. (2005). Bilingualism, biliteracy, and learning to read: Interactions among languages and writing systems. *Scientific Studies of Reading, 9*(1), 43-61.

Blackledge, A., & Creese, A. (2009). 'Because tumi Bangali': Inventing and disinventing the national in multilingual communities in the UK. *Ethnicities, 9*(4), 451-476.

Block, D. (2018). *Political economy and sociolinguistics: Neoliberalism, inequality and social class.* London, England: Bloomsbury.

Block, D., Gray, J., & Holborow, M. (2012). *Neoliberalism and applied linguistics.* Abingdon, England: Routledge.

Bowles, M. A. (2011). Exploring the role of modality: L2-heritage learner interactions in the Spanish language classroom. *Heritage Language Journal, 8*(1), 30-65.

Boyle, A., August, D., Tabaku, L., Cole, S., & Simpson-Baird, A. (2015). *Dual language education programs: Current state policies and practices.* Retrieved from https://www.air.org/sites/default/files/downloads/report/Dual-Language-Education-Programs-Current-State-Policies-April-2015.pdf

Braine, G. (Ed.). (1999). *Non-native educators in English language teaching.* Mahwah, NJ: Lawrence

Erlbaum.

Brinton, D. M., Kagan, O., & Bauckus, S. (Eds.). (2008). *Heritage language education: A new field emerging.* New York, NY: Routledge.

Brinton, D. M., Snow, M. A., & Wesche, M. B. (2008). *Content-based second language instruction.* Ann Arbor, MI: University of Michigan Press. (Original work published 1989).

Brown, J. D. (1996). *Testing in language programs.* Upper Saddle River, NJ: Prentice-Hall.

Brown, J. D., & Hudson, T. (1998). The alternatives in language assessment. *TESOL Quarterly, 32*(4), 653-675.

Brown, J. D., & Hudson, T. (2002). *Criterion-referenced language testing.* Cambridge, England: Cambridge University Press.

Brumfit, C. J., & Johnson, K. (1979). *The communicative approach to language teaching.* Oxford, England: Oxford University Press.

Bruner, J. (1983). *Child's talk.* New York, NY: Norton.

Buck Institute of Education. (2018). *Project based learning.* Retrieved from https://www.bie.org/about/what_pbl

Busch, B. (2012). The linguistic repertoire revisited. *Applied Linguistics, 33*(5), 503-523.

Butler, Y. G. (2018). *Teaching vocabulary to young second-and foreign-language learners: What we can learn from research. Language Teaching for Young Learners, 1*(1), 4-33.

Cabo, D. P. Y., & Rothman, J. (2012). The (Il)logical problem of heritage speaker bilingualism and imcomplete acquisition. *Applied Linguistics, 33*(4), 450-455.

Canagarajah, S. (2013). *Translingual practice: Global Englishes and cosmopolitan relations.* New York, NY: Routledge.

CARLA. (2018). CoBALLT Instructional Modules. Retrieved from http://carla.umn.edu/cobaltt/modules/strategies/gorganizers/EXAMPLE.HTML

Carreira, M. (2016). A general framework and supporting strategies for teaching mixed classes. In D. P. Y. Cabo (Ed.), *Advances in Spanish as a heritage language* (pp. 159-176). Philadelphia, PA: John Benjamins.

Carreira, M. (2017). The state of institutionalization of heritage languages in postsecondary language departments in the United States. In O. E. Kagan, M. M. Carreira, & C. H. Chik (Eds.), *The Routledge handbook of heritage language education: From innovation to program building* (pp. 347-362). New York, NY: Routledge.

Cenoz, J., & Genesee, F. (2001). *Trends in bilingual acquisition.* Amsterdam, The Netherlands: John Benjamin.

Cervantes-Soon, C. G., Dorner, L., Palmer, D., Heiman, D., Schwerdtfeger, R., & Choi, J. (2017). Combating inequalities in two-way language immersion programs: Toward critical consciousness in bilingual education spaces. *Review of Research in Education, 41*(1), 403-427.

Cheung, S., Kan, P., & Yang, J. (2018). Effects of home language input on the vocabulary knowledge of sequential bilingual children. *Bilingualism: Language and Cognition.* doi:10.1017/S1366728918000810.

Chomsky, N. (1965). *Aspects of the theory of syntax.* Cambridge, MA: MIT Press.

Clyne, M., & Kipp, S. (1996). Language maintenance and language shift in Australia, 1991. *Australian Review of Applied Linguistics, 19*(1), 1-19.

College Board (n.d.). AP Japanese language and culture: The exam. Retrieved August 25, 2018, from https://apcentral.collegeboard.org/courses/ap-japanese-language-and-culture/exam

Collier, V., & Thomas, W. (2017). Validating the power of bilingual schooling: Thirty-two years of large-scale, longitudinal research. *Annual Review of Applied Linguistics, 37*, 1-15.

Cook, V. (2003). Introduction: The changing L1 in the L2 user's mind. In V. Cook (Ed). *Effects of the second language on the first* (pp. 1-18). Clevedon, England: Multilingual Matters.

Cook, V. J. (2008). *Second language learning and language teaching*. London, England: Arnold.

Cook, V., & Wei, L. (2016). *Linguistic multi-competence*. Cambridge, England: Cambridge University Press.

Corson, D. (1999). *Language policy in schools*. Mahwah, NJ: Lawrence Erlbaum.

Coste, D., Moore, D., & Zarate, G. (1997). *Compétence plurilingue et pluriculturelle* [Plurilingual and pluricultural competence]. Strasbourg, France: Conseil de l'Europe.

Council of Europe. (2001). *Common European framework of reference for languages: Learning, teaching, assessment*. Cambridge, England: Cambridge University Press.

Council of Europe. (2018). *Common European framework of reference for languages: Learning, teaching, assessment (Comparison volume with new descriptors)*. Retrieved from https://rm.coe.int/cefr-companion-volume-with-new-descriptors-2018/1680787989

Council of Europe, Language Policy Division. (2007). *From linguistic diversity to plurilingual education: Guide for the development of language education policies in Europe*. Retrieved from https://rm.coe.int/CoERMPublicCommonSearchServices/DisplayDCTMContent?documentId=09000016802fc1c4

Coyle, D., Hood, P., & Marsh, D. (2010). *Content and language integrated learning*. New York, NY: Cambridge University Press.

Craik, F. I. M., & Bialystok, E. (2006). Cognition through the lifespan: Mechanisms of change. *Trends in Cognitive Science, 10*(3), 131-138.

Crandall, J., & Tucker, G. R. (1990). Content based instruction in second or foreign languages. In A. M. Padilla, H. H. Fairchild, & C. M. Valadez (Eds.), *Foreign language education: Issues and strategies* (pp. 83-96). Newbury Park, CA: Sage.

Crawford, J. (1995). The role of materials in the language classroom: Finding the balance. *TESOL in Context, 5*(1), 25-33.

Crawford, J., & Krashen, S. (Eds.). (2015). *English learners in American classrooms: 101 questions, 101 answers* (Updated edition). Portland, OR: Diversity Learning K12 LLC.

Cummins, J. (1976). The influence of bilingualism on cognitive growth: A synthesis of research findings and explanatory hypotheses. *Working Papers on Bilingualism, 9*, 1-43.

Cummins, J. (1979). Cognitive/academic language proficiency, linguistic interdependence, the optimum age question and some other matters. *Working Papers on Bilingualism, 19*, 197-205.

Cummins, J. (1981). The role of primary language development in promoting educational success for language minority students, In California State Department of Education (Ed.), *Schooling and language minority students: A theoretical framework* (pp. 3-49). Los Angeles, CA: Evaluation, Dissemination and Assessment Center, California State University.

Cummins, J. (1991). Interdependence of first- and second-language proficiency in bilingual children. In Bialystok, E. (Ed.), *Language processing in bilingual children* (pp. 70-90). Cambridge, England: Cambridge University Press.

Cummins, J. (1994). Lies we live by: National identity and social justice. *International Journal of the Sociology of Language, 110*, 145-154.

Cummins, J. (2000). *Language, power and pedagogy: Bilingual children in crossfire*. Clevedon, England: Multilingual Matters.

Cummins, J. (2001). *Negotiating identities: Education for empowerment in a diverse society* (2nd ed.). Ontario, CA: CABE.

Cummins, J., & Early, M. (2011). *Identity texts: The collaborative creation of power in multilingual schools*. Stoke-on-Trent, England: Trentham Books.

Cummins, J., & Nakajima, K. (1987). Age of arrival, length of residence, and interdependence of literacy skills among Japanese immigrant students. In B. Harley, P. Allen, J. Cummins & M. Swain (Eds.), *The development of bilingual proficiency. Vol.Ⅲ: Social context and age* (pp. 183-192). Final report submitted to the Social Sciences and Humanities Research Council. Toronto, Canada: Ontario Institute for Studies in Education.

Cummins, J., Swain, M., Nakajima, K., Handscombe, J., Green, D., & Chau, T. (1984). Linguistic interdependence among Japanese and Vietnamese immigrant students. In C. Rivera (Ed.), *Communicative competence approaches to language proficiency assessment: Research and application* (pp. 60-81). Clevedon, England: Multilingual Matters.

Dalton-Puffer, C. (2011). Content-and-language integrated learning: From practice to principles? *Annual Review of Applied Linguistics, 31*, 182-204.

Davies, A. (2003). *The native speaker: Myth and reality* (2nd ed.). Clevedon, England: Multilingual Matters.

Davies, A. (2004). The native speakers in applied linguistics. In A. Davies & C. Elder (Eds.), *The handbook of applied linguistics* (pp. 431-450). Hoboken, NJ: Wiley-Blackwell.

Davis, L., & Kondo-Brown, K. (2012). Assessing student performance: Types and uses of rubrics. In J. D. Brown (Ed.), *Developing, using, and analyzing rubrics in language assessment with case studies in Asian-Pacific languages* (pp. 33-56). Honolulu, HI: National Foreign Languages Resource Center Publications.

De Houwer, A. (2009). *Bilingual first language acquisition*. Bristol, England: Multilingual Matters.

Deci, E. L., & Ryan, R. M. (1985). *Intrinsic motivation and self-determination in human behavior*. New York, NY: Plenum.

Deci, E. L., Vallerand, R. J., Pelletier, L. G., & Ryan, R. M. (1991). Motivation in education: The self-determination perspective. *The Educational Psychologist, 26*(3-4), 325-346.

Doerr, N. M., & Kumagai, Y. (2014). Race in conflict with heritage: "Black" heritage language speaker of Japanese. *International Multilingual Research Journal, 8*(2), 87-103.

Doerr, N., & Lee, K. (2010). Inheriting "Japanese-ness" diversely: Heritage practices at a weekend Japanese language school in the United States. *Critical Asian Studies, 42*(2), 191-216.

Doerr, N. M., & Lee, K. (2012). "Drop-outs" or "heritage learners"? Competing mentalities of governmentality and invested meanings at a weekend Japanese language school in the USA. *Discourse: Studies in the Cultural Politics of Education, 33*(4), 561-573.

Doerr, N. M., & Lee, K. (2013). *Constructing the heritage language learner: Knowledge, power, and new subjectivities.* Berlin, Germany: Walter de Gruyter.

Döpke, S. (1992). *One parent-one language: An interactional approach.* Amsterdam, The Netherlands: John Benjamins.

Dörnyei, Z. (2005). *The psychology of the language learner: Individual differences in second language acquisition.* Mahwah, NJ: Lawrence Erlbaum.

Dörnyei, Z. (2009). The L2 motivational self system. In Z. Dörnyei & E. Ushioda (Eds.), *Motivation, language identity and the L2 self* (pp. 9-42). Bristol, England: Multilingual Matters.

Dörnyei, Z. (2014). Future self-guides and vision. In K. Csizer & M. Magid (Eds.), The impact of self-concept on language learning (pp. 7-18). Bristol, England: Multilingual Matters.

Dörnyei, Z., MacIntyre, P. D., & Henry, A. (Eds.). (2015). *Motivational dynamics in language learning.* Bristol, England: Multilingual Matters.

Dörnyei, Z., & Ryan, S. (2015). *The psychology of the language learner revisited.* New York, NY: Routledge/Taylor & Francis.

Douglas, M. O. (2005). Pedagogical theories and approaches to teach young learners of Japanese as a heritage language. *Heritage Language Journal, 3*(1), 60-82.

Douglas, M. O. (2008a). Curriculum design for young learners of Japanese as a heritage language. In K. Kondo-Brown & J. D. Brown (Eds.), *Teaching Chinese, Japanese, and Korean heritage language students: Curriculum needs, materials, and assessment* (pp. 237-270). Mahwah, NJ: Lawrence Erlbaum Associates.

Douglas, M. O. (2008b). A profile of Japanese heritage learners, individualized curriculum and its effectiveness. In D. M. Brinton, O. Kagan, & S. Bucks (Eds.), *Heritage language acquisition: A new field emerging* (pp. 215-228). Mahwah, NJ: Lawrence Erlbaum Associates.

Douglas, M. (2017). Assessing the effectiveness of content-based language instruction (CBLI) in Japanese at the college advanced level. *Japanese Language & Literature, 51*(2), 199-241.

Douglas, M. (2018, February). *Japanese language development of the college-level learners of Japanese as a heritage language in an advanced-level Japanese CBLI course.* Paper presented at the Third International Conference on Heritage/Community Languages, Los Angeles, CA.

Douglas, M. O., & Kataoka, H. C. (2008). Scaffolding in content based instruction of Japanese. *Japanese Language and Literature, 42*(2), 337-359.

Douglas, M., & Kataoka, H. (2017, November). *Infographics and TED Talks for alternative presentational communication.* Paper presented at the ACTFL Annual Convention and World Languages Expo, Nashville, TN.

Doyle, A., Champagne, M., & Segalowitz, N. (1978). Some issues on the assessment of linguistic consequences of early bilingualism. In M. Paradis (Ed.), *Aspects of bilingualism* (pp. 13-20). Columbia, SC: Hornbeam Press.

Education Commission of the States. (2014). *What methods are used to identify English language learners?* Retrieved from http://ecs.force.com/mbdata/mbquestNB2?rep=ELL1403

Endo, R. (2013). Realities, rewards, and risks of heritage-language education: Perspectives from Japanese immigrant parents in a Midwestern community. *Bilingual Research Journal, 36*(3), 278-294.

Engeström, Y. (1999). Activity theory and individual and social transformation. In Y. Engeström, R. Miettinen, & R-L. Punamäki (Eds.), *Perspectives on activity theory* (pp. 19-38). Cambridge, England: Cambridge University Press.

Fairclough, M., & Beaudrie, S. M. (Eds.) (2016). *Innovative approaches in heritage language teaching: From research to practice*. Washington, DC: Georgetown UP.

Fishman, J. (1991). *Reversing language shift*. Clevedon, England: Multilingual Matters.

Fishman, J. (2001). *Can threatened languages be saved?* Clevedon, England: Multilingual Matters.

Fortune, T. W. (2012). *What the research says about immersion*. Retrieved from http://carla.umn.edu/immersion/documents/ImmersionResearch_TaraFortune.html

Fukuda, S. (2017). Floating numeral quantifiers as an unaccusative diagnostic in native, heritage, and L2 Japanese speakers. *Language Acquisition, 24*(3), 169-208.

Galloway, N., & Rose, H. (2015). *Introducing global Englishes*. Abingdon, England: Routledge.

Ganuza, N., & Hedman, C. (2017). The impact of mother tongue instruction on the development of biliteracy: Evidence from Somali-Swedish bilinguals. *Applied Linguistics, 40*(1), 108-131.

García, O. (2005). Positioning heritage languages in the United States. *The Modern Language Journal, 89*(4), 601-605.

Garcia, O., & Wei, L. (2014). *Translanguaging: Language, bilingualism and education*. London, England: Palgrave Macmillan.

Gardner, R. C. (1985). *Social psychology and second language learning*. London, England: Edward Arnold.

Gardner, R. C. (2010). *Motivation and second language acquisition: The socio-educational model*. New York, NY: Peter Lang.

Genesee, F., Tucker, R., & Lambert, W. (1975). Communication skills in bilingual children. *Child Development, 46*(4), 1010-1014.

Gibbons, J., & Ramirez, E. (2004). *Maintaining a minority language: A case study of Hispanic teenagers*. Clevedon, England: Multilingual Matters.

Grosjean, F. (1985). The bilingual as a competent but specific speaker-hearer. *Journal of Multilingual and Multicultural Development, 6*, 467-477.

Grosjean, F. (1989). Neurolinguists, beware! The bilingual is not two monolinguals in one person. *Brain and Language, 36*(1), 3-15.

Grosjean, F. (2008). *Studying bilinguals*. Oxford, England: Oxford University Press.

Gumperz, J., & Hymes, D. (Eds.). (1972/1986). *Directions in sociolinguistics: The ethnography of communication*. New York, NY: Holt, Rinehart & Winston.

Gyogi, E. (2015). Children's agency in language choice: A case study of two Japanese-English bilingual children in London. *International Journal of Bilingual Education and Bilingualism, 18*(6), 749-764.

Haque, E. (2012). *Multiculturalism within a bilingual framework*. Toronto, Canada: University of Toronto Press.

Harris, L., & Davis, N. (2018). Supporting multilingual young children-Workshop for Early Years Professions. Blog post: https://ebdwwebsite.wixsite.com/ebdw/single-post/2018/05/09/Supporting-multilingual-young-children-%25E2%2580%2593-Workshop-for-Early-Years-Professions

Hasegawa, T. (2008). Measuring the Japanese proficiency of heritage language children. In K. Kondo-Brown & J. D. Brown (Eds.), *Teaching Chinese, Japanese, and Korean heritage language students: Curriculum needs, materials, and assessment* (pp. 77-97). Mahwah, NJ: Lawrence Erlbaum Associates.

Hashimoto, K., & Lee, J. S. (2011). Heritage-language literacy practices: A case study of three Japanese American families. *Bilingual Research Journal: The Journal of the National Association for Bilingual Education, 34*(2), 161-184.

Hatano, G. (1995). The psychology of Japanese literacy: Expanding 'the practice account'. In L. M. W. Martin, K. Nelson, & E. Tobach (Eds.), *Sociocultural psychology: Theory and practice of doing and knowing* (pp. 250-275). New York, NY: Cambridge University Press.

Haywood, H. C., & Lidz, C. S. (2007) *Dynamic assessment in practice: Clinical and educational applications*. New York, NY: Cambridge University Press.

He, A. W. (2006). Toward an identity theory of the development of Chinese as a heritage language. *Heritage Language Journal, 4*(1), 1-28.

Heath, S. (1983). *Ways with words*. New York, NY: Cambridge University Press.

Henshaw, F. (2016). Technology-enhanced heritage language instruction: Best tools and best practices. In M. Fairclough & S. M. Beaudrie (Eds.), *Innovative strategies for heritage language teaching: A practical guide for the classroom* (pp. 237-254). Washington, DC: Georgetown University Press.

Herdina, P., & Jessner, U. (2000). The dynamics of third language acquisition. In J. Cenoz & U. Jessner (Eds.), *English in Europe: The acquisition of a third language* (pp. 84-98). Clevedon, England: Multilingual Matters.

Heritage Language Focus Group. (n.d.). *Curriculum guidelines for heritage language classrooms at the University of California*. Retrieved November 4, 2018 from http://international.ucla.edu/nhlrc/page/curriculumguidelines/materials

Hernandez, A. E. (2013). *The bilingual brain*. Oxford, England: Oxford University Press.

Hornberger, N., & Skilton-Sylvester, E. (2000). Revisiting the continua of biliteracy: International and critical perspectives. *Language and Education, 14*(2), 96-122.

Hornberger, N. H., & Wang, S. C. (2008). Who are our heritage language learners? Identity and biliteracy in heritage language education in the United States. In D. M. Brinton, O. Kagan, & S. Bauckus (Eds.), *Heritage language education: A new field emerging* (pp. 3-35). New York,

NY: Routledge.

Horwitz, E. K. (1987). Surveying student beliefs about language learning. In A. Wenden & J. Rubin (Eds.), *Learner strategies in language learning* (pp. 119-129), London, England: Prentice Hall.

Houtzager, H., Lowei, W., Sprenger, S., & De Bot, K. (2017). A bilingual advantage in task switching? Age-related differences between German monolinguals and Dutch-Frisian bilinguals. *Bilingualism: Language and Cognition, 20*(1), 69-79.

HQPBL. (2018). *A framework for high quality project based learning.* Retrieved from https://hqpbl.org/

Hughes, A. (2003). *Testing for language teachers* (2nd ed.). Cambridge, England: Cambridge University Press.

Hull, R., & Vaid, J. (2007). Bilingual language lateralization: A meta-analytic tale of two hemispheres. *Neuropsychologia, 45*(9), 1987-2008.

Hult, F. M., & Hornberger, N. H. (2016). Revisiting orientations in language planning: Problem, right, and resource as an analytical heuristic. *Bilingual Review/Revista Bilingüe, 33*(3), 30-49.

Japan Foundation Los Angeles. (2012). The Five States with the Most Japanese Learners in 2012. Retrieved from https://www.jflalc.org/ckfinder/userfiles/files/jle/survey/US3.pdf

Japan Foundation Los Angeles. (2015). The Japan Foundation Survey on Japanese Language Education Institutions 2015: U.S. Data. Retrieved from https://www.jflalc.org/ckfinder/userfiles/files/jle/JF_Survey_Report_2015.pdf

Japan Foundation Los Angeles. (n.d.). Immersion Programs. Retrieved from https://www.jflalc.org/jle-parents-immersion

Jessner, U. (1997). Towards a dynamic view of multilingualism. In M. Pütz (Ed.), *Language choices: Conditions, constraints and consequences* (pp. 17-30). Amsterdam, The Netherlands: John Benjamins.

Kagan, O., & Dillon, K. (2001). A new perspective on teaching Russian: Focus on the heritage learner. *The Slavic and East European Journal, 45*(3), 507-518.

Kamhi-Stein, L. (Ed.). (2004). *Learning and teaching from experience: Perspectives on non-native English-speaking professionals.* Ann Arbor, MI: University of Michigan Press.

Kanno, K., Hasegawa, T., Ikeda, K., Ito, Y., & Long, M. H. (2008). Prior language-learning experience and variation in the linguistic profiles of advanced English-speaking learners of Japanese. In D. Brinton, O. Kagan, & S. Bauckus (Eds.), *Heritage language acquisition: A new field emerging* (pp. 165-180). Mahwah, NJ: Lawrence Erlbaum Associates.

Kanno, Y. (2000). Bilingualism and identity: The stories of Japanese returnees. *International Journal of Bilingual Education and Bilingualism, 3*(1), 1-18.

Kataoka, H. C., Koshiyama, Y., & Shibata, S. (2008). Japanese and English language ability of students at supplementary Japanese schools in the United States. In K. Kondo-Brown & J. D. Brown (Eds.), *Teaching Chinese, Japanese, and Korean heritage language students: Curriculum needs, materials, and assessment* (pp. 47-76). New York, NY: Lawrence Erlbaum

Associates.

Kim, C. E., & Pyun, D. O. (2014). Heritage language literacy maintenance: A study of Korean-American heritage learners. *Language, Culture and Curriculum, 27*(3), 294-315.

Kim, K. H., Relkin, N. R., Lee, K. M., & Hirsch, J. (1997). Distinct cortical areas associated with native and second languages. *Nature, 388*, 171-174.

Kobayashi, Y. (2018). *The evolution of English language learners in Japan: Crossing Japan, the West and South East Asia.* Abingdon, England: Routledge.

Kondo, K. (1997). Social-psychological factors affecting language maintenance: Interviews with Shin Nisei university students. *Linguistics and Education, 9*(4), 369-408.

Kondo, K. (1998). Japanese language learning, academic achievement and identity: Voices of new second generation Japanese American university students in Hawai'i (Doctoral dissertation). Available from ProQuest Publishing. (UMI No. 9903842)

Kondo, K. (1999). Motivating bilingual and semibilingual university students of Japanese: An analysis of language learning persistence and intensity among students from immigrant backgrounds. *Foreign Language Annals, 32*(1), 77-88.

Kondo-Brown, K. (2001). Bilingual heritage students' language contact and motivation. In Z. Dörnyei & R. Schmidt (Eds.), *Motivation and second language acquisition* (pp. 425-451). Honolulu, HI: Second Language Teaching & Curriculum Center, University of Hawai'i.

Kondo-Brown, K. (2002). Heritage language development. In B. J. Guzzetti (Ed.), *Literacy in America: An encyclopedia of history, theory, and practice, 1* (pp. 219-223). Santa Barbara, CA: ABC-CLIO.

Kondo-Brown, K. (2005). Differences in language skills: Heritage language learner subgroups and foreign language learners. *The Modern Language Journal, 89*(4), 563-581.

Kondo-Brown, K. (Ed.). (2006a). *Heritage language development: Focus on East Asian immigrants.* Amsterdam, The Netherlands: John Benjamins.

Kondo-Brown, K. (2006b). How do English L1 learners of advanced Japanese infer unknown kanji words in authentic texts?" *Language Learning, 56*(1), 109-153.

Kondo-Brown, K. (2010). Curriculum development for advancing heritage language competence: Recent research, innovations, and a future agenda. *Annual Review of Applied Linguistics, 30*, 24-41.

Kondo-Brown, K. (2013). Changes in affective profiles of postsecondary students in lower-level foreign language classes. *Foreign Language Annals, 46*(1), 122-136.

Kondo-Brown, K. (forthcoming). Heritage language assessment. In S. Montrul & M. Polinsky (Eds.), *The Cambridge handbook of heritage language and linguistics.* Cambridge, England: Cambridge University Press.

Kondo-Brown, K., & Brown, J. D. (Eds.). (2008). *Teaching Chinese, Japanese and Korean heritage language students: Curriculum needs, materials, and assessment.* Mahwah, NJ: Lawrence Erlbaum Associates.

Kondo-Brown, K., Brown, J. D., & Tominaga, W. (2013). *Practical assessment tools for college Japanese.* Honolulu, HI: National Foreign Language Resource Center. Retrieved from http://

nflrc.hawaii.edu/PDFs/Practical_Assesment_Tools.pdf

Kovacs, A. M. (2007). Beyond language: Childhood bilingualism enhances high-level cognitive functions. In I. Kecskes & L. Albertazzi (Eds.), *Cognitive aspects of bilingualism* (pp. 301-323). Dordrecht, The Netherlands: Springer.

Krashen, S. (1973). Lateralization, language learning, and the critical period. *Language Learning, 23*(1), 63-74.

Kubota, R. (2006). Teaching second languages for national security purposes: A case of post 9/11 U. S. In J. Edge (Ed.), *(Re-)Locating TESOL in an age of empire* (pp. 119-138). Basingstoke, England: Palgrave Macmillan.

Kubota, R. (2014). "We must look at both sides"—but a denial of genocide too?: Difficult moments on controversial issues in the classroom. *Critical Inquiry in Language Studies, 11*(4), 225-251.

Kurata, N. (2015). Motivational selves of Japanese heritage speakers in Australia. *Heritage Language Journal, 12*(2), 110-131.

Kwon, J. (2017). Immigrant mothers' beliefs and transnational strategies for their children's heritage language maintenance. *Language and Education, 31*(6), 495-508.

Lantolf, J. P., & Thorne, S. L. (2006). *Sociocultural theory and the genesis of second language development.* Oxford, England: Oxford University Press.

Lave, J., & Wenger, E. (1998). *Communities of practice: Learning, meaning, and identity.* Cambridge, England: Cambridge University Press.

Leeman, J. (2015). Heritage language education and identity in the United States. *Annual Review of Applied Linguistics, 35*(1), 100-119.

Lenneberg, E. H. (1967). *Biological foundations of language.* New York, NY: Wiley.

Long, L. M. (1987). The first Korean school. In B. Topping (Ed.), *Ethnic heritage and language schools in America* (pp. 95-119). Washington, DC: Library of Congress. Retrieved from https://files.eric.ed.gov/fulltext/ED315371.pdf

Lyster, R. (2018). *Content-based language teaching.* New York, NY: Routledge.

MacIntyre, P. D., Baker, S. C., & Sparling, H. (2017). Heritage passions, heritage convictions, and the rooted L2 self: Music and Gaelic language learning in Cape Brenton, Nova Scotia. *The Modern Language Journal, 101*(3), 501-516.

Malone, M., Peyton, J. K., & Kim, K. (2014). Assessment of heritage language learners: Issues and directions. In T. G. Wiley, J. K. Peyton, D. Christian, S. C. Moore, & N. Liu (Eds.), *Handbook of heritage, community, and native American languages in the United States* (pp. 349-358). New York, NY: Routledge.

Marton, K. (2017, June). *Cognitive control and language proficiency: Factors affecting their Interaction in typical and atypical populations.* Paper presented at the 11th International Symposium of Bilingualism, Limerick, Ireland.

Masgoret, A.-M., & Gardner, R. C. (2003). Attitudes, motivation, and second language learning: A meta-analysis of studies conducted by Gardner and associates. *Language Learning, 53*(1), 123-163.

Matsuda, A. (Ed.). (2012) *Principles and practices of teaching English as an international language*. Bristol, England: Multilingual Matters.

Matsumoto, M. (2015). Motivational changes and their affecting factors among students from different cultural backgrounds. In W. M. Chan, S. K. Bhatt, M. Nagami, & I. Walder (Eds.), *Culture and foreign language education: Insights from research implications for the practice* (pp. 223-244). Berlin, Germany: De Gruyter Mouton.

Mellow, J. D. (2002). Toward principled eclecticism in language teaching: The two-dimensional model and the centring principle. *TESL-EJ, 5*(4), A-1, Retrieved from http://tesl-ej.org/ej20/a1.html

Menken, K. (2008). *English learners left behind: Standardized testing as language policy*. Clevedon, England: Multilingual Matters.

Met, M. (1999). *Content-based instruction: Defining terms, making decisions* (NFLC Reports). Washington, DC. Retrieved from http://carla.umn.edu/cobaltt/modules/principles/decisions.html

Miller, J. (2003). *Audible difference: ESL and social identity*. Bristol, England: Multilingual Matters.

Ministry of Education, New Zealand. (2017). *Te Whāriki: He whāriki mātauranga mō ngā mokopuna o Aotearoa early childhood curriculum*. Retrieved from http://www.education.govt.nz/assets/Documents/Early-Childhood/Te-Whariki-Early-Childhood-Curriculum-ENG-Web.pdf

Ministry of Education, New Zealand. (2018). *Directory of Schools offering Māori medium education*. Retrieved from https://www.educationcounts.govt.nz/data-services/directories/maori-medium-schools

Moloney, R., & Oguro, S. (2015). Identities and languages: Two stories of multilingual development. In W. M. Chan, S. Bhatt, M. Nagami, & I. Walker (Eds.), *Culture and foreign language education: Insights from research and implications for the practice* (pp. 187-194). Berlin, Germany: De Gruyter Mouton.

Montone, C. L., & Loeb, M. I. (2003). Implementing two-way immersion programs in secondary schools (in The Bridge: From research to practice). *The ACIE Newsletter, 6*(3), 1-8. Minneapolis: University of Minnesota, Center for Advanced Research on Language Acquisition. Retrieved from http://www.carla.umn.edu/immersion/acie/vol6/bridge-6(3).pdf

Montrul, S. (2008). *Incomplete acquisition in bilingualism. Re-examining the age factor*. Amsterdam, The Netherlands: John Benjamins.

Montrul, S. (2010). How similar are adult second language learners and Spanish heritage speakers? Spanish clitics and word order. *Applied Psycholinguistics, 31*(1), 167-207.

Montrul, S. (2016). *The acquisition of heritage languages*. Cambridge, England: Cambridge University Press.

Montrul, S., & Polinsky, M. (Eds.). (In press). *The Cambridge handbook of heritage languages and linguistics*. Cambridge, England: Cambridge University Press.

Mori, J., & Takeuchi, J. D. (2016). Campus diversity and global education: A case study of a Japanese program. *Foreign Language Annals, 49*(1), 146-161.

Mori, Y. (2018, August). *Learner motivation, parental support, and family variables in Japanese heritage language learning in the United States*. Paper presented at the 2018 International Conference of Japanese Language Education (ICJLE). Venice, Italy.

Mori, Y., & Calder, T. M. (2013). Bilingual vocabulary knowledge and arrival age among Japanese heritage language students at "*Hoshuukoo*." *Foreign Language Annals, 46*(2), 290-310.

Mori, Y., & Calder, T. M. (2015). The role of motivation and learner variables in L1 and L2 vocabulary development in Japanese heritage language speakers in the United States. *Foreign Language Annals, 48*(4), 730-754.

Mori, Y., & Calder, T. M. (2017). The role of parental support and family variables in L1 and L2 vocabulary development in Japanese heritage language speakers in the United States. *Foreign Language Annals, 50*(1), 754-775.

Motobayashi, K. (2016). Language teacher subjectivities in Japan's diaspora strategies: Teaching my language as someone's heritage language. *Multilingua: Journal of Cross-Cultural and Interlanguage Communication, 35*(4), 441-468.

Moussu, L., & Llurda, E. (2008). Non-native English-speaking language teachers: History and research. *Language Teaching, 41*(3), 315-348.

Muysken, P. (2016). Bilingual complexes: The perspective of the gradient symbolic computation framework. *Bilingualism: Language and Cognition, 19*(5), 891-892.

Nagano, T. (2015). Demographics of adult heritage language speakers in the United States: Differences by region and language and their implications. *The Modern Language Journal, 99*(4), 771-792.

National Center for Educational Statistics. (2018). *English language learners in public schools*. Retrieved from https://nces.ed.gov/programs/coe/indicator_cgf.asp

Nomura, T., & Caidi, N. (2013). Heritage language acquisition and maintenance: Home literacy practices of Japanese-speaking families in Canada. *Information Research: An International Electronic Journal, 18*(3). Retrieved from https://files.eric.ed.gov/fulltext/EJ1044666.pdf

Northwood, B., & Thomson, C. K. (2012). What keeps them going? Investigating ongoing learners of Japanese in Australian universities. *Japanese Studies, 32*(3), 335-355.

Nunan, D. (1988). *The learner-centered curriculum: A study in second language teaching*. Cambridge, England: Cambridge University Press.

Oda, T. (2010). Tutoring an American autistic college student in Japanese and its challenges. *Support for Learning, 25*(4), 165-171.

Oguro, S., & Moloney, R. (2012). Misplaced heritage language learners of Japanese in secondary schools. *Heritage Language Journal, 9*(2), 70-84.

Okita, T. (2002). *Invisible work: Bilingualism, language choice and childrearing in intermarried families*. Amsterdam, The Netherlands: John Benjamins.

Oller, D. K., Pearson, B. Z., & Cobo-Lewis, A. B. (2007). Profile effects in early bilingual language and literacy. *Applied Psycholinguistics, 28*(2), 191-230.

Oriyama, K. (2000). *Development and maintenance of minority language literacy in Japanese-*

English bilingual children in Australia (Unpublished doctoral dissertation). University of Sydney, Australia.

Oriyama, K. (2010). Heritage language maintenance and Japanese identity formation: What role can schooling and ethnic community contact play? *Heritage Language Journal, 7*(2), 237-272.

Oriyama, K. (2011). The effects of the sociocultural context on heritage language literacy: Japanese-English bilingual children in Sydney. *International Journal of Bilingual Education and Bilingualism, 14*(6), 653-681.

Oriyama, K. (2012). What role can community contact play in heritage language literacy development? Japanese-English bilingual children in Sydney. *Journal of Multilingual and Multicultural Development, 33*(2), 167-186.

Oriyama, K. (2016). Community of practice and family language policy: Maintaining heritage Japanese in Sydney-Ten years later. *International Multilingual Research Journal, 10*(4), 289-307.

Oriyama, K. (2017a). Reforming Australian policy for Chinese, Indonesian, Japanese, and Korean heritage languages: Examples from the Japanese community. In O. Kagan, M. Carreira, & C. Chik (Eds.), *A handbook on heritage language education: From innovation to program building* (pp. 265-281). Abingdon, England: Routledge.

Oriyama, K. (2017b). Beyond appearances: Mixed ethnic and cultural identities among biliterate Japanese-European New Zealander young adults. In Z. L. Rocha & M. Webber (Eds.), *Mana Tangatarua: Mixed heritages, ethnic identity and biculturalism in Aotearoa/New Zealand* (pp. 117-134). Abingdon, England: Routledge.

Pao, D. L., Wong, S. D., & Teuben-Rowe, S. (1997). Identity formation for mixed-heritage adults and implications for educators. *TESOL Quarterly, 31*(3), 622-631.

Patrick, D. (2007). Language endangerment, language rights and indigeneity. In M. Heller (Ed.), *Bilingualism: A social approach* (pp. 111-134). New York, NY: Palgrave Macmillan.

Peal, E., & Lambert, W.E. (1962). The relationship of bilingualism to intelligence. *Psychological Monographs, 76*(27), 1-23.

Pearson, B., & Fernández, S. (1994). Patterns of interaction in the lexical growth in two languages of bilingual infants and toddlers. *Language Learning, 44*(4), 617-653.

Pearson, B., Fernández, S., & Oller, D. K. (1993). Lexical development in bilingual infants and toddlers: Comparison to monolingual norms. *Language Learning, 43*(1), 93-120.

Peña, E. D., Bedore, L. M., & Zlatic-Giunta, R. (2002). Category-generation performance of bilingual children: The influence of cognition, category, and language. *Journal of Speech, Language, and Hearing Research, 45*, 938-947.

Penfield, W., & Roberts, L. (1959). *Speech and brain mechanisms*. Princeton, NJ: Princeton University Press.

Pérez, B. (2004). Literacy, diversity, and programmatic responses. In B. Pérez (Ed.), *Sociocultural contexts of language and literacy* (pp. 3-24). Mahwah, NJ: Lawrence Erlbaum Associates.

Perlovsky, L. (2013). Language and cognition—joint acquisition, dual hierarchy, and emotional prosody. *Frontiers in Behavioral Neuroscience, 7*(7), 1-3.

Piccardo, E. (2014). The impact of the CERF on Canada's linguistic plurality: A space for heritage language. In P. P. Trifonas & T. Aravossitas (Eds.), *Rethinking heritage language education* (pp. 183-212). Cambridge, England: Cambridge University Press.

Pliatsikas, C., DeLuca, V., Moschopoulou, E., & Saddy, J. D. (2017). Immersive bilingualism reshapes the core of the brain. *Brain Structure & Function, 222*(4), 1785-1795.

Polinsky, M. (2008). Heritage language narratives. In D. M. Brinton, O. Kagan, & S. Bauckus (Eds.), *Heritage language education: A new field emerging* (pp. 149-164). New York, NY: Routledge.

Polinsky, M. (2018). *Heritage languages and their speakers*. Cambridge, England: Cambridge University Press.

Richards, J. C., & Schmidt, R. (2010). *Longman dictionary of language teaching and applied linguistics* (4th ed.). London, England: Pearson Longman.

Roberts, T. A. (2008). Home storybook reading in primary or second language with preschool children: Evidence of equal effectiveness for second-language vocabulary acquisition. *Reading Research Quarterly, 43*(2), 103-130.

Romaine, S. (1995). *Bilingualism* (2nd ed.). Oxford, England: Blackwell.

Rose, H., & Harbon, L. (2013). Self-regulation in second language learning: An investigation of the kanji-learning task. *Foreign Language Annals, 46*(1), 96-107.

Rosenthal, R., & Jacobson, L. (1968). *Pygmalion in the classroom: Teacher expectation and pupils' intellectual development*. New York, NY: Holt, Rinehart & Winston.

Rothman, J., & Treffers-Daller, J. (2014). A prolegomenon to the construct of the native speaker: Heritage speaker bilinguals are natives too! *Applied Linguistics, 35*(1), 93-98.

Rubio-Fernandez, P. (2017). Why are bilinguals better than monolinguals at false-belief tasks? *Psychonomic Bulletin & Review, 24*(3), 987-998.

Rudolph, N., Selvi, A. F., & Yazan, B. (2015). Conceptualizing and confronting inequality: Approaches within and new directions for the "NNEST movement." *Critical Inquiry in Language Studies, 12*(1), 27-50.

Ruff, H. A., & Lawson, K. R. (1990). Development of sustained, focused attention in young children during free play. *Developmental Psychology, 26*(1), 85-93.

Ruiz, R. (1984). Orientations in language planning. *NABE Journal, 8*(2), 15-34.

Rymes, B. (2010). Classroom discourse analysis: A focus on communicative repertoires. In N. H. Hornberger & S. L. McKay (Eds.), *Sociolinguistics and language education* (pp. 528-546). Bristol, England: Multilingual Matters.

Sakamoto, M. (2012). Moving towards effective English language teaching in Japan: Issues and challenges. *Journal of Multilingual and Multicultural Development, 33*(4), 409-420.

Sakamoto, M. (2017). Challenging hegemonic discourse: Oral proficiency=English proficiency? In M. Sakamoto & Y. Watanabe (Eds.), *From applied linguistics to English teaching* (pp. 211-232). Tokyo, Japan: Sophia University Press.

Sakamoto, M., & Matsubara Morales, L. (2016). Ethnolinguistic vitality among Japanese-Brazilians: Challenges and possibilities. *International Journal of Bilingual Education and*

Bilingualism, 19(1), 51-73.

Sakamoto, M., & Saruhashi, J. (2018). Exploring concepts in Translanguaging: An alternative view. *Sophia Linguistica, 67*, 59-68.

Seals, C. A., & Peyton, J. K. (2017). Heritage language education: Valuing the languages, literacies, and cultural competencies of immigrant youth. *Current Issues in Language Planning, 18*(1), 87-101.

Shibata, S. (2000). Opening Japanese Saturday school in a small town in the United States: Community collaboration to teach Japanese as a heritage language. *Bilingual Research Journal, 24*(4), 465-474.

Shin, S. J. (2010). "What about me? I'm not like Chinese but I'm not like American": Heritage-language learning and identity of mixed-heritage adults. *Journal of Language, Identity, and Education, 9*(3), 203-219.

Singleton, D., & Ryan, L. (2004). *Language acquisition: The age factor.* Clevedon, England: Multilingual Matters.

Skutnabb-Kangas, T. (1981). *Bilingualism or not: The education of minorities.* In L. Malmberg & D. Crane (Trans.). Clevedon, England: Multilingual Matters.

Smith, H. L. (2004). Literacy and instruction in African American Communities: Shall we overcome? In B. Pérez (Ed.), *Sociocultural contexts of language and literacy* (pp. 207-246). Mahwah, NJ: Lawrence Erlbaum Associates.

Snow, M. A., & Brinton, D. M. (1997). *Content-based classroom: Perspectives on integrating language and content.* New York, NY: Longman.

Son, Yung-A. (2017). Toward useful assessment and evaluation of heritage language learning. *Foreign Language Annals, 50*(2), 367-386.

Son, Yung-A. (n.d.). Heritage language evaluation & assessment. Retrieved August 25, 2018, from https://aelrc.georgetown.edu/heritage-eval-assess

Spolsky, B. (2004). *Language policy.* Cambridge, England: Cambridge University Press.

Steinhauer, K., & Kasparian, K. (2019). Electrophysiological approaches to L1 attrition. In B. Kopke & M. Schmid (Eds.), *The Oxford handbook of language attrition* (pp. 146-165). Oxford, England: Oxford University Press.

Sullivan, M. D., Janus, M., Moreno, S., Astheimer, L., & Bialystok, E. (2014). Early stage second-language learning improves executive control: Evidence from ERP. *Brain and Language, 139*, 84-98.

Swain, M., Kinnear, P., & Steinman, L. (2015). *Sociocultural theory in second language education* (2nd ed.). Bristol, England: Multilingual Matters.

Swain, M., & Lapkin, S. (1991). Heritage language children in an English-French bilingual program. *The Canadian Modern Language Review, 47*(4), 635-641.

Takahashi, K. (2013). *Language learning, gender and desire: Japanese women on the move.* Bristol, England: Multilingual Matters.

Takanishi, R., & Menestrel, S. L. (Eds.). (2017). *Promoting the educational success of children and youth learning English: Promising futures.* Washington, DC: The National Academies Press.

Tanaka, M. (2013). Examining kanji learning motivation using self-determination theory. *System*, *41*(3), 804-816.

Taura, H. (2008). *Language attrition and retention in Japanese returnee students*. Tokyo, Japan: Akashi-shoten.

Taura, H. (2018). A linguistic and neuro-linguistic case study examining the developmental stages in the first 6 years of EFL learning in Japan. *The MindBrainEd Journal*, *1*, 28-46.

Taura, H. (2019). Attrition studies on Japanese returnees. In B. Kopke & M. Schmid (Eds.), *The Oxford handbook of language attrition* (pp. 391-402). Oxford, England: Oxford University Press.

Tomlinson, B. (2003). *Developing materials for language teaching*. New York, NY: Continuum.

Tomlinson, B. (2011). *Materials development in language teaching*. Cambridge, England: Cambridge University Press.

Tomlinson, C. A. (2001). *How to differentiate instruction in mixed-ability classrooms* (2nd ed.). Alexandria, VA: Association for Supervision and Curriculum Development.

Tomlinson, C. A. (2014). *The differentiated classroom: Responding to the needs of all learners* (2nd ed.). Alexandria, VA: Association for Supervision and Curriculum Development.

Trifonas, P. P., & Aravossitas, T. (Eds.). (2014). *Rethinking heritage language education*. Cambridge, England: Cambridge University Press.

Tse, L. (1998). Ethnic identity formation and its implications for heritage language development. In S. D. Krashen, L. Tse, & J. McQuillan (Eds.), *Heritage language development* (pp. 15-29). Culver City, CA: Language Education Associates.

Tse, L. (2001). Heritage language literacy: A study of US biliterates. *Language, Culture and Curriculum*, *14*(3), 256-268.

Turner, J. L. (2014). *Using statistics in small-scale language education research: Focus on non-parametric data*. New York, NY: Routledge.

United Nations Educational, Scientific and Cultural Organization. (2004). The Plurality of Literacy and Its Implications for Policies and Programmes. Retrieved from http://unesdoc.unesco.org/images/0013/001362/136246e.pdf

Ushioda, E. (2009). A person-in-context relational view of emergent motivation, self and identity. In Z. Dörnyei & E. Ushioda (Eds.), *Motivation, language identity and the L2 self* (pp. 215-228). Bristol, England: Multilingual Matters.

Ushioda, E., & Dörnyei, Z. (2017). Beyond global English: Motivation to learn languages in a multicultural world: Introduction to the special issue. *The Modern Language Journal*, *101*(3), 451-454.

Valdés, G. (2001). Heritage language students: Profiles and possibilities. In J. K. Peyton, D. A. Ranard, & S. McGinnis (Eds.), *Heritage languages in America: Preserving a national resource* (pp. 37-77). McHenry, IL: The Center for Applied Linguistics and Delta Systems.

Valdés, G., & Figueroa, R. (1994). *Bilingualism and testing: A special case of bias*. Norwood, NJ: Ablex.

Van Deusen-Scholl, N. (2003). Toward a definition of heritage language: Sociopolitical and pedagogical considerations. *Journal of Language, Identity, and Education 2*(3), 211-230.

Velázquez, I. (2015). Reported literacy, media consumption and social media use as measures of relevance of Spanish as a heritage language. *International Journal of Bilingualism, 21*(1), 21-33.

Verhagen, J., Mulder, H., & Leseman, P. (2017). Effects of home language environment on inhibitory control in bilingual three-year-old children. *Bilingualism: Language and Cognition, 20*(1), 114-127.

Vygotsky, L. S. (1978). M. Cole, V. John-Steiner, S. Scriber, & E. Souberman (Eds.). *Mind in society. The development of higher psychological processes.* Cambridge, MA: Harvard University Press.

Vygotsky, L. (1986). *Thought and language.* Cambridge, MA: MIT Press.

Wadhera, D., Yoon, J., & Marton, K. (2017, June). *Variations in individual bilingual experiences after interference control in working memory updating.* Paper presented at the 11th International Symposium of Bilingualism, Limerick, Ireland.

Wertsch, J. V. (1985). *Vygotsky and the social formation of mind.* Cambridge, MA: Harvard University Press.

Wesche, M. B., Krueger, M., & Ryan, F. (1993). Discipline-based approaches to language study: Research issues and outcomes. In M. Krueger & F. Ryan (Eds.), *Language and content: Discipline- and content-based approaches to language study* (pp. 57-82). Lexington, MA: D. C. Heath and Company.

Wiley, T., Peyton, J. K., Christian, C., Moore, S., & Liu, N. (Eds.). (2014). *Handbook of heritage, community, and Native American languages in the United States: Research, educational practice, and policy.* New York, NY: Routledge.

Wong Fillmore, L. (1991). When learning a second language means losing the first. *Early Childhood Research Quarterly, 6*(3), 323-346.

Wright, W. (2010). *Foundations for teaching English language learners: Research, theory, policy, and practice.* Philadelphia, PA: Caslon Publishing.

Wu, M., & Chang, T. (2010). Heritage language teaching and learning through a macro-approach. *Working Papers in Educational Linguistics, 25*(2), 23-33.

Wu, S. (2008). Robust learning for Chinese heritage learners: Motivation, linguistics and technology. In K. Kondo-Brown & J. D. Brown (Eds.), *Teaching Chinese, Japanese, and Korean heritage students: Curriculum needs, materials, and assessment* (pp. 271-298). Mahwah, NJ: Lawrence Erlbaum Associates.

Yamada, M. (2015). *The role of English teaching in modern Japan: Diversity and multiculturalism through English language education in globalized era.* New York, NY & London, England: Routledge.

Yamamoto, M. (2001). *Language use in interlingual families: A Japanese-English sociolinguistic study.* Bristol, England: Multilingual Matters.

Yu, W. H. (2008). Developing a "compromise curriculum" for Korean heritage and nonheritage learners. In K. Kondo-Brown & J. D. Brown (Eds.), *Teaching Chinese, Japanese, and Korean heritage language students: Curriculum needs, materials, and assessment* (pp. 187-210). Mahwah, NJ: Lawrence Erlbaum Associates.

Zhang, D., & Davis, N. (2008). Online chat for heritage learners of Chinese. In K. Kondo-Brown & J. D. Brown (Eds.), *Teaching Chinese, Japanese, and Korean heritage language students: Curriculum needs, materials, and assessment* (pp. 299-328). Mahwah, NJ: Lawrence Erlbaum Associates.

Zhou, B., & Krott, A. (2018). Bilingualism enhances attentional control in non-verbal conflict tasks-Evidence from ex-Gaussian analyses. *Bilingualism: Language and Cognition, 21*(1), 162-180.

キーワード索引

【あ行】

アイデンティティ　37, 67, 91, 102, 177, 257, 278
　　アイデンティティ形成　233
　　アイデンティティ・テキスト（identity text）　259
　　演じるアイデンティティ　104
　　帰属感　108
　　混淆的／ハイブリッドなアイデンティティ　112
　　混合民族・文化アイデンティティ　69
　　調節するアイデンティティ　103
　　複数のアイデンティティ　104
　　文化的アイデンティティ　55, 102
　　民族的／エスニックアイデンティティ　103
　　矛盾するアイデンティティ　105
足場かけ／足場作り（➡スキャフォールディングを参照）
アセスメント（➡評価を参照）
移動
　　移動させられた子ども　225
　　移動する子ども　106, 236
　　空間移動　105
　　言語間移動　106
　　言語教育カテゴリー間移動　106
イマージョン
　　イマージョンプログラム（immersion program）　3, 121
　　双方向イマージョンプログラム（two-way immersion program）／双方向の二言語プログラム（two-way dual language program）　3, 82, 121

ヴィゴツキー，レフ（Lev Vygotsky）　41, 249
　　発達の最近接領域（Zone of Proximal Development［ZPD］）　45, 249
　　文化的行動　56
　　文化的実践　56
英語
　　英語格差　271
　　英語学習者（English learners）　76
　　英語教育　269
　　共通語としての英語（English as a Lingua Franca［ELF］）　273
　　シェルター指導（Sheltered Instruction［SI］）　81
　　世界英語（World Englishes）　273
　　第二言語としての英語（English as a Second Language［ESL］）　77
英語教育　269
　　シェルター指導（Sheltered Instruction［SI］）　81
　　本質主義・規範主義のイデオロギー　272
欧州言語共通参照枠（Common European Framework of Reference for Languages［CEFR］）　176, 201
　　Can Do 記述文（Can Do descriptor）　182
　　行動中心アプローチ（action-oriented approach）　184
　　ソーシャル・エージェント（social agent）　183
　　仲介活動　186
　　部分的能力（partial competence）　180

【か行】

外国語学習
　　外国語学習者　161
　　外国語としての日本語（Japanese as a For-

eign Language〔JFL〕) 4, 120, 153
外国人（日本国内の）
　外国人学校　211
　外国人児童生徒のためのJSL対話型アセスメントDLA　193, 215, 239
　在留外国人数　211
　日本語指導が必要な（外国人）児童生徒の受入状況等に関する調査　210, 254
外国人児童生徒のためのJSL対話型アセスメントDLA　193, 215, 239
　基礎タスク　241
　教科学習　56, 84, 211, 239
　言語技能別タスク　240
　語彙力チェック　240
　JSL評価参照枠　240
　支援付きの評価法　239
　対話タスク　241
　読書力　242
　認知タスク　241
外国にルーツを持つ子ども　251, 265
　中国ルーツの子ども　254
会話
　会話の流暢度（Conversational Fluency〔CF〕）　56, 248
　バイリンガル会話テスト（Oral Proficiency Assessment for Bilingual Children〔OBC〕）　192, 247
学習
　学習対話　55
　漢字学習　94, 170
　教科学習　56, 84, 211, 239
　協働学習　259
　区別化（differentiation）（学習の）　165
　ピンイン学習　256
　プロジェクト型学習（Project-Based Learning〔PBL〕）　171
　プロジェクト型言語学習（Project-Based Language Learning〔PBLL〕）　171

学習者
　学習者主導型評価（learner-centered assessment）　196
　学習者中心　162
　継承語学習者（heritage language learner）　1, 34, 56, 90, 161
　継承語学習者のモチベーション　99
　継承日本語学習者　4, 191
　日本にルーツを持つ日本語学習者　6
　ビリーフ　140
学校
　外国人学校　211
　継承日本語学校　110, 118
　公立学校　212, 277
　中華学校　257
　日本語学校　152
　プリンストン日本語学校　152
家庭内言語方針／家庭内言語方針・方策　19, 59
　一親一言語（One Parent One Language〔OPOL〕）　19, 37, 94
カミンズ，ジム（Jim Cummins）　18, 138, 247
　会話の流暢度（Conversational Fluency〔CF〕）　56, 248
　教科学習言語能力（Academic Language Proficiency〔ALP〕）　56, 248
　共有基底言語能力（Common Underlying Proficiency〔CUP〕）　17, 181
　言語間転移　33
　しきい仮説（threshold hypothesis）　18, 27
　伝達言語能力（Basic Interpersonal Communicative Skills〔BICS〕）　23, 35
　二言語相互依存仮説（linguistic interdependence hypothesis）　18, 56, 138, 181, 248
　認知・学力言語能力（Cognitive Academic Language Proficiency〔CALP〕）　18, 32
　氷山説（iceberg model）　18
　弁別的言語能力（Discrete Language Skills〔DLS〕）　56, 248

カリキュラム
　　学習者中心　162
　　カリキュラム（混合クラスの）　161
　　カリキュラム（補習授業校の）　151
　　JSL カリキュラム　215
　　スタンダード化の動き　78
　　トップダウン式　162
　　ボトムアップ式　162
漢字　164, 181, 198
　　漢字学習　94, 170
　　漢字教育　170
　　漢字テスト　198
　　漢字力　164
帰国児童　108
教科学習　56, 84, 211, 239
　　教科学習言語能力（Academic Language Proficiency［ALP］）　56, 248
教材作成　136, 154
　　国語教材　134
　　リライト教材　136
教師／教員
　　加配教員（日本語指導のための）　213
　　教員免許　214
　　ピグマリオン効果／教師期待効果　132
　　ビリーフ　140
区別化授業　121
グローバル
　　グローバル化　269
　　グローバル人材育成　269
　　国際化　269
継承語
　　親からの継承語／親と子をつなぐ継承語　1, 59, 149
　　継承語学習者（heritage language learner）　1, 34, 56, 90, 161
　　継承語学習者のモチベーション　99
　　継承語教育／母語・継承語教育　8, 32,
93, 149, 169, 179, 211, 255, 276
　　継承語評価研究　202
　　継承語文献データベース　12
　　継承語話者（heritage language speaker）　1, 45, 91, 157
　　継承語話者のための評価　194
　　国際継承語会議（International Conference on Heritage Languages）　11
　　全米継承語研究センター（National Heritage Language Resource Center［NHLRC］）　11
　　大学レベルでの継承語教育　222
継承語教育／母語・継承語教育　8, 32, 93, 149, 169, 179, 211, 255, 276
　　漢字学習　94, 170
　　漢字教育　170
　　継承語教育推進　281
　　個別学習（individual learning）　169
　　大学レベルでの継承語教育　222
継承語教育推進　281
　　多様性　281
　　内省の態度　281
継承日本語
　　継承日本語学習者　4, 191
　　継承日本語学校　110, 118
　　継承日本語研究グループ（Japanese as a Heritage Language Special Interest Group ［JHL-SIG］）　11
　　継承日本語コース　153
　　継承日本語話者　115
言語
　　家庭内言語方針／家庭内言語方針・方策　19, 59
　　言語獲得装置（Language Acquisition Device［LAD］）　41
　　言語間移動　106
　　言語間転移　33
　　言語教育カテゴリー間移動　106

言語資源　227
言語シフト（language shift）　25
言語喪失　25
言語帝国主義　281
言語到達レベル　32
言語評価研究センター（Assessment & Evaluation Language Resource Center）　202
言語ポートレート　133
言語レパートリー（linguistic repertoires）　51
権利としての言語（language as a right）　276
コードスイッチング／言語切り替え　19, 29
資源としての言語（language as a resource）　278
支障としての言語（language as a problem）　276
中間言語（interlanguage）　20
メタ言語意識　22

言語教育
　言語教育カテゴリー間移動　106
　内容重視の言語教育（Content-Based Language Instruction［CBLI］）　162
　パラドクシカルな言語教育の実践研究　235

言語習得
　沈黙期間　231
　場面別（domain-specific）　18, 48
　臨界期仮説（Critical Period Hypothesis［CPH］）　23

言語能力
　共有基底言語能力（Common Underlying Proficiency［CUP］）　17, 181
　伝達言語能力（Basic Interpersonal Communicative Skills［BICS］）　23, 35
　認知・学力言語能力（Cognitive Academic Language Proficiency［CALP］）／教科学習言語能力（Academic Language Proficiency［ALP］）　18, 32 56, 248
　弁別的言語能力（Discrete Language Skills［DLS］）　56, 248
　メタ言語能力　28

語彙
　アカデミック語彙　164
　語彙力チェック　240
声が届く体験（audibility）　230
国語　117, 135, 151
　国語教育（補習校の）　151
　国語教材　134
　リライト教材　136
国際結婚家庭／国際結婚　2, 37, 57, 102, 232, 255
　一親一言語（One Parent One Language［OPOL］）　19, 37, 94
混合クラス　161
　カリキュラム　151, 161

【さ行】

志向（orientation）　89
　道具的志向（instrumental orientation）　89
　統合的志向（integrative orientation）　89
実践コミュニティ（community of practice）　60
社会的現象　55
社会的実践　55
社会的対話　55
社会文化理論（sociocultural theory）　41
　活動モデル（activity model）　46
スキャフォールディング／足場かけ／足場作り（scaffolding）　44, 144, 166, 228
スクトナブ・カンガス, トーヴェ（Tove Skutnabb-Kangas）　16
正統的周辺参加　51

【た行】

第一言語　1
第二言語
　　第二言語自己（L2 self）　90
　　第二言語としての英語（English as a Second Language［ESL］）　77
　　第二言語としての日本語（Japanese as a Second Language［JSL］）　215
第二言語としての日本語（Japanese as a Second Language［JSL］）　215
　　JSLカリキュラム　215
　　JSL評価参照枠　240
ダブルリミテッド（➡セミリンガルを参照）
多文化共生　218
中華学校　257
　　アイデンティティ・テキスト（identity text）　259
　　協働学習　259
　　国際結婚家庭／国際結婚　2, 37, 57, 102, 232, 255
　　新華僑　255
　　双語教育（➡バイリンガル教育を参照）
　　中国帰国者　255
　　中国ルーツの子ども　254
　　ピンイン学習　256
　　老華僑　254
チョムスキー，ノーム（Noam Chomsky）　41
　　言語獲得装置（Language Acquisition Device［LAD］）　41
テスト／試験
　　漢字テスト　198
　　J-CAT（Japanese Computerized Adaptive Test）　192
　　集団基準準拠テスト（norm-referenced test）　195
　　熟達度テスト（proficiency test）　195
　　大学進学適性試験（Scholastic Aptitude Test［SAT］）　119
　　TOAM（Test of Acquisition and Maintenance）　247
　　到達度テスト（achievement test）　195
　　日本語AP試験（Japanese Advanced Placement［AP］Exam）　119, 195
　　日本語能力試験（Japanese Language Proficiency Test［JLPT］）　195
　　バイリンガル会話テスト（Oral Proficiency Assessment for Bilingual Children［OBC］）　192, 247
　　波及効果（washback or backwash effect）　198
　　プレースメント・テスト（placement test）　192
　　目標基準準拠テスト（criterion-referenced test）　195
動機づけ／動機（motivation）（➡モチベーションを参照）
トランスランゲージング（translanguaging）　21, 36, 47
トリリンガリズム（trilingualism）　52
トリリンガル（trilingual）　45

【な行】

内容重視
　　内容重視のアプローチ（content-based approach）　262
　　内容重視の教育／内容ベースの指導（Content-Based Instruction［CBI］）　81, 163
　　内容重視の言語教育（Content-Based Language Instruction［CBLI］）　162
日本語
　　外国語としての日本語（Japanese as a Foreign Language［JFL］）　4, 120, 153
　　第二言語としての日本語（Japanese as a Second Language［JSL］）　215

日本語 AP 試験（Japanese Advanced Placement [AP] Exam）　119, 195
　日本語学校　152
　日本語能力試験（Japanese Language Proficiency Test [JLPT]）　195
　日本語能力測定ツール　239
日本語学校（➡継承日本語学校を参照）
　プリンストン日本語学校　152
　複式クラス　154
日本語教育
　JF 日本語教育スタンダード 2010　201
　全米日本語教育学会（American Association of Teachers of Japanese [AATJ]）　124
日本語指導
　特別の教育課程（による日本語指導）　213
　日本語指導が必要な（外国人）児童生徒の受入状況等に関する調査　210, 254
認知／認知力
　心の理論　29
　選択的注意力　37
　認知・学力言語能力（Cognitive Academic Language Proficiency [CALP]）　18, 32
　認知タスク　241
　認知的緩衝材　31
　認知的柔軟性　28
　認知能力　27
　メタ言語能力　28
ネイティブスピーカー（native speaker）　157
ネイティブランゲージ（native language）　10

【は行】

バイリテラシー　57
　狭義のバイリテラシー　58
　広義のバイリテラシー　59
　バイリテラシー証印（The Seal of Biliteracy）　83, 196
バイリンガリズム
　加算的バイリンガリズム（additive bilingualism）　16
　減算的バイリンガリズム（subtractive bilingualism）　16
バイリンガル
　均衡バイリンガル（balanced bilingual）　16
　コードスイッチング／言語切り替え　19, 29
　個人バイリンガル（individual bilingual）　60
　コミュニティバイリンガル（community bilingual）　60
　受容的バイリンガル（receptive bilingual）　16
　順次型バイリンガル（sequential bilingual）　16, 30
　状況型バイリンガル（circumstantial bilingual）　9
　生産的バイリンガル（productive bilingual）　16
　セミリンガル（semilingual）／ダブルリミテッド（double-limited）　16, 34, 68
　選択型バイリンガル（elective bilingual）　9
　選択的注意力　37
　多元能力者（multicompetent）　20, 48
　沈黙期間　231
　同時型バイリンガル（simultaneous bilingual）　16
　バイリンガル会話テスト（Oral Proficiency Assessment for Bilingual Children [OBC]）　192, 247
　部分的バイリンガル（partial bilingual）　19
　分析・制御仮説　28
バイリンガル教育　77
　移行型バイリンガル教育（Transitional Bilingual Education [TBE]）　82
　維持型バイリンガル教育（Maintenance Bilingual Education [MBE]）　82
　双語教育　258
　バイリンガル教育の呪縛　234

バルデス，グアダルーペ（Guadalupe Valdés）　9

ピアジェ，ジャン（Jean Piaget）　42

ビアリストク，エレン（Ellen Bialystok）　28, 86
　　ストループタスク　29
　　認知的緩衝材　31
　　認知的柔軟性　28
　　分析・制御仮説　28

評価／アセスメント
　　アセスメント（assessment）　191, 249
　　エバリュエーション（evaluation）　191
　　外国人児童生徒のためのJSL対話型アセスメント DLA　193, 215, 239
　　学習者主導型評価（learner-centered assessment）　196
　　継承語評価研究　202
　　継承語話者のための評価　194
　　形成的評価（formative assessment）　166, 193
　　支援付きの評価法　239
　　事前評価　166, 192
　　絶対評価　195
　　総括的評価（summative assessment）　166, 193
　　相対評価　195
　　ダイナミック・アセスメント　249
　　通知表　193
　　評価リテラシー　201
　　ポートフォリオ評価　196
　　ルーブリック（rubric）　199

評価基準／参照枠
　　欧州言語共通参照枠（Common European Framework of Reference for Languages［CEFR］）　176, 201
　　JSL評価参照枠　240
　　JF日本語教育スタンダード2010　201

複言語
　　複言語で育つ自己の確立　235

複言語・複文化主義（plurilingualism/pluriculturalism）／複言語複文化主義　178, 229

複言語・複文化能力（plurilingual/pluricultural competence）　179

プログラム
　　一方向の二言語プログラム（one-way dual language program）　82
　　イマージョンプログラム（immersion program）　3, 121
　　双方向イマージョンプログラム（two-way immersion program）／双方向の二言語プログラム（two-way dual language program）　3, 82, 121

文化言語の多様な子ども（Culturally and Linguistically Diverse Children［CLD児］）　239

文化的帰属意識　67

ベーカー，コリン　86

母語（mother tongue）
　　継承語教育／母語・継承語教育　8, 32, 93, 149, 169, 179, 211, 255, 276
　　母語教室　216, 256
　　母語・継承語・バイリンガル教育（MHB）学会　11, 125
　　母語による支援　214
　　母語への支援　214

補習授業校／補習校　3, 50, 102, 114, 148, 193, 219
　　加州日本語学園協会　118
　　カリキュラム　151, 161
　　国語教育　151
　　通知表　193
　　土曜補習校　33

【ま行】

モチベーション／動機づけ／動機　89
　　外的動機（extrinsic motivation）　90

継承語学習者のモチベーション　99
　　自己決定理論（self-determination theory）
　　　90
　　第二言語自己（L2 self）　90
　　内的動機（intrinsic motivation）　90

【ら行】

リテラシー　55
　　継承語リテラシー　57
　　継承日本語リテラシー　60
　　国際結婚家庭／国際結婚　2, 37, 57, 102, 232, 255
　　バイリテラシー　57

執筆者紹介

編 著 者

近藤ブラウン妃美（KONDO-BROWN, Kimi）
ハワイ大学マノア校東アジア言語・文学科修士・博士課程プログラム教授、および人文学部（College of Arts, Languages & Letters）副学部長。同校で、継承日本語学習者のバイリンガル言語発達に関する研究で博士号取得。過去30年間、ハワイを中心に外国語・継承語としての日本語教育・評価の研究およびその指導を行う。専門は日本語教育、継承語教育、第二言語評価。

坂本光代（SAKAMOTO, Mitsuyo）
上智大学外国語学部英語学科、および同大学大学院言語科学研究科教授。2000年博士号取得。トロント大学大学院でバイリンガル研究の第一人者、ジム・カミンズ博士に師事。8歳で渡加、30年以上カナダで過ごす中、自身の言語習得過程について疑問・興味を持ったことがきっかけでこの分野に進んだ。専門はバイリンガル・多文化教育。

西川朋美（NISHIKAWA, Tomomi）
お茶の水女子大学大学院人間文化創成科学研究科准教授。ハワイ大学マノア校より博士号（Second Language Acquisition）取得。日本在住の外国ルーツの子どもの支援に関わる中、第二言語習得理論に興味を持つようになった。専門は第二言語習得（臨界期仮説・年齢要因）、年少者日本語教育。

著 者

奥村三菜子（OKUMURA, Minako）
NPO法人YYJ・ゆるくてやさしい日本語のなかまたち副理事。1999年に国際交流基金日本語教育派遣専門家として赴任したドイツでCEFRに出会い、現在は、日本国内においてCEFRを応用した教育実践やCEFRに関する研修などを行っている。専門は日本語教育と継承日本語教育。

折山香弥（ORIYAMA, Kaya）

スウィンバーン工科大学芸術人文社会科学部社会科学学科日本語専任講師。シドニー大学大学院アジア言語学部で日本語学修士号、同大学大学院言語学部で言語学博士号取得。オーストラリアとニュージーランドで日本語教育、継承語教育に携わる。専門はバイリテラシー、継承語保持・発達、外国語・継承語としての日本語教育、言語習得、アイデンティティ。

片岡裕子（KATAOKA, Hiroko C.）

カリフォルニア州立大学ロング・ビーチ校名誉教授。米国中西部の高等学校に AFS 生として留学、大学卒業後に再び渡米し、イリノイ大学より教育学で Ph.D. を取得。20年程前に二人の息子を補習授業校に入れたことがきっかけでそこの理事となり、継承日本語コース設置の準備として調査、研究を行う。現在は、補習授業校卒業後に息子たちが通った継承日本語学校で、カリキュラムアドバイザーを務めている。

川上郁雄（KAWAKAMI, Ikuo）

早稲田大学大学院日本語教育研究科教授。博士（文学、大阪大学）。オーストラリア・クイーンズランド州教育省日本語教育アドバイザー、宮城教育大学教授を経て現職。文部科学省「JSL カリキュラム」開発委員、同省「定住外国人の子どもの教育等に関する政策懇談会」委員を務める。専門は日本語教育、文化人類学。

久保田竜子（KUBOTA, Ryuko）

ブリティッシュコロンビア大学教育学部言語リテラシー教育学科教授。長野県・神奈川県の公立学校で英語教師を勤めたのち、1992年トロント大学大学院で博士号（言語教育）取得。モントレー国際大学院において日本語教育、ノースカロライナ大学チャペルヒルで日本語教育と言語教員養成に携わったのち、2009年より現職。専門は批判的応用言語学。

櫻井千穂（SAKURAI, Chiho）

広島大学大学院人間社会科学研究科准教授。博士（言語文化学）。主に外国にルーツを持つ子どもの二言語習得、日本語と母語・継承語教育、言語アセスメントに関心がある。文部科学省委託事業「外国人児童生徒のための JSL 対話型アセスメント DLA」開発で〈読む〉を担当。専門は年少者日本語教育。

田浦秀幸（TAURA, Hideyuki）

立命館大学大学院言語教育情報研究科教授。帰国生受け入れ校である千里国際学園での英語教員体験がバイリンガリズムに興味を持つきっかけで、シドニーのマッコーリー大学で博士号を取得。この10年程はfNIRS（機能的近赤外分光法）機器を用いて、学齢期の日英早期バイリンガルの言語習得・喪失メカニズムを言語面に加えて脳賦活面からも探る研究を行っている。専門はバイリンガル言語習得と喪失。

高橋朋子（TAKAHASHI, Tomoko）

近畿大学グローバルエデュケーションセンター准教授。博士（言語文化学）。最近は、移民成人の日本語教育に関心があり、夜間中学でフィールドワークを行っている。専門は社会言語学、特に外国にルーツをもつ子どもの言語教育（日本語教育や母語、継承語教育）。

ダグラス昌子（DOUGLAS, Masako）

カリフォルニア州立大学ロングビーチ校名誉教授。南カリフォルニア大学教育学部カリキュラムインストラクション学科から博士号取得。米国で子育てをする中、児童対象の継承語プログラムがなかったため、息子が通う幼稚園の土曜学校で7年間継承語カリキュラムを作りながら教師として子どもたちの教育に携わった。また大学の日本語プログラムに継承語コースを創設。現在は継承日本語学校のカリキュラムアドバイザーを勤める。専門は継承語・外国語としての日本語教育。

知念聖美（CHINEN, Kiyomi）

カリフォルニア州立大学ロングビーチ校准教授。2004年にカーネギーメロン大学より第二言語習得博士号取得。12歳の時、親の転勤で渡米。現地校で学びながら補習授業校に通う。自身の補習授業校での学習経験や、継承日本語学校での教員経験の学術的な総括を目指して研究を始める。専門は継承日本語学習、第二言語学習動機。

ドーア根理子（DOERR, Neriko）

ラマポ大学人文学国際学部文化人類学准教授。アオテアロア／ニュージーランドの学校での先住民マオリの言語復興運動についての民族誌的研究でコーネル大学人類学博士号取得。その後、米国のコミュニティカレッジでのESL教育（2001-2004）、補習校での国語教育と継承語教育（2007-2012）の民族誌学的調査を行う。補習校では、高校（国語教育と継承語教育）で1年間教えた。専門は教育人類学、言語人類学、文化人類学。

バトラー後藤裕子（BUTLER, Yuko Goto）

ペンシルバニア大学教育大学院教育言語学部教授。同大学において Teaching English to Speakers of Other Languages（TESOL）プログラムのディレクターも務める。スタンフォード大学より教育心理学で Ph. D. を取得。最近では、各国における早期の外国語学習導入に関する諸問題に興味を持っている。専門は子どもの第二言語習得、バイリンガル習得、および習得を促進させるための指導方法、言語アセスメント、言語政策。

森美子（MORI, Yoshiko）

ジョージタウン大学東アジア言語文化学部准教授、および日本語プログラム主任。オハイオ大学言語学部大学院で修士号、イリノイ大学アーバナ・シャンペーン校教育学部教育心理学科大学院にて博士号を取得。愛知県と東京都で高校の英語教諭を勤めた後、渡米。1996 年より現職。専門は心理学的見地から見た第二言語習得。

山本絵美（YAMAMOTO, Emi）

ライデン大学日本学科専任講師。都立国際高校、早稲田大学国際教養学部在学時に、複言語文化で育った友人達と出会ったことがきっかけで、子どもの言語教育に関心を持つようになった。2008 年よりオランダ在住。ハーグ・ロッテルダム補習授業校、てらこやアムステルダム（日本語教室）等で教育実践を重ねている。専門は日本語教育・教材および継承語教育。

リー季里（LEE, Kiri）

リーハイ大学外国語学科教授・学科長。ハーバード大学より 1994 年に言語学博士号を取得。大学卒業後に留学のため渡米。自身の母語と国籍が違うというバックグラウンドから、常に言葉とアイデンティティの問題には疑問・興味を持っていたが、子供を補習校に通わせるうちに、継承語教育の分野でも実践と研究をするようになった。専門は日本語と韓国語の語用論。

＊所属は 2020 年 9 月現在。

親と子をつなぐ継承語教育

日本・外国にルーツを持つ子ども

発　行	2019年8月23日　初版第1刷発行
	2020年12月15日　　第2刷発行

編　者	近藤ブラウン妃美・坂本光代・西川朋美
発行人	岡野秀夫
発行所	株式会社くろしお出版
	〒102-0084　東京都千代田区二番町4-3
	TEL: 03-6261-2867　FAX: 03-6261-2879
	URL: http://www.9640.jp　e-mail: kurosio@9640.jp

本文／装丁デザイン	竹内宏和
印刷所	藤原印刷株式会社

© KONDO-BROWN Kimi, SAKAMOTO Mitsuyo, NISHIKAWA Tomomi　2019
Printed in Japan　　ISBN 978-4-87424-807-2　C1081
● 乱丁・落丁はおとりかえいたします。本書の無断転載・複製を禁じます。